北京奥运会社会价值研究

王传友　著

苏 州 大 学 出 版 社

图书在版编目(CIP)数据

北京奥运会社会价值研究／王传友著. —苏州：苏州大学出版社，2014. 11（2015.1 重印）
ISBN 978-7-5672-1095-0

Ⅰ. ①北… Ⅱ. ①王… Ⅲ. ①奥运会—价值—研究
Ⅳ. ①G811. 21

中国版本图书馆 CIP 数据核字(2014)第 227636 号

北京奥运会社会价值研究
王传友 著
责任编辑 施 放 王 娅

苏州大学出版社出版发行
（地址:苏州市十梓街 1 号 邮编:215006）
苏州恒久印务有限公司印装
（地址:苏州市友新路 28 号东侧 邮编:215128）

开本 787×960 1/16 印张 15.5 字数 269 千
2014 年 11 月第 1 版 2015 年 1 月第 2 次印刷
ISBN 978-7-5672-1095-0 定价:32.00 元

苏州大学版图书若有印装错误,本社负责调换
苏州大学出版社营销部 电话:0512-65225020
苏州大学出版社网址 http://www.sudapress.com

摘 要

现代奥运会对举办城市、举办国家乃至整个人类社会产生了深远的、日趋明显的社会影响。北京奥运会是东方文明和西方文明之间的一次交流与融合,蕴含在其中的社会价值值得我们全面分析与系统研究。作者在研究过程中以哲学、社会学、历史学、教育学、心理学等多个学科领域为理论支撑,综合运用了文献法、访谈法、比较法、逻辑分析法等多种研究方法对北京奥运会社会价值及其具体表现进行了探究。

引论对所选题目的背景、研究目的及意义、研究方法及总体思路进行介绍,并综述了价值、奥林匹克运动、北京奥运会影响和国外相关领域的研究现状,为研究北京奥运会社会价值提供理论参考。第二章概括介绍现代奥林匹克运动的发展简史,以便理清奥运会发展的历史脉络,并从哲学视角讨论了现代奥运会的社会价值。第三、四章是文章的主干部分,根据影响范围对北京奥运会的社会价值在国际国内两个维度上进行了考察。北京奥运会对国际社会产生了意义深远的影响,主要体现在:进一步弘扬了奥林匹克精神,全面展示了中国现代而开放的国家形象,促进了中国文化与世界文化的交流与融合,倡导了"和谐世界"理念,促进了奥林匹克运动的发展。北京奥运会成为世界各国人民加深了解、增进友谊、团结协作的一座桥梁。另一方面,北京奥运会的成功举办,对中国社会现代化的发展意义非凡,主要表现为:北京奥运会促进了中国现代化与和谐社会建设,增强了中华民族凝聚力,推动了中国体育现代化,加速了中国国民心态的成熟,彰显了中国政府高超的执政能力,并为中国人民留下了丰富的物质财富和精神财富。第五章提出了北京奥运会社会价值开发的两种主要途径。第六章则综合前几章的论证,归纳出一些重要见解。本研究在前人研究成果的基础上，发现了奥林匹克运动与社会发展相辅相成、奥林匹克运动与新中国发展密不可分的互动规律，提炼出了北京奥运会有力提升我国的国际地位和彰显国家形象，北京奥运会蕴藏着丰富的社会、文化和生活方式等方面的价值，北京奥运会书写了国际奥林匹克运动史上独特的中国篇章等一系列论断。北京奥运会，必将对中国社会主义现代化建设产生极其深远的影响，这也是北京奥运会社会价值长久的、全方位的体现。

关键词： 奥林匹克运动；北京奥运会；国家形象；民族凝聚力；社会现代化

Abstract

Olympic Games has exerted a profound and increasingly distinct social influence in the hosting city as well as the whole human world. Beijing Olympic Games is a great communication between the oriental and the occidental civilization. The social values contained in it are worth our all-round analysis and systematic research. In this dissertation, the author probes the social values of Beijing Olympic Games and its manifestation by comprehensively employing several research methods such as reading literature, investigation, comparision and logic analysis based on such theories as philosophy, sociology, history, pedagogy and psychology.

At first, an introduction to the background, research aim, significance and research methodology is presented. Meanwhile, the social value and the influences of Beijing Olympic Games and the current studies on this field at home and abroad are summarised. In the second chapter, the concise history of modern Olympic movements is introduced generally in order to straighten out the historic veins of Olympic Games' development clearly. And then, the social values of modern Olympic Games are discussed on view of philosophy. The third and fourth chapters are the main parts of the dissertation, in which the social values of Beijing Olympics Games are explored from the international and domestic aspects. On the one hand, Beijing Olympic Games exerts great influences on the international community. Firstly, Beijing Olympic Games carries forward the Olympic spirits widely. It also reveals the modern and open national image of PRC comprehensively and clearly. Thirdly, it promotes the intercommunication and harmony between the oriental and occidental cultures. Beijing Olympics Games initiates and puts into practice the ideal of "harmonious world". It promotes the progress of Olympic movement. Beijing Olympic Games builds a bridge of acknowledgement, friendship and union-cooperation between people in the whole world. On the other hand, the successful hosting of Beijing Olympic Games is significant for the Chinese social modernization. This grand game not only promotes Chinese modernization and the construction of harmonious society, but also enhances the national cohesion. It pushes ahead the modernization of Chinese sports and accelerates the psychological mature of Chinese people. Its success has also made known the excellent administrational capability of Chinese government. Moreover, Beijing Olympic Games has brought about abundant material and spiritual wealth for Chinese people. The author puts forward two main ways of the exploration of the social values of Beijing Olympic Games in the fifth chapter. In the sixth chapter, several important views are proposed based on the discussion in previous chapters. The author finds out two interactional regularities on the basis of previous achievements: one is the interaction law between Olympic movement and the development of society, the other is the inseparable interaction between Olympic movement and Chinese development. At the same time, it also refines several judgements: Beijing Olympic Games is beneficial to improving Chinese international status and enhancing the modern and open national image of China. It contains abundant social, cultural and life-styles' values. And it has written a peculiar Chinese chapter in the history of the international Olympic movement. Beijing Olympic Games inevitably leaves a profound impact on the construction of Chinese socialist modernization in the future, which is permanent and all-round embodyment of Beijing Olympic Games' social values.

In brief, the dissertation puts forward the theoretical system of the conception and its extensions of the social values of Beijing Olympic Games by means of literature, observation, comparision and logic analysis. And then, the dissertation sums up two relational traits: one is the interaction law between Olympic movement and the development of society; the other is the inseparable interaction between Olympic movement and Chinese development.

Key words: olympic movement; Beijing Olympic Games; national image; national cohesion; social modernization

目录

第一章　引　论

第一节　选题依据

一、问题提出

价值是人类活动所追求的根本目标,人们所进行的各种活动都有不同的价值取向。奥林匹克运动作为一个规模宏大的社会运动,具有持续性、全球性的特点,担负着崇高的历史使命,具有极强的教育价值、文化价值、经济价值及社会价值。而奥运会作为奥林匹克运动的最高表现形式,是奥林匹克各项活动中最重要也是最引人注目的活动,它集中体现了奥林匹克运动的各种价值。

社会价值作为奥运会重要价值之一,其巨大的价值意义值得我们深思。奥运会是具有多种社会功能的综合性大会,是竞技体育与政治、经济、文化、艺术、宗教相结合的规模宏大的综合文化活动,包括了一个社会从经济基础到上层建筑的各个方面的因素,并且是在时间和空间上高度集中的大规模的社会活动。奥运会不仅对举办城市和举办国家产生了深远的、日趋明显的社会影响,而且在世界范围内都产生着影响。2008 年奥运会对中国社会产生了深远影响。

2008 年北京奥运会是东方文明和西方文明之间的一次雄伟交会,其最引人入胜之处就在于它首倡“人文奥运”理念,这是该届奥运会的核心和灵魂。奥运会是一个多维度的多元社会文化系统,竞技体育比赛并不是唯一,重要的不是收获金牌多少,蕴含在竞技中的文化价值、经济价值以及教育价值更加耐人寻味与发人深思。如何更好地发挥奥林匹克运动会对中国社会发展的促进作用,实现小康社会与和谐社会的发展目标?如何实现奥林匹克教育思想的传播和在世界范围内的深化?如何将奥运文化清晰地表述给社会成员?如何实现北京奥运的中西文化融合,弘扬民族文化?这些问题,已经急切地摆在中国人的面前。我们没有理由拒绝回答这些问题,对于北京奥运会社会价值问题的研究,已经成为社会学家、经济学家和体育专家共同瞩目的、意义深远的重大课题。

那么,奥运会的社会价值具体体现在哪些方面?对于中国社会将产生何种影响?北京奥运会的社会价值是什么?如何利用奥运之机,使奥林匹克运动在中国最大限度地发挥良好的社会价值?怎样合理有效地实现奥运会的社会价值?这些问题值得我们全面分析与系统研究。

二、选题依据

(一)研究国际奥林匹克运动及其实践的需要

奥林匹克运动是在奥林匹克主义指导下,以体育运动和四年一度的奥林匹克庆典——奥运会为主要活动内容,促进人的生理、心理和社会道德全面发展,沟通各国人民之间的相互了解,在全世界普及奥林匹克主义,维护世界和平的国际社会运动。奥林匹克运动包括以奥林匹克主义为核心的思想体系,以国际奥委会、国际单项体育联合会和各国奥委会为骨干的组织体系和以奥运会为周期性高潮的活动体系。[1]1894 年 6 月 23 日,当顾拜旦与 12 个国家的 79 名代表决定成立国际奥委会,开创现代奥林匹克运动时,这一壮举曾一度成为人们讽刺的对象。而在百年之后的今天,奥运会已成为普天同庆的节日,奥林匹克运动已吸引了 205 个国家和地区的积极参与。奥林匹克运动是人类社会一个罕见的杰作,它将体育运动的多种功能发挥得淋漓尽致,影响力远远超出了体育的范畴,在当代世界的政治、经济、哲学、文化、艺术和新闻媒介等诸多方面产生了一系列不容忽视的影响。奥林匹克运动不仅构成了现代社会所特有的体育文化景观,以其特有的文化魅力愉悦人们的身心,更以其强烈的人文精神催人奋进,生生不息。

---

〔1〕 任海. 奥林匹克运动[M]. 北京:人民体育出版社,2005:1.

（二）研究北京奥运会与中国社会发展关系的需要

随着1979年中国奥委会在国际奥林匹克组织中合法席位的恢复和20世纪80年代以来中国改革开放进程的加快，中国积极参与了奥林匹克运动的各项活动，奥林匹克运动在这一世界上人口最多、具有典型东方文化传统的发展中大国得到空前广泛的传播，奥林匹克理念开始深入到社会的各个层面，奥林匹克运动与中国体育及社会的相互影响日趋明显。2001年7月13日北京申办2008年奥运会获得成功，奥林匹克运动在中国的发展进入一个新阶段。

百年奥运，从雅典到北京，西方文明孕育出的奥林匹克运动与古老的东方文明交织、碰撞，在新世纪的发端之际，共同谱写现代奥运发展的宏伟篇章。世界给了我们一次机会，我们将还世界一个奇迹。我国政府庄严地向世界承诺，要把北京奥运会办成奥林匹克运动会史上"高水平、有特色"的一届奥运会。"绿色奥运"、"科技奥运"、"人文奥运"是北京2008年奥林匹克运动会的三大理念，其中"人文奥运"则是北京奥运会的灵魂和精髓。北京打造"人文奥运"的品牌，就是要通过筹办和举办2008年奥运会，把弘扬祖国优秀传统人文精神与奥运的现代理念有机地结合在一起。举办2008年奥运会，也为全世界观察中国提供了一个非常重要的窗口。这是因为中国需要让世界了解中国发生的翻天覆地的变化，中国需要向世界展示改革开放20多年以来在政治、经济、文化方面取得的巨大成就，中国需要让世界认识中华民族5000年的优秀文化，中国需要消除西方对中国的隔阂、误解和偏见，更需要进一步拓宽中国与世界各国交流、沟通和理解的渠道。[1]

（三）基于当前奥林匹克理论研究的需要

我国的奥林匹克研究起步较晚，随着1979年中国重返奥林匹克大家庭，1984年参加洛杉矶奥运会实现"零"的突破，尤其是北京获得第29届奥运会主办权后，围绕奥林匹克的研究、围绕北京奥运会的研究，进入了迅速发展期。研究者们提出了许多见解深刻、富有深度的观点。但是，这些文献资料极其零散，缺乏系统性。尽管如此，这些成果仍为全面深入研

---

〔1〕 杨桦. 2008年奥运会提升中国国际地位和声望的研究［M］. 北京：中国法制出版社，2007：2.

究北京奥运会的社会价值奠定了一个良好的基础。

三、研究意义

北京奥运会作为一种特殊的文化活动，是以弘扬奥林匹克精神、促使人的和谐发展为价值追求的。其研究意义体现为以下几点：(1)实践意义。奥林匹克运动是一个持续发展的实践活动，以培养全面发展的人为目的，以竞赛为表现形式，充分发掘人类的运动潜能。奥林匹克实践效果的价值评定有助于人类有效地确定价值导向。(2)时代意义。北京奥运会具有鲜明的时代特色。奥林匹克运动的发展与社会生产力有着密切的联系，人类生活方式的改变、生活质量的提高，使人们对奥林匹克运动的价值认识与价值追求也有所不同。正确认识北京奥运会在现代社会中的价值，对推动全面建设小康社会，加快现代化进程及构建和谐社会，促进奥林匹克在中国的实践与发展有着重要的时代意义。(3)理论意义。通过对北京奥运会社会价值的研究，分析奥林匹克运动对我国社会发展所产生的重大意义，有针对性地指导实践活动，为推动我国社会主义现代化建设及中西方文明交流提供理论依据。

第二节　研究对象与研究方法

一、研究对象和内容

(一) 研究对象

本课题以北京奥运会的社会价值为主要研究对象，以现代奥运会的一般社会价值为切入点，全面梳理北京奥运会的独特性价值，从国际和国内两个层面系统研究北京奥运会的社会价值所在。

(二) 研究内容

第一，整理若干奥运会对举办国社会影响的研究成果，分析奥运会对提升国家形象，促进竞技体育、群众体育、奥林匹克运动的发展，弘扬民族精神、增进文化融合等方面产生的影响，揭示现代奥运会的普遍性社会价值。

第二,研究北京奥运会社会价值的具体体现及其对构建和谐社会的影响。联系现代奥运会对主办国社会发展的重要意义,以中国的具体国情为背景,研究北京奥运会在展示国家形象、提升综合国力、弘扬民族精神、传播和平意愿、加强东西方文化交流与融合、促进体育事业全面发展等方面所起的重要作用,从构建和谐中国与和谐世界的大背景出发,坚持理论联系实际,坚持广泛调查,深入系统地研究北京奥运会的社会价值。

第三,研究北京奥运会社会价值的开发途径。我国是一个发展中国家,有着自身的国情与发展理念、发展目标,奥运会对社会的深远影响有积极的方面,也有消极的方面。因此,应以国家核心利益为基准,参照已经举办过奥运会国家的经验与教训,分析北京奥运会社会价值的开发途径,提出相应的对策建议。

二、研究方法

本研究采用了文献法、访谈法、比较法、逻辑分析法等多种研究方法。

(一)文献法

根据研究需要,在苏州大学图书馆、南京图书馆、淮阴工学院图书馆、淮阴师范学院图书馆以及中国期刊网等搜集、整理关于国内外奥林匹克运动的产生、发展及其与社会的关系,奥林匹克运动与中国体育发展以及2008年奥运会等各方面文献资料370多篇,相关专著100多部。我们对所收集的文献资料进行初步分类,据不完全统计,其中奥林匹克运动史类论文41篇、专著4部,奥林匹克教育类论文45篇、专著5部,奥运会与政治类论文32篇、专著2部,奥运会与社会发展类论文29篇,奥运会与和谐社会类28篇,奥林匹克价值类187篇等。在充分消化吸收已有研究成果的基础上,重视第二手分析、典型案例等研究方法的运用。阅读学术经典著作——如哲学(含逻辑学)、政治学、经济学、社会学、历史学、教育学、体育科学(含奥林匹克学)等方面书籍,为本研究寻求理论平台和理论依据。

需要指出的是,我们特别注意广泛收集了相关社会调查的文献资料。

围绕本课题的命题与研究需要,广泛收集各种媒体和研究者就中国与奥林匹克、中华体育精神、现代奥林匹克运动与人类社会发展、北京奥运会与中国社会发展等议题向国内外部分专家学者、普通民众和在校大学生进行社会调查所产生的研究成果。其中,中国传媒大学柯惠新教授在北京奥运会举办前后就研究了北京奥运背景下国际公众眼中的中国形象问题。[1]该研究采用三个时段的问卷调查:(1)北京奥运会举办前夕(2008 年 7 月 23 日—8 月 4 日),对美国、英国和新加坡三国所在的外国人进行的在线调查,共有 1050 人填答问卷并提交,去除了新加坡 89 名中国国籍的回答者,样本量为 961 位外国人(以下简称"奥运前三国调查")。(2)北京奥运会结束后(2008 年 8 月 26 日—9 月 9 日),对美国、英国和新加坡三国所在的外国人进行的在线调查,样本量为 1050 位外国人(以下简称"奥运后三国调查")。(3)北京奥运会即将举办和举办期间(2008 年 7 月 31 日—8 月 15 日),对在京访问或工作、学习的外国人进行的面访调查,样本量为 390 位外国人。此外,我们还系统梳理北京奥运会第一平面媒体《人民日报》海外版"北京奥运特刊"对何振梁、刘鹏、张艺谋、朴世直(韩国)、苏珊(美国)、埃里克(法国)等中外名人[2]就北京奥运会有关议题的专访。他们就奥运是什么、北京奥运会对于中国的意义和价值,阐明了独到而深刻的观点,这些真知灼见为北京奥运会社会价值研究提供了必不可少的素材。

(二)访谈法

在从本研究的选题立意框架到具体操作的研究过程中,较广泛地咨询了不同学科领域专家的意见和建议。通过对各位专家的访谈与交流,开阔了研究思路。专家的意见和建议,对研究者本人起到了重要的启迪作用(见附录)。

(三)比较法

在文献资料研究的基础上,对奥林匹克运动发展史上现代奥运会的社会价值进行纵向比较研究。针对汉城奥运会、悉尼奥运会等历届奥运会在其举办国所产生的社会价值进行横向比较研究,探讨 2008 年北京奥运会的社会价值。

---

〔1〕 柯惠新. 北京奥运背景下国际公众眼中的中国形象——以对美国、英国、新加坡和在京外国人的调查为例[C]// 2008 第六届亚洲传媒论坛——国家形象传播论文集. 北京:中国传媒大学亚洲传媒研究中心, 2008.

〔2〕 张永恒. 奥运中国——中外名人解读北京奥运[M]. 北京:人民出版社,2007.

（四）逻辑分析法

逻辑分析法是科学研究中不可缺少的研究方法，本课题将运用归纳与演绎、分析与综合等逻辑方法，对奥林匹克、奥运会、价值、社会价值等相关文献资料进行分类和数理统计，并对有关论点依次、逐层展开论证。

三、理论支撑

本研究所依据的理论涉及哲学、社会学、教育学、历史学、心理学等多个学科领域。

（一）哲学理论

哲学是系统化、理论化的世界观，其中产生于19世纪中叶的马克思主义哲学（即辩证唯物主义和历史唯物主义）是关于自然、社会和思维的普遍规律的科学，也是科学的世界观和方法论。我们研究奥林匹克运动这一人类社会实践活动，离不开马克思主义哲学理论与方法的指导。本研究运用了马克思主义哲学理论辩证、全面、系统地看待与分析北京奥运会社会价值问题，主要是运用了马克思主义矛盾的普遍性与特殊性理论和关于人的全面发展学说。

（二）社会学理论

社会学家运用功能主义理论时，集中关注社会生活中的每一不同领域是如何促进更大的社会系统有效运作的，而社会系统的功能运作取决于社会成员在共同目标及社会基本需要有关的价值问题上的观念一致。运用功能主义理论研究2008年奥运会时，集中关注的是2008年奥运会是否具备相应的社会功能来满足社会系统的需求，是否有利于我国乃至世界体育事业的发展，是否有利于我国政治、经济、文化的发展，是否有利于我国与其他国家的国际交流，等等。其中，体育社会学强调体育运动在不同地点、不同时间有着不同的形式和意义。运用现代化理论、体育社会学理论来研究、分析2008年奥运会的社会价值时，着重探讨2008年奥运会对中国社会、中国体育现代化的价值。

（三）历史学理论

本研究需要了解奥运会的历史发展概况及现代奥运对社会发展的影响，以形成对现代奥运会社会价值的感性认识和理性认识。主要借助于已有的关于奥林匹克运动是如何产生与演变，不同历史时期奥林匹克运动的发展，奥林匹克运动在不同历史时期与社会、经济、文化、教育方面的关系等研究成果，并以悉尼奥运会、汉城奥运会等近几届奥运会为借鉴，通过收集、整理、运用、分析奥林匹克运动史料，发现其因果联系与历史本质，探寻奥林匹克运动历史发展规律，以此来全面分析与系统研究北京奥运会社会价值问题。

（四）教育学理论

广义的教育泛指一切增进人们知识、技能、身体健康以及形成或改变人们思想意识的活动。[1]以奥运会为周期性活动高潮的奥林匹克运动也是一种规模宏大的社会教育活动。现代奥运会是一种增进人们知识、技能、身体健康以及形成或改变人们思想意识的活动。同理，北京奥运会也应具有上述社会价值。根据教育学理论，研究北京奥运会对于社会发展和人的身心发展的影响。

第三节　文献综述

一、“价值”、“社会价值”等概念

（一）“价值”概念

“价值”，是人们在日常生活中经常用到的词，这个词表达了人们对于事物的一种态度。价值（value）的本意是“可宝贵的、可珍惜、令人喜爱、值得重视”。在西方语言中的表述含义基本上是一致的。“价值”在英语中是 value，在德语中是 wert，在法语中是 valeue，它们都来源于古代梵文 wer、wal（围墙、护栏、掩盖、保护、加固）和拉丁文 valus（堤）、vallo（用堤护住、加固、保护），取其“对人有维护、保护作用”的含义演化而来。[2]

《辞海》中对价值的定义：(1)是指事物的用途或积极作用。如参考价值、有价值的作品。(2)凝结在商品中的一般的、无差别的人类劳动。商品的基本属性之一……

---

〔1〕 南京师范大学《教育学》编写组. 教育学[M]. 北京：人民教育出版社，1984：1.

〔2〕 颜天民. 竞技体育的意义——价值理论研究探微[M]. 北京：北京体育大学出版社，2003：47.

《哲学大词典》中价值的定义：马克思主义哲学认为价值的本质是现实的人同满足其某种需要的客体的属性之间的一种关系，任何价值都有其客观的基础和源泉，具有客观性。

将“价值”作为专业术语而正式采用最初是在古典经济学中，是指某物所具有的经济上的交换价值。18 世纪，英国政治经济学家亚当 · 斯密的著作就有此提法。在经济学中，“价值”表示商品交换的社会尺度，即交换价值，其货币形式是价格，它和使用价值不同。以往的经济学家曾经认为，商品的交换价值是由它的使用价值决定的。马克思在深入研究了商品与生产的关系后，科学地指出：决定商品交换价值的真正尺度是商品的内在价值，即商品中所凝结的人类一般劳动。19 世纪中叶，“价值”一词被法国思想界引入哲学，现已成为现代社会科学中一个具有广泛意义的研究范畴，在伦理学、美学、社会学、教育学和科学技术等学科和领域也为人们广泛地采用，在这些领域，“价值”一词代表着好、善、有用、美、宝贵、重要、有意义等含义。

国内外专家学者及有关文献对于价值有着如下定义：

国外学者关于价值的定义：

G. 齐美尔在《货币哲学》中指出：价值是指得到或实现它需要牺牲的客体所具有的满足含义。

上山平春认为：价值是作为主体生存必须进行选择基准的表象。

C. 克拉克宏的观点是：价值是对行为可以利用的模式、手段、目的的选择造成影响的，关于什么是理想的、外在或者潜在的、个人的及集团特有的观念。

E. 拉兹落认为：价值是由包含在系统内的程序明确规定并通过同环境的规范相互作用而实现的系统的状态。

日本社会学家作田启一认为：价值是指与任何体系关联都可能产生的客体的一般性质。〔1〕

国内学者与文献关于价值的定义：

李连科认为：“价值就是客体与主体需要之间的一种特定关系，价值

〔1〕［日］作田启一. 价值社会学［M］. 宋金文，边静，译. 北京：商务印书馆，2004：20.

即客体对主体的效用、意义……”[1]将价值界定为客体满足主体需要的关系。这一定义认为，价值不是人和对象、主体和客体任何一方的实体和属性，而是人和对象、主体和客体之间的一种特定关系，是任何客体的存在属性、作用等对主体（人）的实际意义。它强调价值不是任何实体单方面的存在或属性，而是人类生活特有的关系，是主客体相统一的一种特定性态。

王玉墚认为：“价值是客体属性功能对主体需要的满足，是客体对主体的一种功效或效应。而价值关系则是主客体之间需要与满足之间的关系，或客体属性功能与主体需要之间的关系，包括肯定、满足、否定、不满足的关系。价值关系是价值产生的基础，而价值则是主客体价值关系的一种特定的效应。”[2]这一定义是以“人”或“物”的属性来进行价值界定的，认为没有客体及其属性与功能，就没有价值。

王锐生等在《社会哲学导论》中则提出：价值是事物的价值对象性的显现和实现，是主体将价值对象性非对象化于自身的方式，是价值对象性满足主体需要的方式，是人对待世界的方式，是人自我意识的实现。[3]

石云霞主编的《当代中国价值观论纲》中认为：“所谓价值，就是主体在实践活动中，通过主客体相互作用的关系，客体的存在和属性对于主体需要的适应与满足所表现出的效益、效用和意义。”[4]

夏甄陶的解释为：“价值是表征人的需要和满足人的需要的活动、手段、对象之间的关系的一种积极的意义标准或意义尺度。”[5]

以上关于价值的定义，可分为属性说、主观说和关系说三类，反映了人们对于价值概念的不同理解和认识。价值理论的“属性说”是从事物自身去寻找价值最终不变的存在和尺度，认为有价值者（物）自身的存在和属性是价值最根本的表现，事物的价值不随事物同他物的关系而改变，只是在这种关系中表现出来，将价值归结为事物本身。这是客体论的价值理论思维。价值理论的“主观说”是从主体的主观认识出发，认为事物

〔1〕 李连科. 世界的意义——价值论[M]. 北京：人民出版社，1985：91.
〔2〕 王玉墚. 价值哲学[M]. 西安：陕西人民出版社，1989：51.
〔3〕 王锐生. 社会哲学导论[M]. 北京：人民出版社，1994：286－287.
〔4〕 石云霞. 当代中国价值观论纲[M]. 武汉：武汉大学出版社，1996：13.
〔5〕 夏甄陶. 认识的主—客体相关原理[M]. 武汉：湖北教育出版社，1996：71.

或对象的价值，只是取决于主体的情感、兴趣、欲望等心理趋向，只要主体认为某事物是有价值的，该事物就有价值。这是主观论的价值思维。价值理论的“关系说”是从主客体的关系角度来认识价值的。“关系说”认为：价值是客体的属性和功能在满足主体需要过程中所形成的一种关系。我们认为，“关系说”是一种较正确的认识。

（二）“社会价值”概念

《简明英汉社会学辞典》中社会价值（social value）的定义是：一个社会或文化里的抽象准则，指明重要的和值得的目标或生活方式。

美国的托马斯认为，人们的每种态度必有其对象，因为所谓态度，并非独立自存的现象，而是与对象相对存在的。这种对象，他称之为社会价值。社会价值包括积极的、消极的价值。社会上所有的制度、信仰、设施等都是社会价值。态度是社会价值的主观方面，社会价值是态度的客观方面；一切社会价值都可作为态度的对象，个人对于一切社会价值都可表示态度。

作田启一在《价值社会学》中认为：社会价值是指文化体系中与其他要素保持一致的文化价值经过社会体系中行为者的某种牺牲以后被其接纳之意。简单地说，即它是通过选择过程，社会成员后天习得的关于什么是理想状态的观念。[1]

程继隆编著的《社会学大辞典》中对社会价值的解释是：社会价值作为经济学上的概念，它是“个别价值”的对称；作为社会学上的概念，它指的是态度的对象。[2]

张军认为：社会价值是人类社会系统所特有的价值形态，是一种人通过自身实践活动所追求、所创造、所实现的价值，是人的实践活动结果作为价值对象而对人身所具有的积极意义。[3]

杨中芳认为：社会价值（social value）是指隐含在社会结构及制度之内的一套价值，这套价值的持有使现有的社会架构得以保持。在这里社会制度包括社会化、社会控制、社会规范及社会奖惩等。它通过规范、价值、奖惩等，给个人带来外在压力，也是社会价值的内化，给个人带来就范

---

〔1〕［日］作田启一. 价值社会学［M］. 宋金文，边静，译. 北京：商务印书馆，2004：20.

〔2〕程继隆. 社会学大辞典［M］. 北京：中国人事出版社，1995：273.

〔3〕张军. 价值与存在［M］. 北京：中国社会科学出版社，2004：107.

的压力。

刘清早等认为社会价值是指个体或组织通过自身的实践活动为满足社会物质的、精神的需要所做出的贡献和承担的责任，简单说就是个体或组织对社会贡献的大小。社会价值的基础与根源则来自于个体或者组织所具备的社会功能。[1]

（三）奥林匹克相关概念

1894 年 6 月 23 日，在顾拜旦的倡导下，来自美、英、法、希腊等 12 个国家的 79 名代表决定成立国际奥委会（IOC），标志着现代奥林匹克运动的正式诞生。现代奥林匹克运动终于登上了历史舞台，揭开了人类文明史上新的篇章。百年之后的今天，奥运会已成为举世瞩目、普天同庆的节日，吸引了 205 个国家和地区的积极参与。奥林匹克运动是时代的产物。资本主义工业革命推动了近代自然科学的发展，也扩展了世界各民族之间在经济、政治和文化等方面的联系，打破了民族和国家间的壁垒，世界市场逐渐形成，各国交往日益密切，体育国际化趋势愈来愈明显，奥林匹克运动的产生正是顺应了这种社会要求。现代奥林匹克圣火百年相传，奥林匹克运动构成了现代社会所特有的体育文化景观，成为当今世界最重要的社会文化现象之一，促进了各国人民的相互了解、各种文化的相互交融。

1. 奥林匹克运动

奥林匹克运动是在奥林匹克主义指导下，以体育运动和四年一度的奥林匹克庆典——奥运会为主要活动内容，促进人的生理、心理和社会道德全面发展，促进各国人民之间相互了解，在全世界普及奥林匹克主义，维护世界和平的国际社会运动。奥林匹克运动包括以奥林匹克主义为核心的思想体系，以国际奥委会、国际单项体育联合会和各国奥委会为骨干的组织体系和以奥运会为周期的活动体系。

奥林匹克运动是一项国际性的体育文化运动，其宗旨是："通过开展没有任何形式的歧视并按照奥林匹克精神——以互相理解、友谊、团结和公平比赛精神的体育活动来教育青年，从而为建立一个和平而更美好的

---

〔1〕 国家体育总局政策法规司. 体育社会科学研究成果汇编（2006 年）[M]. 北京：人民体育出版社，2006：76.

世界做出贡献。”[1] 同时,奥林匹克运动为人的和谐发展服务,“奥林匹克主义是增强体质、意志和精神并使之全面均衡发展的一种生活哲学。奥林匹克主义谋求体育运动与文化和教育相融合,创造一种以奋斗为乐、发挥良好榜样的教育作用并尊重基本公德原则为基础的生活方式”[2]。同时,奥林匹克运动是面向所有人的体育运动,而不仅仅是竞技体育运动。它有着广泛的社会责任和追求,具有全球性、持续性特点,“其最高层次的活动是使全世界的运动员在奥林匹克运动会这一盛大的体育节日上相聚一堂”[3]。另外,奥林匹克运动具有广泛性,其成员包括涉及五大洲的众多国际体育组织及其所属成员,包括奥运会组委会以及运动员、教练员、裁判员和相关技术人员等。

2. 奥林匹克运动会(简称“奥运会”)

《奥林匹克宪章》第一章中对奥林匹克运动会是这样解释的:“奥林匹克运动会是个人或团体竞赛项目中运动员之间的比赛,不是国家之间的比赛。奥林匹克运动会把各个国家奥委会为此目的选派、经国际奥委会同意参赛并在有关国际单项体育联合会的技术指导下进行的比赛中有良好表现的运动员集合在一起。”[4]“奥林匹克运动会包括奥林匹克夏季运动会和奥林匹克冬季运动会。”[5] 关于奥运会的组织和管理,《宪章》第五章中还有另外一系列具体的详细条款。

对于奥运会,我们可以从以下几个方面理解:(1)奥运会是奥林匹克运动“最高层次的活动”,是“使全世界的运动员在奥林匹克运动会这一盛大的体育节日上相聚一堂”。夏季奥运会和冬季奥运会原则上每四年举办一次。(2)奥运会是奥林匹克运动的一个重要组成部分,是奥林匹克运动实现自己宗旨和理想的重要方式。(3)奥运会是为奥林匹克运动服务的,“奥林匹克运动会完全属于国际奥委会,国际奥委会拥有其中有关的全部权利”,“举办奥林匹克运动会取得的全部收益必须用于发展奥林匹克运动和体育运动”[6]。简而言之,奥运会是奥林匹克运动周期

---

〔1〕 国际奥林匹克委员会. 奥林匹克宪章[M]. 北京:奥林匹克出版社,2001:9.
〔2〕 国际奥林匹克委员会. 奥林匹克宪章[M]. 北京:奥林匹克出版社,2001:8.
〔3〕 国际奥林匹克委员会. 奥林匹克宪章[M]. 北京:奥林匹克出版社,2001:9.
〔4〕 国际奥林匹克委员会. 奥林匹克宪章[M]. 北京:奥林匹克出版社,2001:15.
〔5〕 国际奥林匹克委员会. 奥林匹克宪章[M]. 北京:奥林匹克出版社,2001:16.
〔6〕 国际奥林匹克委员会. 奥林匹克宪章[M]. 北京:奥林匹克出版社,2001:16.

性举办的“最高层次的活动”，它“使世界上的运动员在奥林匹克运动会上欢聚一堂”。举办奥运会是奥林匹克运动实现自己宗旨和理想的重要手段和方式。奥运会是为了奥林匹克运动服务和存在的。[1]

（四）“北京奥运会社会价值”的概念界定

向勇等主编的《体育基本理论教程》中认为体育的社会功能主要是指“调节社会关系”、“强化社会意识”、“促进国际交流”等三方面。[2]

祖苇在《再论体育价值》一文中认为体育的社会价值表现在体育与社会诸要素之间存在的互动关系与需求，如果限定在体育价值体系中讨论的话就会衍生出体育的政治价值、体育的经济价值、体育的教育价值等，并整体反映体育的社会价值。

田麦久认为竞技运动的现代社会价值表现在以下六个方面：(1)激励人类的自我奋斗精神；(2)满足社会生活的观赏需求；(3)促进社会大众的体育参与；(4)展示国家(地区)的综合实力；(5)促进社会与经济的迅速发展；(6)排解社会成员的不良心绪。[3]

刘德佩以奥运会为例分析了国际体育的社会价值：(1)促进各国家各民族的相互了解；(2)促进文化、科技和经济的繁荣；(3)国际体育为各国各民族的竞争和发展提供了直观的舞台；(4)国际体育加速了各项竞技运动记录的更新；(5)国际体育促进了国际文化模式的形成；(6)国际体育对维护世界和平具有积极作用。

苏肖晴、冯萍认为运动竞赛的社会价值主要表现以下六个方面：(1)运动竞赛促进人类和平；(2)积极参与政治活动，为外交斗争服务；(3)运动竞赛推动本国经济发展；(4)更新传统观念，培养竞争意识；(5)教导社会规范，发展人际关系；(6)丰富人类文化生活，满足探索未知事物心理。

通过文献资料，结合体育(竞技体育)的社会功能(社会价值)及其他学科关于价值与社会价值的定义界定，同时参考祖苇、卢锋等人的研究，为我们探讨北京奥运会社会价值的概念提供了思路。

---

〔1〕 丁玉兰，古柏. 全面认识和理解奥林匹克运动——解读《奥林匹克宪章》[J]. 成都体育学院学报，2005，31(5)：32－35.

〔2〕 向勇，周西宽. 体育社会功能的哲学话语[J]. 体育文化导刊，2004，12：32－35.

〔3〕 田麦久. 体育发展战略研究与学科建设[M]. 北京：北京体育大学出版社，2003：129－131.

北京奥运会特指始于北京市申办第29届夏季奥林匹克运动会成功之日至第29届夏季奥林匹克运动会闭幕之日为止的一系列国际性社会文化活动。(北京奥运会周期界定为:从2007年7月13日起至2008年8月24日为止。至于奥运周期的不同观点此处不予论述。)北京奥运会的外延指与筹办、举办北京奥运会具有直接联系的思想、组织与活动等。

北京奥运会的社会价值是指北京奥运会在国家核心利益层面上为满足当代中国社会发展所做出的贡献和产生的影响。就北京奥运会社会价值这一概念的外延而言,本研究将着重于从国际社会和中国社会等宏观视角来讨论北京奥运会的社会影响与意义。

二、体育在构建和谐社会中的功能和价值研究进展

体育作为以身体运动为基本手段促进身心发展的文化活动,其本身的功能具有三个层次:自然质功能、结构质功能和系统质功能。体育本身功能的层次性决定了体育在建设和谐社会中的价值也是多层次的。

对于体育在构建和谐社会中的功能和价值,学者从不同的角度进行了分析和论述,其主要代表观点如下:朱林等论述了体育与和谐社会的关系,指出体育与和谐社会的构建是相辅相成的,二者是相互影响的两个方面,并从体育人文精神、大众体育、竞技体育、学校体育和体育产业五个方面分析了体育在和谐社会构建中的作用,认为在社会主义和谐社会构建的进程中,体育以其特有的功能与价值发挥着不可替代的、独特的作用。[1]刘江丽认为在构建和谐社会的进程中,要坚持以人为本的理念,充分发挥体育事业的独特功能和作用——群众体育、学校体育、竞技体育在构建和谐社会中的作用,指出群众体育能够使人自身的精神和身体和谐,使人际关系和谐;学校体育则能帮助学生形成良好的体育习惯和观念,同时还能活跃校园文化氛围;分析了竞技体育在构建和谐社会中的作用,指出奥运会是让世界和谐的体育盛会,奥运会体现的公平准则会让社会更加和谐。[2]郭英帝认为体育事业是社会主义现代化建设事业的一部分,是构建和谐社会的重

〔1〕 朱林,兰自力,王联聪. 体育在社会主义和谐社会构建中的作用[J]. 北京体育大学学报,2007,30(10):1316-1318.

〔2〕 刘江丽. 体育事业在构建和谐社会中的作用[J]. 武汉体育学院学报,2005,39(9):31-32.

要手段之一,特别是竞技体育在激发爱国主义、集体主义和革命英雄主义等方面有着特殊作用。体育作为一种广泛参与的社会活动,不仅可以增强人民体质,也有助于培养人们勇敢顽强的性格、超越自我的品质、迎接挑战的意志和承担风险的能力,有助于培养人们的竞争意识、协作精神和公平观念。体育也是促进友谊、增强团结的重要手段,有益于人类社会的团结、友谊、进步。因此,体育工作应当为党和国家的中心任务服务,要与社会发展的总目标、总进程、总方略相协调、相呼应,为建立和谐社会、实现社会主义现代化建设目标添砖加瓦。[1]

陈文纲在《体育在促进和谐社会建设中的作用与实现途径初探》一文中指出,现代体育是现代社会的重要构成因素,体育事业与社会的协调发展是促进和谐社会建设的重要前提。现代体育既是一种不依附于政治、经济、教育、军事、宗教而独立存在的社会文化形态,是社会的一个相对独立的子系统,又与其他社会系统处于密不可分的联系之中。体育在促进和谐社会建设中的功能体现在以下几个方面:体育可以促进人的生理素质的提高;可以培养社会成员的劳动技能,提高人的社会适应能力;可以提高人的心理素质,培养健康向上的价值观念,提高全社会的精神文明水平,促进社会和谐发展;可以造就社会成员健康文明的生活方式,使人们更好地适应时代和适应社会。[2]戴俊等的《论和谐社会构建中体育的价值》一文中将和谐社会中体育的价值体现在社会体育、学校体育和竞技体育三个方面,认为社会体育是构建和谐社会的重要手段,通过体育活动,能够扩大人们的情感交流,增进人与人之间的相互了解,改善人际关系,建立健康、合理的生活方式,创造文明、和谐的社会环境;学校体育则是和谐社会构建的动力,学校体育在提高学生身体素质的基础上,加强对学生心理素质、道德品质、社会适应能力以及自我调剂能力的培养,同时将社会责任感教育、爱祖国情操与学校体育运动实践相联系,形成多元化、科学化的学校体育目标,以适应时代发展的要求,培养适应社会和谐发展的人才;竞技体育是和谐社会的标志之一,竞技体育的本源功能在于通过相互间运动能力的较量,促进参赛选手,并作为范例带动广大民众的

---

〔1〕 郭英帝.发展体育事业构建和谐社会[J].体育文化导刊,2005,11:3-4.

〔2〕 陈文纲.体育在促进和谐社会建设中的作用与实现途径初探[J].广州体育学院学报,2006,26(4):46-48.

身体素质、运动技巧以及心理素质的提高，进而健身强体，增强国力，更加有效地开展生产活动以及夺取战争的胜利。随着人类社会的飞速发展，竞技体育已成为人们日常生活中不可缺少的一部分，其社会功能也极大地拓展与丰富了。通过公平竞争，实现对人心灵的净化，培养良性的世界观、价值观和人生观，促进社会大众的体育参与意识，推进教育功能的实现；激发国民自强不息、奋勇拼搏的民族精神，唤起民众的国家意识和爱国热情；实现调整人的状态和规范行为、凝聚人心、稳定社会的潜在功能。同时文章还提出了在和谐社会环境中实现体育价值的三个途径：构建和谐社会全民健身服务体系的模式，构建以学校为核心的教育模式，落实竞技体育的教育功能。〔1〕

其中，值得关注的是关于社会体育功能和价值研究进展。在分析有关社会体育方面的文献之前，我们首先要明确社会体育、群众体育和全民健身的内在联系。《中华人民共和国体育法》将我国的体育分为社会体育、学校体育和竞技体育三部分，这是关于我国体育的传统的划分方式。但是在学术界还是存在着社会体育、群众体育（又称大众体育）和全民健身等概念，这些概念的存在一定程度上左右了我们更好地认识体育乃至社会体育。但是，通过仔细分析，三个概念在本质上有着内在的统一性。社会体育是指职工、农民、街道居民等自愿参加的，以身体运动为基本手段，以增进身心健康为主要目的的社会体育活动。社会体育的目的是增进全体社会成员的身心健康、增强体质，满足人们的娱乐需要和自我成就需要，促进个体的全面发展，为建设社会主义精神文明和物质文明服务。群众体育是指人民大众在余暇时间自愿参加的以健身、健美、医疗、消遣、娱乐和社交为目的的内容广泛、形式多样的体育活动。而全民健身则是我国20世纪90年代兴起的一项由政府倡导的群众性体育活动计划的名称，其全称是《全民健身计划纲要》。从以上概念中我们可以分析出三者在本质上都是一致的，都指的是群众性的体育活动。在明确社会体育、群众体育和全民健身的内在联系之后，我们逐一分析与三者相关的文献。

董新光认为：群众体育是和谐社会建设的基本内容。发展群众体育

---

〔1〕 戴俊，李旭天，张兵. 论和谐社会构建中体育的价值[J]. 山东体育学院学报，2006，22(6)：37－39.

事业,不仅可以提升社会建设的全面程度和整体水平,促进社会建设与经济建设、政治建设和文化建设的协调发展,而且可以为经济建设、政治建设和文化建设提供体力支持和精神助力,促进"四项建设"的协调发展。群众体育在和谐社会的建设中具有特殊的作用,表现在以下四个方面:(1)群众体育是实现人的体魄健康的基本手段,有利于和谐社会共享共建中"人"与人力资源的素质优化;(2)群众体育是和谐社会建设的基本内容,有利于和谐社会"四项建设"的协调发展;(3)群众体育是协调人的关系的重要方式,有利于人与人、人与社会、人与自然的和谐相处;(4)群众体育是实现人的自身和谐发展的必要条件,对人的全面发展有不可替代的作用。作者还分析了群众体育在实现和谐社会目标任务中所具有的责任,认为构建和谐社会的每一项目标任务都与群众体育有关,群众体育既是每项目标任务的题中之义,又在每项目标任务中担负着重要任务,承载着独特的责任。这些任务和责任充分反映了群众体育是和谐社会建设的重要组成部分,在实现和谐社会目标任务中有着不可忽视的地位和影响。〔1〕

肖伟君与何建华认为全民健身作为构建和谐社会的一个重要载体,在构建社会主义和谐社会中的积极作用是不可或缺的。在现代社会,健康的身体不仅关系个人发展、家庭幸福,而且也是构建和谐社会的物质基础,因此全民健身对维系社会活力具有重要意义。社会的和谐与发展,需要由一个具有崇高理想信念的群体共同打造。全民健身运动具有的在强健体魄的同时娱乐身心、陶冶情操、振奋精神、团结合作、拼搏进取的特殊功能和作用,是构建和谐社会的有力手段。人际关系的和谐是社会和谐的前提和基础,全民健身则能促进这种人与人之间的关系和谐。除此之外,全民健身还对社会经济具有促进作用,通过全民健身运动,可以促进体育产品的消费,促进社会基础设施的建设,还可以为当地居民提供就业机会,因此全民健身可以说是和谐社会的重要载体。文章还分析了和谐社会对全民健身提出的要求:抓好组织建设,构建管理清晰的组织网络;抓好宣传工作,营造良好的全民健身氛围;抓好全民健身工程建设,为全民健身提供物质条件;抓好终身体育教育,养成健身习惯;坚持科学健身

〔1〕 董新光. 群众体育在和谐社会建设中的作用和责任[J]. 体育文化导刊,2007,9:3-6.

思想,提高健身的科技含量。通过这些要求不断提高全民健身运动的水平,从而更好地为建设和谐社会服务。[1]

周结友与裴立新认为"和谐社会"的构建与全民健身事业的发展之间具有相辅相成的关系。和谐社会理论为全民健身提供了重要指导思想,在今后的群众体育发展中,应以"和谐社会"的六大基本特征为根本方针,在工作中充分渗透"和谐思维",使群众体育在构建社会主义和谐社会的历史进程中起到积极的推动作用。同时和谐社会的构建又为全民健身营造了良好的环境,和谐社会蕴含着全面发展、协调发展、可持续发展的科学发展观。全面发展将会改变我国目前的经济、社会发展的"一条腿长,一条腿短"的局面,和谐社会的构建将会在加快经济增长的同时,大力发展科技、教育、文化、卫生、体育等社会事业。文章还论述了全民健身运动在构建社会主义和谐社会中具有的作用,表现在如下五个方面:促进社会公平,保障全体国民享有基本的体育服务;增进人际关系和谐,增强人们之间的合作友爱;维护社会稳定,促进社会安定有序地发展;优化产业结构,促进国民经济的协调、可持续发展;有助于提高人力资本,加快和谐社会的构建进程。[2]

张玉生认为体育文化在构建和谐社会中的价值,不仅体现在体育本身,而且体现在经济、人文和社会价值等方面。体育文化将成为 21 世纪新的经济增长点,把体育文化作为产业来发展,使体育的社会化、产业化、商业化不断深入,给现代体育注入了前所未有的活力。体育文化将推动精神文化建设向前发展,更好地为科学教育事业服务,推进精神文明建设持续健康地向前发展。同时,体育文化将促进社会文化更加繁荣,使人民生活变得更加丰富多彩。总之,体育文化是社会发展与人类文明进步的一个标志,体育文化事业发展水平是一个国家综合国力和社会文明程度的重要体现,在构建社会主义和谐社会的历史进程中,体育文化的时代价值必将被进一步彰显出来,并且伴随着经济、社会的发展而不断拓展。[3]

曲京寅认为人文体育要求塑造具有"顽强的意志品质和拼搏精神"

---

〔1〕 肖伟君,何建华. 论全民健身与和谐社会的构建[J]. 体育与科学,2006,27(4):61－63.

〔2〕 周结友,裴立新. 试论和谐社会与全民健身[J]. 西安体育学院学报,2006,23(3):10－12.

〔3〕 张玉生. 体育文化在构建和谐社会中的价值探析[J]. 沈阳体育学院学报,2006,25(4):31－32.

的个体人格，要求形成具有"'公平'的竞争意识和精神"的参与意识，要求培养具有"集体主义和团结协作精神"的社会品格。体育的这种人文精神能为人们带来极大的精神享受，从体力上、心理上和道德上促进人的社会化发展，并对人民生活的健康、幸福、美好，构建和谐社会具有深远的社会价值和意义。他认为研究人文体育有利于对个体的行为方式产生规范和约束，有利于促进人际交往，增强社会凝聚力，还有利于减轻人口老龄化的社会压力。[1]

徐成立、杨柳、王健认为，关注弱势群体健身是构建和谐社会的内在需求，是构建和谐社会的关键，也是促进其身心全面发展的重要途径。他们还提出了构建和谐社会中发展弱势群体健身活动的对策：建立全方位的社会保障体系；培养和激发弱势群体自觉参与健身的意识；加大对弱势群体健身的投资力度；加强弱势群体体育法治的建设；完善弱势群体健身活动管理体系；积极提供社会弱势群体健身活动的物质条件。[2]

三、国外奥林匹克运动社会价值研究综述

起源于西方的现代奥林匹克运动的发展至今已有一百多年的历史，目前国外关于奥林匹克的研究已经形成了较为完善的体系，内容涉及社会、经济、文化教育、政治等诸多领域。与本课题研究需要相关的主要文献资料包括以下方面：

（一）现代奥林匹克运动产生及发展过程的研究

如 John J. MacAloon 所著的《伟大的象征：谈顾拜旦及现代奥运会的起源》（This Great Symbol：Pierre de Coubertin and the Origins of the Modern Olympic Games），书中对顾拜旦的教育背景进行了分析，描述了其体育思想形成发展的轨迹，并结合历史背景说明了现代奥运会的起源；Miller David 的《从雅典到雅典：1894 年至 2004 年奥运会以及国际奥委会的官方历史》（Athens to Athens：the Official History of the Olympic Games and the IOC, 1894—2004），Young David C. 所写的《奥林匹克运动会简明史》（A Brief History of the Olympic Games），Lucas, John A. 的《奥林匹克运动

[1] 曲京寅. 浅析人文体育的精神与和谐社会[J]. 吉林体育学院学报，2005，21(3)：17－19.

[2] 徐成立，杨柳，王健. 构建和谐社会中的弱势群体健身问题[J]. 体育学刊，2005，12(6)：140－142.

会的未来》(Future of the Olympic Games),这些书不仅回顾了奥运会的发展历程,同时通过对这些历史的分析,预测了现代奥运会在未来20年的发展方向;再如Buchanan, Ian与Bill Mallon合作编写的《奥林匹克运动完全历史手册》(Historical Dictionary of the Olympic Movement),也阐明了现代奥林匹克运动的发展轨迹。以上文献向我们展示了西方关于奥林匹克史学研究的总体视角,为本课题研究奠定了历史基础。

(二) 奥林匹克运动与社会影响的研究

筹办和总结阶段催生奥林匹克影响研究是国际惯例。1992年巴塞罗那奥运会、2000年悉尼奥运会分别催生了西班牙巴塞罗那自治大学、澳大利亚新南威尔士州立大学奥林匹克研究中心的成立,并在奥运会筹办及结束后不长的时间内出版了大量有价值的奥林匹克研究著述。如西班牙的《加泰罗尼亚的自由:加泰罗尼亚的民族主义、西班牙人的认同与巴塞罗那奥运会》[1]、《成功的关键——巴塞罗那奥运会社会、体育、经济和传播方面的影响研究》[2],澳大利亚的《有史以来最好的奥运会——悉尼奥运会的社会影响》[3]、《奥林匹克主义的调和:悉尼奥运会的本土文化》[4]、《筹办奥运会》[5]等。我们还查到《奥林匹克梦想:大型项目对当地政治的影响》一书,它是针对美国1984、1996、2002奥运会相关情况的研究。

2005年3月,英国爱丁堡大学召开了以《承办国际大型体育赛事的效应:亚欧国家的比较研究》为主题的国际学术会议。这次会议提交的13篇论文比较集中地展示了欧美学者对于大型体育赛事效应的研究思路和选题风格。

---

[1] John Hargreaves. *Freedom for Catalonia: Catalan Nationalism, Spanish Identity, and the Barcelona Olympic Games* [M]. Cambridge: Cambridge University Press, 2000.

[2] Miquel de Moragas and Miquel Botella (eds.). *The Keys to Success: the Social, Sporting Economic and Communications Impact of Barcelona*'92 [M]. Bellaterra: Servei de Publicacions de la Universitat of Autonoma de Barcelona, 1995.

[3] Helen Jefferson Lenskyj. *The Best Olympics Ever: Social Impacts of Sydney* 2000[M]. New York: State University of New York Press, 1999.

[4] Michelle Hanna. *Reconciliation in Olympism: Indienous Culture in the Sydney Olympiad* [M]. Petersham: Walla Wallla Press, 1999.

[5] Cashman & Hughes. *Staging the Olympics: The Event and its Impact*[M]. Sydney: University of New South Wales(UNSW) Press, 1999.

从选题风格看,这次会议的学术论文大体分为以下几类:(1)某一项赛事的经济和社会影响研究,比如《2004 年欧洲杯:一个葡萄牙获得世界认同的黄金机遇》(UEFA Euro 2004 TM——A Great Opportunity for Portugal to be Recognized Worldwide)、《新产业经济时代的体育赛事和基础设施规划》(Sport Events and Infrastructure Planning in Newly Industrialized Economies)、《2002 年世界杯的胜利者和失利者》(Winners and Losers in the 2002 Football World Cup)、《德国期望从举办 2006 年世界杯得到什么:宏观和区域的经济影响》(What does Germany Expect to Gain from Hosting the 2006 Football World Cup: Macroeconomic and Regional Economic Effects);(2)一个国家举办大型国际体育赛事的历程与社会支持条件的变革,比如《从英联邦运动会到 F1 比赛:探索马来西亚对于国际体育赛事的首创精神》(From the Commonwealth Games to F1 Grand Prix: Exploring Malaysia's Initiatives in the Hosting of International Sports Events);(3)举办国际大型体育赛事的一般影响分析,如《举办大型体育赛事及其对于大阪市城市发展的影响》(Hosting Mega-sport Event and its Impact upon City Development Challenge of the City of Osaka)、《体育推广项目效益和效率的演进》(The Evaluation of the Efficiency and Effectiveness of Sport Promotional Initiatives)、《重大体育赛事的经济影响》(The Economic Impact of Major Sports Events);(4)奥运会影响的分析,如《低估代价和高估利益》(Underestimated Costs and Overestimated Benefits)、《从 1976 蒙特利尔到 2010 年温哥华:北美的体育大型赛事》(Sports Mega-events in North American Cities from Montreal(1976) to Vancouver(2010))、《规划战略和奥林匹克城市主义:巴塞罗那的后奥运会价值》(Planning Strategies and Olympic Urbanism: the Case of Post Olympic Barcelona)。

从学术思路与研究思路看,这次会议的论文大体可以分为:(1)历史描述和文化分析;(2)经济研究与模型分析;(3)问卷调查与数理统计。

我们还注意到,近几年西方一些学者的奥林匹克影响研究还呈现出一种新的动向:在纵向贯穿式的奥林匹克研究中专注某一个独特视角,展示奥林匹克的真实面貌,如著名奥运经济研究学者 Holger Preuss 先后出版的两部著作《奥运经济:1972—2000 年奥运会的举办》[1]和《筹办奥运会经济学:一个奥运会的比较,1972—2008 年》[2]从 1972 年以来奥运会举办的相关历史资料出发,揭示了奥运会对于举办城市和国家的经济影响,并且对于筹办奥运会的经济问题做了专门阐述。《奥运会的社会科学分析》[3]从社会科学的不同学科角度阐释了奥运会的影响和效应,《透视奥林匹克产业:权力、政治和行为主义》[4]则从一个特殊的角度阐释奥运经济所关联的相关社会因素,为读者展示了奥运会整体效益与经济效应的联系。《百年奥运:权力、政治与运动会》一书从奥运会历史的纵向角度出发,以政治与奥运会相互影响的机制为重点,阐释了现代奥运会的政治效应。再如 Richard Cashman 与 Anthony Hughes 的《举办奥运:赛事及其影响》(Staging the Olympics:the Event and its Impact);Alan Tomlinson 和 Christopher Young 所写的《国家身份和全球体育事件:奥运会与足球世界杯中的文化、政治及其展示》(National Identity and Global Sports Events: Culture, Politics, and Spectacle in the Olympics and the Football World Cup),作者以全球性的体育赛事与国家地位的关系为视角,对这些体育事件中存在的文化、政治等问题进行探讨,从而阐释国家身份的扮演问题;还有 K. Toohey 和 A. J. Veal 的《奥运会:社会科学方法》(The Olympic Games: a Social Science Approach)和 Yarbrough, C. Richard 的《1996 年奥运会的深度观察》(And They Call them Games:an Inside View of the 1996 Olympics)等是对单届奥运会进行社会学研究的代表。

四、国内奥林匹克运动社会价值研究综述

(一) 国内奥林匹克运动研究历史回顾

我国的奥林匹克运动研究具有明显的阶段性。中国与奥林匹克运动

---

〔1〕 Holger Preuss. *Economics of the Olympic Games: Hosting the Games* 1972 – 2000[M]. Petersham: Walla Wallla Press,2000.

〔2〕 Holger Preuss. *The Economics of Staging the Olympics: a Comparison of the Games* 1972 – 2008[M]. Cheltenham: Edward Elgar Publishing, 2004.

〔3〕 K. Toohey and A. J. Veal. *The Olympic Games:a Social Science Perspecive*[M]. Walling ford: CABI Publishing,2000.

〔4〕 Helen Jefferson Lenskyj. *Inside the Olympic Industry: Power, Politics and Activism*[M]. New York: State University of New York Press,2000.

的接触如果从1922年王正廷当选国际奥委会委员开始算起，已经有80多年的历史了，但中国奥林匹克研究的起步却要晚得多。在1949年新中国成立以前，中国充其量只有奥林匹克的相关新闻报道和一些奥运会的相关描述，上海《申报》的奥运会相关消息、宋如海的《世界运动会丛录》是其中的代表。不难发现，学术和理论研究在当时的中国几乎没有光顾过奥林匹克。

改革开放以来，特别是1979年中国恢复在国际奥委会的合法席位以来，奥林匹克的学术研究开始起步。伴随着中国运动员在奥运会上的出色表现，大众迫切需要了解奥林匹克，于是体育新闻界和学术界开始整理和翻译一些外文资料，出现了体育文史杂志社编辑出版的奥林匹克专刊，一些古代奥运会的书籍得以翻译出版，现代奥运会的历史也得到较多的介绍。20世纪80年代后期，任海等海外留学归来的学者的相关著述给中国奥林匹克研究带来了前所未有的新气象，他们对于奥林匹克研究的问题意识和学术视野给研究者的启发很大。在这样的背景下，中国开始了在普通大众层面进行奥林匹克知识的推广和在体育学者领域进行奥林匹克研究。

中国普遍的、真正的奥林匹克学术研究可能要从围绕北京申办2000年奥运会而开展的相关研究算起。1993年6月，在投票产生申办结果前的三个月，中国组织国内研究奥林匹克的一批学者编辑的《奥林匹克运动》作为体育学院统编教材得以出版。在此前后，中国的奥林匹克学术研究成果逐渐增多，北京体育大学出版社的《奥林匹克研究》和北京体育大学组织的奥林匹克学术论坛等就汇聚了众多国内一流学者的研究成果。

北京申办2008年奥运会的成功为中国奥林匹克学术研究增添了强劲的动力，并且在很大程度上改变了中国奥林匹克研究的选题方向和学术思路。虽然中国在1945年就有过申办1952年奥运会的内部提案，但没有任何学术研究为背景，也没有催生任何研究成果。而1991—1993年申办2000年奥运会，虽然带动和引发了一定范围的奥林匹克研究，但是由于处于“申办”阶段，相关的研究只是设想举办奥运会对中国可能产生的影响，或者仅仅从宏观上探讨中国可能对于奥林匹克运动施加什么影响。

奥林匹克研究的升温必将更进一步提高我们对奥林匹克运动的认

识,有利于我们借助奥林匹克运动这一宏大的体育社会平台,促进我国经济社会、政治、外交、体育等领域的发展。利用 CSSCI 数据库统计的标引关键词进行分析,以奥运为主题的论文数量是呈逐年上升趋势的,如表 1-1 所示。

表 1-1 2000—2006 年奥运类关键词统计〔1〕 单位:篇

排序	关键词	2000	2001	2002	2003	2004	2005	2006	总计
1	奥运会	13	44	22	27	35	48	72	261
2	奥林匹克运动	6	0	14	12	15	14	16	77
3	北京奥运会	0	6	5	18	14	20	33	96
4	奥林匹克	1	16	5	9	4	9	12	56
5	人文奥运	0	3	5	10	11	7	8	44

奥林匹克运动对中国人来说一直受到关注。从表 1-1 的统计结果来看,以奥运为主题的研究自第一次申办起,该类研究明显增多。在申办成功之后,与奥运有关的研究不仅量增多,而且也成为研究热点。这是因为奥运在世界人民心目中既是高水平的竞技赛事,又是和平的象征。奥运能让人享受到世界大家庭的温暖,奥运能让世界和谐,奥运对中国发展的意义也很重大。有学者称:"申奥成功,是中国迈向'中等发达国家'的跳板。如果说 1978 年的'思想解放'启动了中国改革开放,成为走向'小康社会'的出发点,则申办 2008 奥运成功,又成了中国的又一起飞线,意义不言而喻。"总之,申奥成功意义深远:扬我国威、促进经济发展、有益城市建设和提高体育水平。因此,奥运的意义绝非仅限于体育,它关联到全社会。

(二)北京奥运会社会效应研究

何振梁认为奥运会将给中国社会带来五方面的效益:极大地推动中国,尤其是北京的经济发展;使中国体育进入迅速发展的新阶段;加速国际接轨的过程,改善社会软环境;培养环境意识,强化环境措施;促进中外文化的沟通与互相吸纳。〔2〕

陈剑等从经济现代化(包括人均 GDP,第三产业增加值占 GDP 比重

〔1〕 "中文社会科学引文索引"(CSSCI)[EB/OL]. http://cssci. nju. edu. cn.

〔2〕 何振梁. 北京奥运会对中国发展的影响[J]. 体育文化导刊,2004,3:3-6.

和非农业化水平三个指标)、社会现代化、城市建设现代化三个方面探讨了北京奥运会对北京现代化的影响力。他还从国际竞争力、国际控制力和影响力、国际交往与交流能力三个方面探讨了奥运会对北京国际化水平的推动作用。可见奥运会对于促进举办城市和国家发展的巨大的综合效应。〔1〕

李益群等人通过多角度的探讨,认为申办、承办奥运会的过程对中国社会发展具有积极的促进作用,具体表现在奥运会对经济的促进;奥林匹克精神与中国文化的融合,对社会主义精神文明建设的重要意义;奥运会对城市建设、环保的促进作用以及产生更多的就业机会等方面。并且指出申办和承办奥运会将对中国体育的全面发展产生积极影响,具体表现在促进竞技体育运动成绩的提高,促进全民健身意识的觉醒等方面。〔2〕

陆小聪等从社会学的视角探讨了奥运会的社会效益,认为奥运会能够增强社会凝聚力,有助于社会完善和谐的发展,从而促进社会转型。〔3〕并通过对历届奥运会综合效应的检验,对北京奥运会促进社会凝聚力的途径提出进一步思考。

任海认为北京奥运会的社会价值在于完善社会运作机制。〔4〕

冯惠玲认为北京奥运会社会价值在于促进中国社会更加开放、和谐、健康发展。〔5〕

熊斗寅认为北京奥运会对举办国的政治、经济、文化、教育、科学技术等方面都会带来积极影响从而使中国体育受益,并提出积极影响分为举办前、举办中与举办后三个阶段。〔6〕

也有学者认为:奥运会是当今世界规模最大的体育盛会。近 20 年来,由于举办奥运会具有促进发展、扩大交流、树立形象等多方面的积极

---

〔1〕 陈剑. 2008 年奥运会对提升北京现代化水平和向国际大都市迈进的影响及推动分析[C]. //刘淇. 北京奥运经济研究. 北京:北京出版社,2003:62 – 104.

〔2〕 李益群,丁玲娣,詹建国. 成功申办与举办第 29 届奥运会对中国社会环境的影响[J]. 中国体育科技,2001,37(7):16 – 18.

〔3〕 陆小聪,张修枫,董鹏. 奥运会与社会凝聚力——从社会学看奥运会的社会效益[J]. 西安体育学院学报,2005,22(5):6 – 8.

〔4〕 任海. 北京奥运的真正价值在于完善社会运作机制[J]. 体育博览,2002(5):13.

〔5〕 人文奥运网. http://www. c2008. org/study.

〔6〕 熊斗寅. 北京奥运会与中国体育发展[J]. 体育与科学,2002,23(6):9 – 12.

作用,因此取得奥运会举办权成为众多国家和城市争相追求的目标。北京申奥的成功,是国家高度重视、国人大力支持的结果;是我国经济快速发展、社会全面进步、国际地位不断提高的结果;也是北京综合经济实力迅速增强、城市面貌日新月异的结果。

北京师范大学经济学教授李晓西认为北京奥运会应与十个方面相结合以提高其社会价值:第一,举办奥运会和加入 WTO 相结合;第二,举办奥运会要和“十五”计划调整相结合;第三,举办奥运会要和经济结构调整相结合;第四,举办奥运会要和区域经济协调发展相结合;第五,举办奥运会要和体育产业的国际化相结合;第六,举办奥运会需要政府和企业相结合;第七,举办奥运会要短期效益和长期效益相结合;第八,举办奥运会要将提高运动技术水平和推广全民健身相结合;第九,举办奥运会要东西方文化、传统文化和现代文化相结合;第十,举办奥运会要和国家统一大业相结合。

(三) 北京奥运会理念、主题口号的社会价值

北京 2008 年奥林匹克运动会申办委员会在《北京 2008 年奥林匹克运动会申办报告(II)》中明确提出了北京奥运会“绿色奥运、科技奥运、人文奥运”三个理念,这些理念所要表达的是:北京奥运会将在实践《奥林匹克 21 世纪议程》方面开辟新的境界。北京奥运会将充分发挥人的天赋,增进文化交流,促进人类和平,强化环境意识,广泛应用最新科技成果,推动新技术的开发与应用。同时强调中国人民热爱体育运动,中国 13 亿人口中的大部分人都参加体育活动。北京举办 2008 年奥运会将为用奥林匹克宗旨激励和教育中国年轻一代提供难得的机会,也将促进奥林匹克运动和体育事业在中国和发展中国家的发展。北京奥运会 的“绿色奥运,科技奥运,人文奥运”三个理念从环境、科技、文化三个方面突出了北京奥运会的特色,强调了北京奥运会与奥林匹克倡导的体育、文化、环境三元素的一致性。

2005 年 6 月 26 日,在北京工人体育馆举行的发布仪式上,北京奥组委宣布“同一个世界,同一个梦想”(One world,One dream)成为北京 2008 年奥运会中英文主题口号。“同一个世界,同一个梦想”——这是 13 亿中国人民对奥林匹克运动的独特而深刻的理解:希望与梦想、和平与友谊、奉献与欢乐、参与和公平竞争;这是 13 亿中国人民向全世界发出的真

诚呼声;历史悠久、文化灿烂、热爱和平的中华民族将更加坚定不移地走向世界,拥抱世界;这是13亿中国人民向全世界表达的美好梦想;共同创造一个和睦的社会、和平的世界、人与自然和谐相处的地球……北京奥组委对这个主题口号进行了解读。“同一个世界、同一个梦想”集中体现了奥林匹克精神的实质和普遍价值观——团结、友谊、进步、和谐、参与和梦想,表达了全世界在奥林匹克精神的感召下,追求人类美好未来的共同愿望。主题口号深刻反映了北京奥运会的核心理念,体现了作为“绿色奥运、科技奥运、人文奥运”三大理念的核心和灵魂的人文奥运所蕴含的和谐的价值观。建设和谐社会、实现和谐发展是我们的梦想和追求。“天人合一”、“和为贵”是中国人民自古以来对人与自然、人与人和谐关系的理想与追求。和平进步、和谐发展、和睦相处、合作共赢、和美生活是全世界的共同理想。这个主题口号文简意深,既是中国的,也是世界的。主题口号表达了北京人民和中国人民与世界各国人民共有美好家园,同享文明成果,携手共创未来的崇高理想;表达了一个拥有五千年文明,正在大步走向现代化的伟大民族致力于和平发展、社会和谐、人民幸福的坚定信念;表达了13亿中国人民为建立一个和平而更美好的世界做出贡献的心声。

“同一个世界,同一个梦想”主题口号的提出说明北京奥运会所考虑的还不仅是东西方文化之间的交流和交融,更以这一主题向全世界发出了强有力的信息,这就是:中国愿同全世界共同建设一个人与人和睦、国与国和平、人与自然和谐相处的世界。

孙葆丽认为北京奥运会“人文奥运”理念的内涵可归纳为:第一,是以人为本的奥运会;第二,是东西方文化大交融的奥运会;第三,是体育与教育相结合的奥运会。[1]

肖焕禹等认为:绿色奥运首先是指奥运会及其奥林匹克运动的开展应以对自然环境的最小破坏为目的,注重可更新能源的利用、水资源的保护、废物利用和管理;保护人类适宜的空气、水和土壤;保护古建筑等自然和文化环境的社会活动方式。它是正确的生态价值观的反映,旨在提倡

---

〔1〕 孙葆丽. 北京2008年奥运会“人文奥运”理念初探[J]. 北京体育大学学报,2001,24(4):436－437.

健康的生活方式、追求人与自然的和谐。[1]

肖焕禹等认为:所谓的“科技奥运”就是指在比赛场馆、奥运村建设以及通信、交通和日常使用的设备方面,运用当代的高新技术、网络技术、宽带技术、环境技术、节能节水技术等,还包括运动员日常训练和奥运会竞赛的高科技介入等。

王琴芳认为:科学技术与现代奥林匹克运动具有密切的关系。始于19世纪40年代的第一次产业革命为现代奥林匹克运动的诞生提供了坚实的基础,引发了社会思想和人的生活方式的根本变化。科学技术对现代奥林匹克运动产生了深刻影响:第一,生物科学的发展促进了训练思想以及训练方法和手段的发展;第二,运动生物力学和体育器材研制的发展有效地促进了运动员体能的发挥;第三,现代传媒技术的发展扩大了奥林匹克运动的影响。同时,奥林匹克运动对科学技术发展也具有促进作用。

宋玉芳还研究了奥运会志愿者的社会价值:(1)对于奥运会本身来说,奥运会志愿者具有保持奥运会的公益性、促进大众的参与、普及奥林匹克教育等社会价值;(2)对于社会而言,奥运会志愿者社会价值体现在促进社会志愿者活动的发展、支持社会整合等方面;(3)对于志愿者自身来说,志愿者通过为奥运会提供服务能够丰富阅历、增长才干,学习社会规范,内化价值观念,拓展社会交往范围。[2]

北京奥运会“绿色奥运、科技奥运会、人文奥运”三大理念的内涵可归纳为:第一,是以人为本的奥运会;第二,是东西方文化大交融的奥运会;第三,体育与教育相结合的奥运会等三个方面。这也表明我们将以奥运为契机,建立的三个奥运理念,即“绿色奥运”——关注人与自然的和谐;“人文奥运”——关注人与社会的和谐;“科技奥运”——为人与自然、社会的和谐发展作保障。

(四)奥林匹克运动与中国体育研究

在全球化作为当今世界最重要的时代背景下,奥林匹克运动作为一个国际化的文化现象,对中国体育的影响是明显而深远的。

崔乐泉认为:奥林匹克运动能推动中国当代体育健康发展,因为我们

---

〔1〕 肖焕禹,陈玉忠.奥林匹克运动与人类社会和谐发展的新理念探析——解读北京奥运三大主题[J].上海体育学院学报,2003,27(1):10-14.

〔2〕 宋玉芳.奥运会志愿者管理研究[J].体育科学,2005,25(2):86-93.

可以利用奥林匹克主义和奥林匹克精神这些人类的共同财富,来推动中国体育按着奥林匹克的道路向前发展。作为一种教育形式,奥林匹克运动可以促进中国人民体育观念的现代化,全面提高人民大众的现代意识和素质,使其成为培养和塑造现代人的一种为人所乐于接受的教育手段。〔1〕

谭华在后奥运会效应及其对我国体育的影响中认为,申办奥运成功,对竞技体育管理的科学化、国际化水平的提高,无疑具有极大的促进意义,但是,奥运会的举办可能对我国正在进行的体育体制改革产生以下方面的负面影响:(1)可能掩盖体育体制方面一些深层次的矛盾;(2)可能加剧体育资源分配的不平衡。〔2〕

陈彦认为:"改革开放以后,奥林匹克运动与现代化建设和市场经济的运行机制相适应。奥林匹克运动已经成为现代体育的核心,并主导现代体育的发展,中国体育只有融入世界体育潮流与世界体育接轨才能兴旺发达。"〔3〕中国体育是奥林匹克运动的一个重要组成部分,为使中国体育在21世纪能健康发展,必须正视目前奥林匹克运动发展中存在的问题。必须处理好"两个战略"目标的关系,在每一个人身上真正体现平等参与体育的权利;构建新的体育价值观念体系;对奥林匹克运动公平评价,全面宣传报道和透视奥林匹克运动的演进过程;重新认识竞技运动的本质,走竞技体育与教育结合的道路。

奥林匹克运动能推动中国当代体育健康发展,奥林匹克运动可以促进中国人民体育观念的现代化,全面提高人民大众的现代意识和素质。申办奥运成功,对竞技体育管理的科学化、国际化水平的提高,无疑具有极大的促进作用。奥林匹克运动已经成为世界和我国现代体育的核心,并主导现代体育的发展,中国体育只有融入世界体育潮流与世界体育接轨才能兴旺发达。

---

〔1〕 崔乐泉.奥林匹克运动面临的问题与中国当代体育面临的机遇[J].山西师大体育学院学报,1999,14(2):4-9.

〔2〕 胡小明,周爱光,任海,等.奥运会与中国体育的未来——中西体育理念比较座谈会发言纪实[J].体育学刊,2003,10(6):1-6.

〔3〕 陈彦.试论奥林匹克运动对21世纪中国体育思想的影响[J].体育与科学,2000,21(4):7-9.

五、已有研究成果评述

国外关于奥林匹克运动的研究，目前已形成相当完善的体系，不仅有关于奥林匹克运动的发展过程研究，也有针对某一届奥运会对当时社会的影响的研究，还有对奥运会在人类发展历史进程中所隐含的巨大社会价值的分析研究，并有对奥运会社会价值的开发问题的探索性研究。而国内关于奥林匹克运动的研究呈百花齐放之态势，涉及的内容很多，成果丰富。尤其关于北京奥运会的三大理念的研究成果较多，而关于“人文奥运”的研究成果最为丰富。这些研究成果在整体上既有继承又有创新，也有的研究成果体现了学术研究应有的批判性、反思性等品质。以上文献向我们展示了关于奥林匹克社会价值研究的总体视角，为后续相关研究奠定了历史基础，能够为实现北京奥运会对推动全面建设小康社会、加快中国现代化进程及构建和谐社会目标而提供理论依据。

综上所述，关于举办北京奥运会对我国政治、经济、文化等方面影响的研究是一个庞大的、内容丰富且影响深远的理论体系和系统工程，在宏观框架和微观机制相结合方面具有高水平的研究成果。另外，关于奥运会对我国体育事业发展的研究成果的研究范围宽广，已具有一定的深度。多数成果选取的研究视角有多维性趋势，一些测量指标的科学性得到检验。作为一项庞大的国际性社会文化运动，我们不仅要挖掘奥林匹克运动的一般社会价值，也要研究北京奥运会的特有社会价值。仅在北京奥运会社会价值研究与开发方面，就需要进行更为全面的分析与系统研究。

第四节　理论结构

本书的理论结构确定为四个层次：

第一层次：北京奥运会社会价值的研究与北京奥运会社会价值的开发；

第二层次：现代奥运会社会价值的普遍性与特殊性；

第三层次：北京奥运会国际维度与国内维度的社会价值；

第四层次：充实完善以上六个方面涵盖的具体内容，进而形成较完备的北京奥运会社会价值理论体系，如图 1-1 所示。

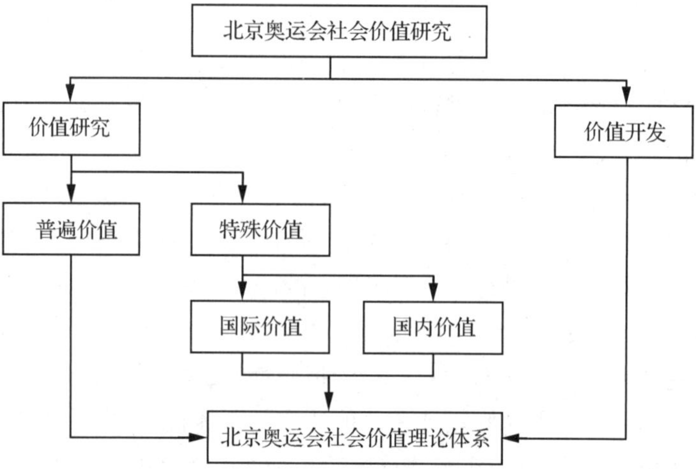

图 1-1　本书的理论结构图

第二章　现代奥运会及其社会价值概述

第一节　现代奥运会发展简史

一、现代奥运会的产生与发展概况

14—18 世纪，欧洲大陆出现了文艺复兴、宗教改革和启蒙运动三大思想文化运动。三大思想文化运动解放了人们的思想，扫清了资本主义发展道路上的主要思想障碍。在这种历史背景下，近代体育思想也应运而生，人们重新发现了体育的价值，由此为现代奥林匹克运动的兴起奠定了思想基础。

资本主义工业革命推动了近代自然科学的发展，建立了近代体育的理论基础，同时，工业化社会的生活方式也使体育成为一种新的社会需要而得到了进一步发展。19 世纪后半叶，随着资本主义的发展，民族和国家间的壁垒被打破，世界市场逐渐形成。随之，体育也超越国界，出现了国际的体育交流和比赛，形成了体育的国际化趋势。

19 世纪末，以顾拜旦为代表的奥林匹克运动先行者们，从古希腊的奥林匹亚竞技中得到启示，并结合时代的需求，点燃了现代奥林匹克之火。百年来薪火相传，奥林匹克运动已从最初的一个小规模的国际性运动会，发展成为当代世界最重要的社会文化现象之一，成了促进各国人民相互了解、各种文化相互交融的重要舞台。

二、现代历届夏季奥运会发展简况

现代奥林匹克运动自1896年举办第一届奥运会开始至2008年，历经百年，已举办了29届奥运会，由第一届奥运会的14个国家的241名运动员参加到2008年北京奥运会的204个国家和地区的11438名运动员参加，现代奥林匹克运动已经成为世界范围内具有全人类性质的活动，成了全球文化的盛会。百年间大致经历了四个发展过程：第一次世界大战前的早期奥林匹克运动处于艰难的摸索阶段；两次世界大战期间，奥林匹克运动的竞技模式已基本形成，奥林匹克思想和组织框架也已基本确立；冷战期间的奥林匹克运动得到迅速发展；20世纪70年代后由于旧有的封闭模式与外部环境的不相适应，使奥林匹克运动一度陷入各种危机之中。萨马兰奇的全面改革，使奥林匹克摆脱了政治、经济等方面的危机，显现出勃勃生机，奥林匹克运动进入了一个新的发展时期。现代历届夏季奥运会发展简况见表2-1所示。

表2-1　历届夏季奥运会基本情况一览表

届次	年份	月日	地　点	参赛国家和地区数	小项	参赛运动员总数/女运动员数
1	1896	4.6—4.15	希腊雅典	14	43	241/0
2	1900	5.20—10.28	法国巴黎	24	95	1225/19
3	1904	7.1—11.23	美国圣路易斯	13	91	689/8
4	1908	4.27—10.31	英国伦敦	22	110	2035/36
5	1912	5.5—7.22	瑞典斯德哥尔摩	28	102	2547/57
6	1916	因第一次世界大战未举办				
7	1920	4.20—9.12	比利时安特卫普	29	154	2669/78
8	1924	5.4—7.27	法国巴黎	44	126	3092/136
9	1928	5.17—8.12	荷兰阿姆斯特丹	46	109	3014/290
10	1932	7.30—8.14	美国洛杉矶	37	117	1408/328
11	1936	8.1—8.16	德国柏林	49	129	4066/328
12	1940	因第二次世界大战未举办				
13	1944	因第二次世界大战未举办				
14	1948	7.29—8.14	英国伦敦	59	136	4099/385
15	1952	7.19—8.3	芬兰赫尔辛基	69	149	4925/518

续表

届次	年份	月日	地　点	参赛国家和地区数	小项	参赛运动员总数/女运动员数
16	1956	11.22—12.8	澳大利亚墨尔本	67	145	3184/371
		6.10—6.17	瑞典斯德哥尔摩（马术比赛）	29	6	159
17	1960	8.25—9.11	意大利罗马	83	150	5348/610
18	1964	10.10—10.24	日本东京	93	163	5140/683
19	1968	10.12—10.27	墨西哥墨西哥城	112	172	5530/780
20	1972	8.26—9.11	德国慕尼黑	121	195	7123/1058
21	1976	7.17—8.1	加拿大蒙特利尔	92	198	6028/1247
22	1980	7.19—8.3	苏联莫斯科	80	203	5217/1125
23	1984	7.28—8.12	美国洛杉矶	140	221	6797/1567
24	1988	9.17—10.2	韩国首尔	159	237	8465/2186
25	1992	7.25—8.9	西班牙巴塞罗那	169	257	9367/2708
26	1996	7.19—8.4	美国亚特兰大	197	271	10318/3512
27	2000	9.15—10.1	澳大利亚悉尼	199	300	10651/4069
28	2004	8.13—8.29	希腊雅典	201	301	11099/4524
29	2008	8.8—8.24	中国北京	204	302	11438/4652

资料来源：任海.奥林匹克运动[M].北京：人民体育出版社，2005：169.（依原表修改）

第二节　奥林匹克运动价值的产生与表现形式

“价值”一词最早是作为古典经济学的概念，指事物所具有的经济上的交换价值。19世纪被法国思想界引入哲学，以被现代社会科学广泛引用。人们对于价值的概念有着不同的理解和认识。马克思主义哲学认为：“价值是揭示外部客观世界对于满足人的需要的意义关系的范畴，是指具有特定属性的客体对于主体需要的意义。”由此可见，在哲学上，价值首先是一个关系范畴，其所表达的是一种人与物之间的需要与满足的对应关系，即事物（客体）能够满足人（主体）的一定需要。其次，价值又是一个属性范畴,价值具有自身的特点和属性。

一、奥林匹克运动价值的产生

在人类社会发展的历史进程中,人们积极地认识世界、改造世界。马克思指出:人们积极地活动,通过活动来取得一定的外界物从而满足自己的需要。[1]这个积极的需要,就是为了追求和创造价值的需要。“世界上一切有益于人的生存和发展的价值成果,都是人的实践活动创造出来的。本质上都是人的实践活动的产物。”[2]所以,人作为实践活动的主体,是实践活动的发动者、实践过程的承担者,也是实践结果的享用者,“价值问题,本质上是一个人的问题,因为价值是人创造的,而价值也是对人的价值和人自身的价值”[3]。正是在实践的基础上,产生了主体与客体之间的价值关系。“实践具有创造客体价值的功能”[4]。“客体价值不是纯粹自然物本身,而是体现并凝聚在对象中的社会关系”[5]。实践主体的目的就是为了创造价值、实现价值,主体需要是主体价值活动的内在动力,是价值的内在尺度,能满足主体需要的客体,具有内在的潜在价值。

奥林匹克运动作为一种人类实践活动,在实践过程中,必然存在实践主体与实践客体之间价值关系的建立,而奥林匹克运动的价值则体现为奥林匹克运动这一主体的特殊活动方式,以其自身的功能属性,在使主体需要得到满足的过程中对主体产生效应及获得结果。奥林匹克运动的价值之所以产生,就是由于主体产生了对奥林匹克运动的迫切需求,这包括社会经济的发展对奥林匹克运动的需求,社会变革对奥林匹克运动的需求,人类的精神文化生活对奥林匹克运动的需求,人类的心理发展及审美需要对奥林匹克运动的需求。凡满足主体需要的,主体则认为有价值,所以主体的需要对奥林匹克运动的价值有着重要影响。

---

〔1〕 马克思恩格斯全集(第19卷)[M].北京:人民出版社,1963:404.

〔2〕 教育部社会研究与思想政治司.马克思主义哲学原理[M].北京:高等教育出版社,2003:40.

〔3〕 袁仁贵.价值学引论[M].北京:北京师范大学出版社,1961:2.

〔4〕 教育部社会研究与思想政治司.马克思主义哲学原理[M].北京:高等教育出版社,2003:40.

〔5〕 教育部社会研究与思想政治司.马克思主义哲学原理[M].北京:高等教育出版社,2003:42.

二、奥林匹克运动价值表现形式

奥林匹克运动作为一种文化活动，不断地发挥着它自身的巨大效应，影响着人类的社会生活，成为满足人类生活需要的重要方式。

奥林匹克运动的价值是在满足人类需要的过程中体现的。奥林匹克运动产生于早期人类生活的需要。从奥林匹克运动的发展史来看，古代奥林匹克运动的产生与发展与宗教、军事活动密不可分。古代奥运会是一种泛希腊的宗教盛典，它与宗教习俗活动关系密切，由小范围的祭祖庙会发展为希腊各城邦参加的盛会。古希腊人把军事体育与体育游戏提升为“竞技”（Athol's）概念，甚至作为古希腊人的基本素质、修养和技能。[1]现代奥运会是随着19世纪工业革命与欧洲社会的变革、三大思想运动的发展而产生，并随着人们的精神文化需求的发展而不断发展。同时，在这种需求与满足不断交替的过程中，构成了一系列的社会联系，而这种社会联系对人类产生了更大更多的价值。人们在逐步认识奥林匹克运动价值的基础上，也在不断地充实和完善奥林匹克运动。

在哲学范畴内，物质与精神是对立的统一。没有精神需求，物质的需要也就失去了意义；而物质需要满足时，精神需求则成为人们追求的主要目标。随着人类物质文明的发展，精神需求愈来愈重要，奥林匹克运动在满足人们精神方面正产生着十分重要的价值效应。奥林匹克运动不仅是人类挑战极限、超越自我的创造，它同样是精神的回归，是通过主体身体比较性竞争而形成的精神文化产品。主要表现在：人类的运动能力及极限挑战展示了体能的潜在力量，表达了完善人类及实现生命价值的精神追求；通过竞争体现民族精神及时代精神；通过竞争与交往满足现代人的精神需求；通过竞争形式体现公平思想和和谐精神。

现代奥林匹克运动所取得的辉煌成就，产生的巨大的社会效应得到了当今世界的广泛认同。奥林匹克运动以运动成绩和取得的名次为衡量条件，但是奥林匹克运动表现出的激励人类的自我奋斗精神、满足社会生活改善的需求、促进社会大众的体育参与、展示国家综合实力、促进社会经济的发展等对人、对社会的价值意义更为巨大。所以奥林匹克运动作

---

〔1〕 罗时铭. 奥林匹克学[M]. 北京：高等教育出版社，2007：15.

为一个规模宏大的社会运动，它所体现出的价值可以称得上是一种综合性的价值，它包括社会价值、经济价值、教育价值、文化价值等各个层面。现代奥运会作为现代奥林匹克运动的最高表现形式，是现代奥林匹克运动各项活动中最重要也是最引人注目的活动，它必将集中体现现代奥林匹克运动的各项价值。而社会价值作为奥运会的重要价值之一，其巨大的价值意义值得我们深思与探讨。

第三节　现代奥林匹克运动的结构体系

社会学中结构功能主义学派主要代表人物美国的帕森斯和默顿认为社会中的各个组织、各种职业、各个机构以及社会的各个部分都是相互依赖的，对共同具有的价值的意见一致是社会秩序形成的基本因素。根据这种理论，社会的各个单位、组织、组成部分都要对社会做出贡献，并以他们的贡献和功能来判断与区别他们。结构产生功能，因此，探讨奥林匹克的价值必然要研究其结构问题。而奥林匹克运动的结构主要由奥林匹克思想体系、奥林匹克组织体系和奥林匹克活动体系三部分组成。

一、奥林匹克思想体系

（一）奥林匹克主义

“奥林匹克主义”（Olympism）一语是奥林匹克运动先驱者顾拜旦首先使用的，但是他却从来没有直接为自己创造的这一术语提出明确的定义。在实践中，人们又常常将奥林匹克主义与另一些意思相近而又不同的术语混用，如奥林匹克理想（Olympic ideal）、奥林匹克精神（Olympic spirit）等。

人们对奥林匹克主义见仁见智，有多种不同的解释。经过10多年的讨论，“奥林匹克主义”一词终于出现在1991年6月16日生效的《奥林匹克宪章》中，这也是国际奥委会第一次给“奥林匹克主义”以正式的定义：“奥林匹克主义是将身、心和精神方面的各种品质均衡地结合起来并使之得到提高的一种人生哲学。它将体育运动与文化和教育融为一体，奥林匹克主义所要开创的人生道路是以奋斗中所体验到的乐趣、优秀榜样的教育价值和对一般伦理的基本原则的尊敬为基础的。”[1]

（二）奥林匹克宗旨

《奥林匹克宪章》中的“基本原则”部分指出，奥林匹克运动的宗旨是“通过没有任何歧视、具有奥林匹克精神——以友谊、团结和公平竞争的精神互相了解的体育活动来教育青年，从而为建立一个和平的更美好的世界做出贡献”[2]。

奥林匹克运动的宗旨与人类社会正义事业所要达到的目标是一致的，并在一定程度上满足了现代国际社会的需要，对进入现代社会以来的人类有直接的现实意义。奥林匹克运动的宗旨，使它成为世界和平事业的一个重要组成部分，从而确定了它在当代国际社会中的重要地位。

（三）奥林匹克精神

《奥林匹克宪章》指出，奥林匹克精神（Olympic spirit）就是“相互了解、友谊、团结和公平竞争的精神”[3]。奥林匹克精神对奥林匹克运动具有十分重要的指导作用。从一定意义上讲，四年一度的奥运会将世界上所有的体育文化集中在一个狭小的空间和时间范围内，于是不同文化之间的差异尤为引人注目。差异就是矛盾，矛盾就可能引发冲突，所以奥林匹克精神强调对文化差异的容忍和理解，强调竞技运动的公平与公正。只有这样，人们才能互相学习，互相尊重，客观和公正地看待别人和自己，虚心地吸取其他文化的优秀成分，公平公正地参与竞争。

（四）奥林匹克格言

顾拜旦本人在推崇“更快、更高、更强”（Citius，Altius，Fortius）的同时，又大力主张把“团结、友谊、和平、进步”作为奥林匹克运动所追求的最根本的目标。“团结、友谊、和平、进步”现今已不仅是奥林匹克运动以及世界体坛的宗旨，而且还成了全人类所需要、向往和追求的共同目标。

奥林匹克运动还有一句广为流传的名言：“重要的是参与，而不是取胜。”这句名言来源于1908年在美国的圣保罗大教堂一次宗教仪式上宾夕法尼亚州大主教 Ethelbert Talbot 的一段讲话。1908年7月24日，在伦敦举行第4届奥运会期间，英国政府所举行的招待宴会上顾拜旦发表重

---

〔1〕 国际奥林匹克委员会. 奥林匹克宪章[M]. 北京：奥林匹克出版社，2001：8.
〔2〕 国际奥林匹克委员会. 奥林匹克宪章[M]. 北京：奥林匹克出版社，2001：8.
〔3〕 国际奥林匹克委员会. 奥林匹克宪章[M]. 北京：奥林匹克出版社，2001：9.

要讲话时指出:“对奥林匹克运动会来说,参与比取胜更重要。”顾拜旦还作了精辟的解释:“生活中重要的不是凯旋而是奋斗,其精髓不是为了获胜而是使人类变得更勇敢、更健壮、更谨慎和更落落大方。这是我们国际奥委会的指导思想。”

(五)奥林匹克标志

奥林匹克标志由5个奥林匹克环组成,可以是一种颜色或几种颜色。五环的颜色规定为蓝、黑、红、黄、绿。环从左到右互相套接,整个大体形成一个底部小的规则梯形。

奥林匹克标志代表五大洲的团结和全世界的运动员在奥林匹克运动会上相聚一堂。其中,蓝色代表欧洲,黄色标志着亚洲,黑色意指非洲,绿色喻作澳洲,红色象征美洲。

此外,奥林匹克旗是白底、无边,中间是五色的奥林匹克标志;奥运会期间在主会场燃烧的火焰就是奥林匹克圣火,它象征着光明、团结和友谊,象征着和平和正义。

总之,奥林匹克思想是一个完整的理论体系,它以奥林匹克主义为核心,并通过奥林匹克宗旨、精神、格言等内容进行具体的体现。奥林匹克思想是奥林匹克运动的行动纲领和灵魂,它不仅决定了奥林匹克运动的性质和发展方向,而且规定了奥林匹克运动的近期和远期目标,是奥林匹克运动一切活动的实现基础。奥林匹克思想又是开放式的,它将随着社会的发展要求而不断地得到充实和提高。

二、现代奥林匹克组织体系

经过一个多世纪的发展,一个由国际奥委会、国际单项体育联合会和国家奥委会三方组成的奥林匹克组织趋于稳定。在这一体系的基础上形成了多种国际体育组织间的基本关系,构建了当代国际体育的基本格局。奥林匹克运动的组织结构体系主要包括国际奥委会(IOC)、国际单项体育联合会(IFs)和国家奥委会(NOCs)三部分。它们组成了奥林匹克运动的三大支柱,处于一种相互依赖又相互制约的关系之中(如图2-1所示)。三者密切合作,缺一不可,是奥林匹克运动不断发展的基本条件。[1]

---

〔1〕 孙葆丽.奥林匹克运动三大支柱之间的关系[J].体育文史,1994(3):22.

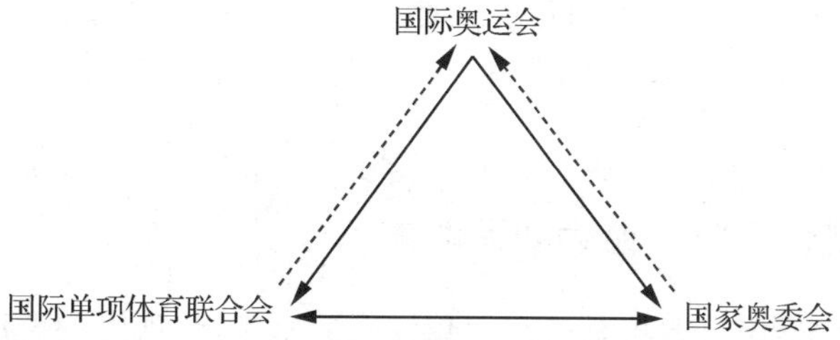

图 2-1　国际奥委会、国际单项体育联合会与国家奥委会关系图

首先，国际奥委会以相互承认的方式，将占现有国际体育组织总数约72%的组织纳入奥林匹克组织体系，进而以其与奥运会的关系，将这些组织分为若干类别；其次，国际奥委会与全球五大洲的205个国家奥委会建有直接联系，并通过国家奥委会的大洲协会和全球总会在不同层次上与国家奥委会进行互动。

长期以来，国际奥委会通过积极与政府间国际组织和非政府间国际组织建立联系，在世界范围内广泛开展了社会性、教育性的活动，从而成为国际社会中的重要一员。国际奥委会与联合国各机构及世界卫生组织等政府与非政府组织密切合作，并与国际学术建有直接联系。这样，国际奥委会就为自己编织了一个庞大的关系网络（如图2-2所示）。[1]除此之外，奥运会组委会、奥运会协调委员会也在奥林匹克运动中发挥着积极的作用，有效支持了奥林匹克运动的推广和普及。

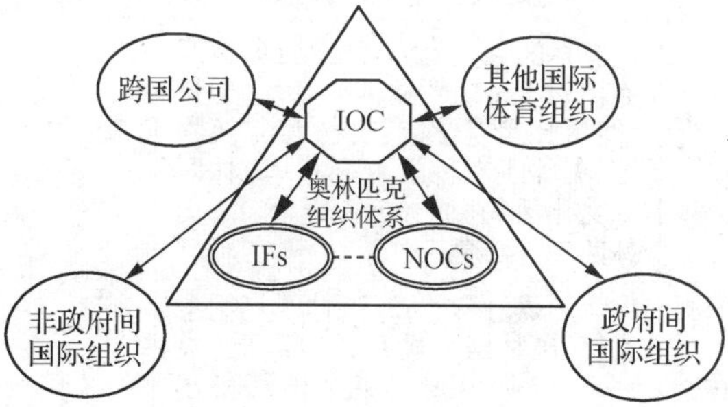

图 2-2　奥林匹克组织体系简图

于是，以国际奥委会为首的奥林匹克组织与诸多政府及非政府组织、商业与非商业组织建立起广泛联系；在广泛的社会互动中源源不断地获

〔1〕　茹秀英. 国际奥委会组织变革与发展的研究[J]. 体育科学，2005，25(9)：93.

得政治、经济及社会资源。同时，奥运会与各种媒体结成密切合作联系，使体育的影响远远超越了体育自身，全面渗透进社会的政治、经济和文化领域。[1]

三、现代奥林匹克运动活动体系

近百年来，围绕着奥林匹克思想体系的基本点，如人的全面均衡的发展，与教育、文化相结合，促进国家间的相互了解等问题，国际奥委会与各国际单项体育组织、各国奥委会以及各方面的人士密切合作，大胆地创新与设计，逐步地改进与完善，使奥林匹克运动有了丰富多彩的活动内容与形式。这些活动以奥林匹克主义为主线贯穿一气，以夏季奥运会和冬季奥运会的赛事体系为核心，形成一个具有鲜明特色的奥林匹克活动体系（如表 2-2 所示）。[2]

表 2-2　现代奥林匹克运动活动体系一览表

体系		活动内容	活动重大环节
主体性活动	奥林匹克运动会	1. 竞技运动比赛； 2. 奥林匹克仪式	奥运会举办城市的确定； 奥运会的组织实施； 奥运会志愿者活动
次主体性活动	综合性运动会	1. 残疾人奥林匹克运动会（夏季、冬季）；2. 特殊奥林匹克运动会；3. 大洲及地区运动会；4. 世界运动会；5. 世界大学生运动会	
	奥林匹克活动	1. 奥林匹克大众体育活动：奥林匹克活动日；2. 奥林匹克教育与科学：奥林匹克学院；奥林匹克博物馆；奥林匹克科学大会；3. 奥林匹克文化活动：奥林匹克艺术节；奥林匹克青年营	
辅助性活动	奥林匹克奖	1. 竞赛优胜者奖；2. 奥林匹克纪念章；3. 奥林匹克勋章；4. 奥林匹克环；5. 国际奥委会主席体育科学奖；6. 国际奥委会主席体育科学奖金；7. 奥林匹克金环奖；8. 奥林匹克媒介奖；9. 奥林匹克荣誉册	

〔1〕 任海. 国际奥委会改革对国际体育发展的影响[C]//第八届全国体育科学大会论文摘要汇编(一). 北京：北京体育大学出版社，2007 .

〔2〕 陈立基. 论奥林匹克运动发展观[M]. 北京：北京体育大学出版社，2007：106-107.

正是国际奥林匹克运动的结构体系奠定了现代奥运会社会价值主要的物质基础。也可以说,现代奥运会社会价值主要源于奥林匹克运动的结构体系。

第四节　现代奥运会社会价值的哲学思考

一、马克思主义哲学的矛盾原理

马克思主义哲学认为,价值是揭示外部客观世界对于满足人的需要的意义关系的范畴,具有事物所具有的一般规定、本质和性能。由此,我们可以推断出奥林匹克运动的价值亦具有事物所具有的一般规定、本质和性能;而社会价值作为奥林匹克运动价值的具体表现之一,亦具有事物所具有的一般规定、本质和性能。也就是说,现代奥林匹克运动的社会价值具有一般事物发展所具有的状态和趋势。

马克思主义哲学认为,矛盾是反映事物内部或事物之间对立和同一关系的基本范畴。任何事物都是矛盾普遍性与特殊性即共性与个性的统一。毛泽东认为:“矛盾存在于一切事物发展过程中,矛盾贯穿于每一事物发展过程的始终。这是矛盾的普遍性和绝对性。”[1]马克思主义哲学对于矛盾的普遍性与特殊性的辩证关系是这样概括的:“其一,矛盾普遍性与特殊性、共性与个性、一般与个别之间是相互对立的,一般、共性只是同类个别事物的共同本质,这种共性、一般性不可能包含个性、个别的所有方面,一般只包含了个性、个别的某一方面,某些特点,任何事物的个性都比共性丰富。其二,矛盾普遍性与特殊性、共性与个性、一般与个别之间又是同一的,是相互联结、相互依存的,个性中包含着共性,特殊性中包含着普遍性,个性一定与共性相联结而存在;共性就存在于个性之中,普遍性存在于特殊性之中,共性、一般、普遍也只能通过个性、个别、特殊才能显示出来。其三,矛盾普遍性与特殊性、共性与个性、一般与个别之间

[1] 毛泽东选集第一卷[M].北京:人民出版社,1991:308.

的区分是相对的，它们在一定条件下是可以相互转化的。”[1]

二、现代奥运会社会价值普遍性与特殊性的辩证关系

现代奥林匹克运动历经百年，已成为世界范围内具有全人类性质的活动，是主体在一定的规范和要求下，以竞争的方式，运用自身的体能、智能及相应的工具，进行比较的一种社会活动。在奥运会上，人们通过体育竞赛活动，展现人类积极健康的文明生活方式，满足人们精神文化的需求，体现人类追求真善美及自由的最高价值理想，使得奥运会成为全球文化的盛会，在人类的社会生活中具有广泛影响。

历经百年沧桑的现代奥林匹克运动同其他事物一样是矛盾的统一体，同样是矛盾普遍性与特殊性即共性与个性的统一。同理，现代奥运会的社会价值亦是普遍性与特殊性即共性与个性的统一。即在一定历史时期，受一定社会条件的影响与制约，现代奥运会的社会价值必然呈现出共性特征，也就是其普遍性特征；而每一届奥运会的社会价值又有着区别于其他届奥运会的个性的、个别的特点，也就是其特殊性特征。这两者之间是对立与统一的辩证关系。

下面根据人与社会对立统一关系，我们把现代奥运会普遍性社会价值划分为个体和社会整体两个维度加以讨论。

三、现代奥运会个体层面的社会价值

（一）生命价值

没有人的需要，就不存在对需要的满足，也就谈不到价值。人在认识和改造物的过程中，通过自身的努力，为社会做出贡献，实现自身的价值，人的价值实现具有主动性。人类对于生命价值的追求是主动的。人的生命是有限的，这是一个无法改变的自然规律，在有限的生命里不可能达到生命永存的目的，但如果把生命价值的实现看作目的的话，则可以满足自己的需求。在奥运会上，运动员们以特殊的身体活动和相互之间的竞争，以自己的体能和顽强意志超越自我、挑战极限，征服自然对人类的限制，

---

〔1〕 教育部社会研究与思想政治司. 马克思主义哲学原理[M]. 北京：高等教育出版社，2003：75.

展示了顽强的生命力，证明了生命存在的价值。

在历届奥运会上，运动员们用顽强的意志、不屈的精神，诠释着生命的意义、人生的价值。邓亚萍，乒坛上的“小个子巨人”，第25、26届奥运会女子乒乓球单打和双打的双料冠军，唯一蝉联奥运会乒乓球金牌的运动员，也是唯一一位获得4枚奥运会金牌的乒乓球运动员。邓亚萍克服了自己身高的不足，以顽强的意志超越自我，创造了生命的奇迹，实现了自己的生命价值。

1984年洛杉矶奥运会上，美国体操运动员雷顿的精湛技艺，在世人心目中留下深刻印象。雷顿说自己从事竞技运动是要看看自己究竟有多少能力。这平常的一句话，却体现出人们对生命价值实现的内在需求，奥林匹克运动为生命价值的实现提供了绝佳的途径。

（二）人的全面发展价值

马克思主义认为，人的发展是相对于社会发展而言的，主要指个人的发展，包括个人的体力、智力、个性和交往能力的发展等。[1] 社会是人的社会，人是社会的人。人是社会历史的创造者，是构成社会的细胞。社会发展史是个人与社会统一发展的历史。社会发展的核心是人的发展，离开了人的发展就谈不上社会的发展，不可能有离开人的、与人对立的、外在于人的社会。人类社会的历史是人类自己创造的，离开人的活动，就不可能有社会发展的历史。社会的进步，经济的发展，科学技术的提高，最终体现在人的全面发展上，所以马克思主义重视人的全面发展。发展价值是指人在追求利益的过程中、能力提高过程中和主体自我实现过程中，要求持续增长、提高或跃迁的需要得到满足而产生的效应。[2] 奥林匹克运动具有促进人的全面发展的价值。奥林匹克运动的核心思想是以人为本，追求身心和谐发展，实现人性的不断优化，努力“将一个健全的灵魂寓于一个健全的体魄中”。如《奥林匹克宪章》在“基本原则”第3条中所指出的，“奥林匹克的宗旨是使体育运动为人的和谐发展服务，以促进建立

---

〔1〕 教育部社会研究与思想政治司. 马克思主义哲学原理[M]. 北京：高等教育出版社，2003：212.

〔2〕 颜天民. 竞技体育的意义—价值理论研讨微探［M］. 北京：北京体育大学出版社，2003：86.

一个维护人的尊严的和平社会"[1]。在奥林匹克运动中,人们在完善生命价值的基础上,通过参加体育活动,铸就健康体魄、张扬个性、丰富情感、开阔视野、完善道德;同时在竞争中培养竞争的观念、顽强的性格、超越自我的品质、迎接挑战的意志和承担风险的能力及团结协作精神、相互尊重的观念、规则意识和法治意识等。人们通过体育活动满足自身的强身需要、交往需要、竞争需要和发展需要,从而实现自身的全面、和谐发展。

在人类社会发展进程中,奥林匹克运动被赋予了更多的内容,也将承载更多的社会功能与价值。在构建和谐世界过程中,现代奥运会社会价值是多方面、多层次的,但其终极目的都是为了促进和实现人的全面发展。马克思在《资本论》中明确指出"生产劳动同智育和体育相结合,是造就全面发展的人的唯一方法",因此人的全面发展离不开体育。体育不仅仅是一种身体运动,更是一种教育手段、一种生活方式、一种精神载体,体育的目的和功能之一就在于促进人的全面发展。

(三) 审美价值

真、善、美是人类永恒的追求。奥林匹克运动则是将人类社会上一些具有普遍意义的真、善、美集中体现出来,具有审美的典型性。

随着社会物质文化生活的不断提高,人们对精神生活的需求越来越高,体育本身所具有的力量、协调、节奏、匀称、和谐等外在表现以及由此产生的舒适、欢畅、激情等良好的情绪,有助于产生美好的感觉,给人以美的享受。在这里,审美价值是指体育活动的表现形式及内容满足人们特殊的审美需要。在审美价值体现中,价值的主体可以分为两类:竞技主体即运动员,观赏主体即观众。而运动员既是自我欣赏的主体,又是被人欣赏的客体,是主客体的同一。不同的主体产生不同的审美价值。

美感是指主体"对于当时当地客观存在的某一审美对象所引起的具体感受"。[2]美感作为人的感性状态是直觉的、愉悦的、主观的和相对的。在现代奥林匹克运动中,身体的强健、动作的优美、力量的震撼、战术的灵活都给予人以美感,审美的过程其实就是感受美、欣赏美、表现美、创

---

〔1〕 国际奥林匹克委员会.奥林匹克宪章[M].北京:奥林匹克出版社,2001,2(4):8.

〔2〕 卢元镇.体育人文社会科学高级教程[M].北京:高等教育出版社,2003:173.

造美的过程。现代奥运会作为人类文化活动的盛会，已成为人们进行审美活动的重要盛会，人类在现代科技发展中的许多手段和方法，已运用在奥运会中，使奥运会展现出文化精神和艺术魅力。所以，现代奥运会不仅是各国运动员展示力与美的地方，科技手段的广泛应用，更让人惊叹不已。现代奥运会让人们从各个方面体验现代奥林匹克运动的审美价值，提高审美能力，有助于人的优秀品质的形成和人的全面发展。

（四）道德规范价值

奥林匹克运动的竞争必须服从公平竞争、公正竞赛的要求，遵守规则，照章办事，光明磊落，平等竞争。承认一切符合公正原则的优胜，唾弃和否定一切不符合道德规范的行为。公正原则是参与奥林匹克竞争的行为规范。这就要求人们增强自己的道德情感、道德意志，规范自己的道德行为，形成良好的道德品质，以维护奥林匹克运动的纯洁性与竞赛的公正性，保证奥林匹克运动的健康发展。

道德规范是指对参加活动的人的道德行为和关系的基本要求，是判断参加活动的人的行为是非、善恶的一种道德标准，也是必须遵守的行为准则。在奥林匹克运动中形成了大量的规则性规范，倡导了公平、公正的奥林匹克精神，体现了人类对于公平理想的追求。所以，道德规范价值是指道德规范满足了主体追求公平公正，规范人们活动行为的需要。道德规范价值既体现着主体与主体之间道德上的权利与义务的关系，也体现着一定的社会道德现象对于个人、群体和社会主体的意义。[1]在奥林匹克运动中，参与活动的人们需要同他人交往，经常直接或间接地发生个人与个人、个人与集体、个人与国家和社会的关系或矛盾，时刻充满着道德问题。这就要求每一个参与者自觉按照体育道德规范要求调整和规范自己的言行，追求公平、公正、和平、友爱，捍卫奥林匹克精神。

（五）公平竞争价值

奥林匹克格言是“更快、更高、更强”，奥林匹克运动努力“在体育运动中发扬公平竞争精神，消除暴力”[2]，说明奥林匹克运动是一种倡导挑战与竞争的社会活动。公平竞争是奥林匹克运动的根本形式，这种竞

〔1〕 颜天民. 竞技体育的意义—价值理论研讨微探[M]. 北京：北京体育大学出版社，2003：204.

〔2〕 国际奥林匹克委员会. 奥林匹克宪章[M]. 北京：奥林匹克出版社，2001：12.

争不断地激发人们勇于向世界强手和先进水平挑战,不断超越自我,超越他人,并在挑战的同时获得满足感和成就感。所以,奥林匹克运动的竞争价值是指奥林匹克运动满足了主体间通过身体运动形式、体能、智能的比较和取得胜利的需要。这种价值能够激励主体的进取精神,满足主体的需要,强化主体的动机,实现人的全面发展,推动人类社会的进步。

“互相了解、友谊、团结和公平竞争”是奥林匹克精神的核心内容,“更快、更高、更强”是奥林匹克运动参与者的自我信念和不懈追求。奥林匹克运动激励人们向着“更快、更高、更强”的目标追求,但更重视实现友谊、团结和公平。奥林匹克运动的公平竞争价值就体现在培养主体的公平竞争意识和良好的公平竞争环境上。公平竞争意识与公平竞争环境的形成,不仅有助于推动奥林匹克运动自身的发展,而且会使公平竞争精神深入社会各个领域,广泛地影响社会文化生活。

四、现代奥运会个体层面社会价值的核心——教育

奥林匹克运动的本质是教育,奥林匹克运动把对人的身体教育和精神教育相结合,其教育价值已被人们广泛接受。从奥林匹克运动对人的全面发展和对社会的和谐发展两个方面来论述奥林匹克运动的教育逻辑问题。

奥林匹克的本质是教育,教育是奥林匹克精神的核心内容,也是奥林匹克主义的出发点和归宿。《奥林匹克宪章》明确指出:“奥林匹克的宗旨是:通过开展没有任何形式的歧视并按照奥林匹克精神——以互相理解、友谊、团结和公平比赛精神的体育活动来教育青年,从而为建立一个和平而美好的世界做出贡献。”[1] 奥林匹克教育把对人的身体教育和精神教育相结合,其教育价值已被人们广泛接受。对于奥林匹克和教育的关系问题,学术界早已形成定论,因此这里重点论述奥林匹克教育对人和社会产生的重要社会价值。作为一种教育体系,奥林匹克教育的内容是多方面、全方位的,奥林匹克主义、奥林匹克精神、奥林匹克宗旨、奥林匹克理想都给人们以启迪和鼓舞,因此奥林匹克教育的社会价值也是全方位、多角度的。

---

〔1〕 国际奥林匹克委员会.奥林匹克宪章[M].北京:奥林匹克出版社,2001:9.

(一) 奥林匹克教育与人的全面发展

人的全面发展是一个历史范畴,也是马克思主义理论的核心价值,马克思在《1884 年经济学——哲学手稿》中论证了人的全面发展,指出人的全面发展是指人的自我意志获得自由体现,人的各种需要、潜能素质、个性获得最充分的发展,人的社会关系获得高度丰富等。[1]同时马克思指出教育是造就全面发展的人的唯一方法。毛泽东把马克思主义关于人的全面发展理论与中国传统文化和国情相结合,形成了自己独特的关于人的全面发展思想,其中重要一点便是"坚持德、智、体三者辩证统一,倡导三育并重"的发展思想。

我们认为人的全面发展应该指人的完整发展,是人的各种最基本或最基础的素质都必须得到完整的发展,同时人的全面发展还是指人的和谐发展,即人的各种基本素质必须获得协调的发展,各方面发展不能失调。人的全面发展的内容包括人的思想道德、审美情趣、情感意志、个性才能等多方面的充分发展。人的全面发展还应该是一个社会化的过程,即一个由"自然人"向"社会人"转换的过程。奥林匹克教育在这一过程中发挥着重要的作用,它为人的社会化过程提供了丰富的资源,它教育人们积极从事体育活动,并在此过程中促进和实现人德、智、体的全面发展。《奥林匹克宪章》指出:"奥林匹克主义是将身、心、精神方面的各种品质均衡地结合起来,并使之得到提高的一种人生哲学。"[2] 奥林匹克教育对人的全面发展的促进作用具体表现在以下几个方面:

1. 奥林匹克教育与美育

人全面发展的一个重要标志便是审美能力和审美需要的培养。我国的教育先驱蔡元培先生曾经说过"中国最为缺少的就是美育"。审美感觉的培养,自然可以通过专门的艺术活动,但奥林匹克在这方面有着独特的优势,奥林匹克教育对人的审美能力、审美情趣、审美需求的培养和满足具有不可替代的作用。

奥林匹克运动是审美的运动,奥林匹克运动意在创造和展示一个美的世界,它不仅展示着世界第一流的人体形态美、力量美、韵律美、运动

---

[1] http://blog.163.com/hk_199771/blog/static/论人的全面发展.
[2] 国际奥林匹克委员会.奥林匹克宪章[M].北京:奥林匹克出版社,2001.

美,而且也集中了其他多种文化艺术形式的美。在奥林匹克运动里,人们看到的是一个五彩缤纷的艺术天地。这里有气势磅礴的奥林匹克建筑、形象生动的奥林匹克绘画与雕塑、旋律起伏的奥林匹克音乐、启迪灵感的奥林匹克文学等,奥林匹克正在逐步达到与文化艺术的完美结合。运用艺术美提高整个人类社会的精神风貌,是奥林匹克运动一种大规模的美育过程。顾拜旦强调现代奥运会应当体现美和尊严,在美和尊严的指导下,奥运会逐渐形成了一整套特有的恢弘、庄严、华彩而凝重的传统仪式。如千万人参加的圣火传递、盛大的入场仪式、万人的文艺演出等,都充满了丰富的审美意境,洋溢着浓郁的艺术气息,成为奥林匹克运动一道独特的风景线。北京奥运充分体现了奥林匹克之美,庄严的奥运圣火采集仪式、盛大的奥运会开闭幕式、充满中国元素的文艺表演等无不让我们经历了奥林匹克之美的洗礼和熏陶。

奥林匹克运动呼唤真、善、美。奥林匹克为了贯彻美的指导思想,制定了一套严整的规则,奖美罚丑,引导运动员弘扬奥林匹克精神,追求真、善、美。1988 年第 24 届奥运会上,加拿大帆船运动员勒米厄在小组比赛中因抢救一名落水的新加坡运动员,使自己的名次从第 2 位落到了第 21 位,为了表彰他的高尚行为,萨马兰奇授予他一枚奖章。对真、善、美的追求始终贯穿在奥林匹克运动中,奥林匹克所追求的美是一种自然状态下的美,是不允许有瑕疵的美,所有不符合真、善、美的东西都是奥林匹克所禁止的。[1]

奥林匹克就是一座美学宝库,照耀、感染、陶冶人们的心灵,在传播奥林匹克过程中给人以美的教育,在培养“社会人”的过程中,努力塑造“审美人”,培养人们的审美情趣,提高人们的审美能力,满足人们对美的需求。

2. 奥林匹克教育与德育

《奥林匹克宪章》提出:“奥林匹克主义将体育运动与文化和教育融为一体,它所要建立的生活方式是以奋斗中所体验到的乐趣,优秀榜样的教育价值和对基本公德原则的尊重为基础的。”这种思想宗旨使奥林匹克

---

〔1〕 郭怡,阮可.奥林匹克运动的教育价值[J].浙江体育科学,2003,25(5).

运动具有强大的德育功能，赋予她崇高的历史使命。[1]

奥林匹克教导人们要有着高尚的奥林匹克礼仪，奥林匹克礼仪体现在奥林匹克运动的每一个角落，在奥运会的每一个层面都得到了充分的体现，奥运会开闭幕式礼仪、奥运颁奖礼仪，奥运服饰礼仪，奥运赛场礼仪、奥运观众礼仪等都体现着奥林匹克礼仪。中国是礼仪之邦，中国传统文化中的礼仪与奥林匹克礼仪有着同样的目的，即教育人们要做一个有德之人。奥运礼仪要求我们必须培养高尚的品德，尊重别人，以德为尚。特别是在北京奥运会举行之时，我们必须有着高尚的品德，充分展示北京奥运会的人文理念，展示中华民族的礼仪文化。奥林匹克礼仪的本质属于道德范畴，开展必要的奥林匹克礼仪教育对规范人们的言行举止有着重要作用。实施奥林匹克礼仪教育根本上就是要加强人们自身的道德修养，造就遵纪守法的具有良好社会道德的文明公民。人们应遵守各级体育组织协会的规定，按规定着装，比赛过程中尊重裁判和服从裁判的判决，尊重对手，理智对待输赢。

奥林匹克对德育的要求还体现在对平等性的要求上。首先是竞赛的平等性，奥林匹克只承认运动员身体上的不平等，任何与奥林匹克精神相悖的不平等因素都是奥林匹克所不提倡更是不允许的。如奥林匹克运动坚决禁止任何形式兴奋剂的使用。其次，奥林匹克的平等性还体现在男女的平等。奥运会发展到今天，性别平等化趋势越来越明显。1896 年第 1 届雅典奥运会上，沿袭了古代奥运会的传统，没有设女子比赛项目，也不允许任何女子参加。1900 年第 2 届奥运会上有 11 名女运动员参加了高尔夫球和网球的表演，女运动员人数仅占总参赛人数的 0. 83%，但第一次打破了妇女不能参加奥运会的禁令。到 2000 年第 27 届悉尼奥运会上，女运动员人数达到 4254 人，占 38. 10%，男女运动员比例由第 2 届奥运会的 119.9：1 变为 1.6：1。百余年间，妇女参赛人数增长了 380 多倍。[2] 奥林匹克教育人们倡导平等，平等地对待每一个人，将体育中的平等迁移到我们的生活之中，引导和规范人们在生活中的行为，直接推动人的社会化，促进人们形成正确的行为意识和价值观。

---

〔1〕《奥林匹克学》编写组. 奥林匹克学[M]. 北京：高等教育出版社，2003.

〔2〕 李艳翎. 奥林匹克运动全书[M]. 北京：国际文化出版社，2001.

（二）奥林匹克教育与社会的和谐发展

人是社会的人，马克思主义认为，人的本质在其现实性上是一切社会关系的总和，因此社会属性是人的根本属性；社会又是由人构成的，社会是人的社会。人的全面发展有助于社会的和谐，和谐社会的终极目的是为了促进人的全面发展。只有实现人的全面发展才能推动整个社会的和谐，同时和谐社会为人的全面发展提供安定的社会环境。《奥林匹克运动宪章》指出："奥林匹克主义的宗旨是使体育运动为人类的和谐发展服务。"[1]

1. 奥林匹克之公平正义

和谐社会的目标是建立一个民主法治、公平正义的社会，奥林匹克崇尚公正、正义，反对任何与奥林匹克精神相悖的不平等，倡导在公平的基础上竞争。因此二者在价值追求和目标上是一致的，都是为了追求公正、平等与正义。奥林匹克教育与构建社会主义和谐社会是相互影响、相互促进的，构建社会主义和谐社会需要奥林匹克运动理念的支持。

2. 奥林匹克之精神

奥林匹克精神就是互相理解、友谊、团结和公平竞争的精神。它是人们对奥林匹克运动的内容实质的认识，也就是人们的世界观在奥林匹克运动中的反映，代表了人们对奥林匹克运动的理想、追求和价值观。它贯穿了奥林匹克宗旨，又融汇了奥林匹克的理想，还兼蓄了奥林匹克原则，是奥林匹克运动的旗帜。[2]互相理解、友谊、团结和公平竞争是奥林匹克精神的核心内容，奥林匹克精神对和谐发展的价值追求与当今社会的主流价值是一致的，构建和谐社会不仅是当今中国社会的本质要求和主流价值，也是古往今来奥林匹克运动的精髓。《奥林匹克运动宪章》指出："奥林匹克精神是相互了解、友谊、团结和公平竞争的精神。通常包括参与原则、竞争原则、公正原则、友谊原则和奋斗原则。"奥林匹克精神中所蕴涵的公平、平等、正义等内容，激励社会群体应该具有这种精神。通过奥林匹克精神的宣传教育，能间接地促进社会群体更加理性、更加和谐地生活在一起。

---

〔1〕 国际奥林匹克委员会. 奥林匹克宪章[M]. 北京：奥林匹克出版社，2001.

〔2〕 刘涛. 奥林匹克运动 [M]. 桂林：广西师范大学出版社，2005.

3. 奥林匹克之凝聚

随着奥林匹克运动的发展,在当今社会,奥林匹克运动会已成为凝聚国民的一种黏合剂,举办奥运会已成为一个国家综合实力的象征,也是一个国家展示自己形象的契机,更是承办国国民引以为豪的事情。在北京申办2008年奥运会之时,全国人民万众一心,通过各种各样的活动表达对奥运的期盼;申奥成功之一刻,北京50多万民众涌向街头,庆祝胜利。在北京奥运圣火境内外传递之时,我们看到的是无数华夏儿女挥舞国旗,簇拥圣火而行的场景,听到的是无数"中国加油"的呐喊。奥林匹克运动采取的升国旗、奏国歌等形式更是有助于增强以国家为单位的民族认同感,北京奥运会上,每当中国健儿站在最高领奖台之时,《义勇军进行曲》将会响彻整个场馆,此刻我们中国人变得空前的团结。

所有这一切都说明人们对奥运产生的认同感和归属感,激发了人们的爱国主义意识,增强了民族的凝聚力,这有利于一个社会内部的团结和一个国家的稳定。通过奥林匹克教育,人们的凝聚力得到了强化,这正是我们建设社会主义和谐社会所必需的,因此北京奥运会将成为我们建设社会主义和谐社会的新起点。[1]

4. 奥林匹克之理念

"绿色奥运、人文奥运、科技奥运"是北京提出的申奥理念。其中和谐是人文奥运的灵魂,人文奥运突出、强化了奥林匹克主义原有的和谐思想,弘扬了奥林匹克的人文精神,重新阐明了人本主义的价值原则。和谐思想,对中国、对世界、对奥林匹克运动都具有重要的现实意义,也具有重要的资源型价值。当代世界,人类面临着重大的困境和冲突,主要表现在人与自然、人与社会、人与人、文明与文明以及人的灵魂与体魄之间的冲突。人文奥运的宗旨在于推进人与自然、人与社会、人与人、文明与文明以及人的灵魂与体魄之间的和谐发展。[2]人文奥运"和谐"发展的思想也为解决、处理现代奥林匹克运动遭遇的种种问题和诸多矛盾提供了思路与方法基础,对当代奥林匹克运动实践的改革与发展具有重大的现实意义。人文奥运随着其实践与理论的发展,必将使中国文化成为补充、丰

---

〔1〕 陈彦,试论奥林匹克运动对构建社会主义和谐社会的影响[J]. 浙江体育科学,2005,26(6).

〔2〕 韩勇,杨铁黎. 奥林匹克文化概览[M]. 北京:北京体育大学出版社,2008.

富、完善奥林匹克理论的思想源泉。

5. 奥林匹克之和谐世界

奥林匹克运动以奥运会为中介,使来自世界五大洲的人们,在这一全球盛会中面对面地进行平等、深入的对话,相互交流,相互理解,相互尊重,相互融合。从而促进了人与人、民族与民族、文明与文明之间的和谐。中国文化有着温良、和平、雍容、宽厚的特质,这种特质与奥林匹克精神是完全契合的,这种特质使我们所倡导的和谐空间进一步扩大,从和谐的国内社会到和谐的国际环境,都体现着奥林匹克教育的社会价值。

正如现代奥林匹克运动创始者们所认识到的,必须使体育与教育、文化融为一体,以体育运动促进人类全面发展、实现改造社会的教育目的。因此,我们应充分发扬奥林匹克精神,进一步发掘奥林匹克运动的教育价值,在构建社会主义和谐社会的过程中从根本上实现人的全面发展。

五、现代奥运会整体层面的社会价值

(一)和平价值

自古以来,和平是世界各民族人民的共同追求,只有在和平状态下,人们才能从事正常的生产生活活动,才能拥有生存、发展和幸福的权利。奥林匹克宪章指出:奥林匹克运动"在职能范围内从事促进世界和平的活动"[1],"积极保护奥林匹克运动成员的权利,反对损害奥林匹克运动的任何形式的歧视"[2],"以种族、宗教、政治、性别或其他理由对某个国家或个人的任何歧视都与奥林匹克运动成员身份不相容"[3]。崇尚和平,追求和平,是奥林匹克运动改革和发展的最高理想。所以,奥林匹克运动的和平价值是指奥林匹克运动作为客体满足人类社会对于和平的需要。和平价值是奥运会社会价值的最高体现。

现代奥运会作为一种特殊的社会文化现象,它不像宗教、哲学、艺术等那样受到各民族文化传统的制约和影响,而是按照国际公认的统一规则与标准组织进行的,具有最高的权威性。正是这种特殊的共同语言和相同的身体运动形式,使国际体育交往不受国家大小、社会制度、意识形

〔1〕 国际奥林匹克委员会. 奥林匹克宪章[M]. 北京:奥林匹克出版社,2001:8.

〔2〕 国际奥林匹克委员会. 奥林匹克宪章[M]. 北京:奥林匹克出版社,2001:10.

〔3〕 国际奥林匹克委员会. 奥林匹克宪章[M]. 北京:奥林匹克出版社,2001:12.

态、种族肤色、宗教信仰、地域环境等因素的限制。来自不同国家、地区、肤色的运动员欢聚在一起，交流思想，增进友谊，形成了人类相互了解最直接、最和谐、最少障碍的环境与氛围，促进国家、地区之间和平与合作。奥林匹克运动也正在不断地实践“团结、友谊、和平、进步”的宗旨。奥运会现已成为当代社会障碍最少、共同语言最多、最受欢迎的国际文化交流活动。

“奥林匹克休战”的思想早在公元前 9 世纪古希腊时期就已确立。顾拜旦在创立现代奥林匹克运动的初期，希望体育运动能够改善国家间关系。1894 年 1 月，他在给各国际体育组织的信中表示：“在适应现代生活需要的条件下的奥林匹克运动会将使世界各国代表每 4 年一次相聚一起，而且可以认为，他们和平的、勇武的竞赛将会构成最好的国际主义。”〔1〕和平、友谊、进步的信念居于压倒一切的地位。1993 年，联合国大会通过国际奥委会提出的促进世界和平的提案，向全世界表明奥林匹克运动“为建成一个更加美好的和平的社会”的宗旨，得到了国际社会的广泛承认，它已经成为当代一支不容忽视的重要力量。在 1994 年第 17 届利勒哈默尔现代冬季奥运会上，首次采取了相关措施，在决议中是这样表述的：“就像古希腊一样，让友爱和理解的精神重新回到人间，停止一切武力对抗。”〔2〕在国际奥委会的倡议下，1995 年第 50 届联合国大会通过了一项由世界上 161 个国家提出的题为《通过体育和奥林匹克理想来建立一个和平和更加美好的世界》的决议，呼吁 1996 年亚特兰大奥运会期间在全世界实现“奥林匹克休战”。并注明在每次夏季和冬季奥运会开幕前一年，联合国大会都要审议同意“奥林匹克休战”有关的议题。2000 年第 27 届澳大利亚悉尼奥运会之前，联合国 180 个成员国于 1999 年一致通过了名为《通过体育运动和奥林匹克精神建设一个更加美好的和平世界》的“奥林匹克休战”提案。

奥林匹克运动长期以来为世界的和平与发展发挥了积极的作用。南非的种族隔离政策完全违背了《奥林匹克宪章》关于任何人不得因种族、宗教或政治信仰受到歧视的基本原则。国际奥委会为消除种族隔离政策

〔1〕［法］顾拜旦.“巴黎代表大会”奥林匹克理想［M］. 北京：奥林匹克出版社，1993：3.

〔2〕［西班牙］萨马兰奇. 奥林匹克回忆［M］. 北京：世界知识出版社，2003：39.

做出了重大贡献。从罗马奥运会开始到巴塞罗那奥运会，整整三十年，南非运动员才重新回到奥运大家庭的怀抱。南非也是以重新回到奥林匹克大家庭为标志，来表明自己抛弃种族隔离政策，得到国际社会的承认。中国海峡两岸的运动员共同参加奥运会，为在一国两制条件下参加国际活动提供了切实可行的模式。在2000年悉尼奥运会开幕式上，朝鲜和韩国共组一个代表团，在同一面旗帜——代表朝鲜半岛的旗帜下列队行进时，通过以探讨共同组队参加奥运会的可能性为契机，双方开始了直接的对话。在与联合国的通力合作下，还使得东帝汶的代表出现在奥运会上。

近年来，世界上发生的地缘政治变化，使得奥林匹克大家庭日益兴旺，现代奥运会的和平价值日益凸显。北京奥运会举办前，国际奥委会赛前建议国际休战，在奥运会期间，停止一切战争和恐怖活动，世界上大多数国家大多数组织都能遵守这项建议。但遗憾的是，在北京奥运会开幕式之日，8月8日凌晨，格鲁吉亚军队进入南奥塞梯控制区，并发动炮击。随后，俄罗斯部分部队相继开进南奥塞梯，以增援驻扎在冲突地区的俄维和部队。军事冲突随之升级，该地区首府茨欣瓦利损毁严重，战争造成2000多人丧生，10万难民流离失所。俄格战争也说明，奥运会作为全球体育盛会，其影响毕竟是有限的。奥林匹克运动作为对和平的一种企盼，与现实世界有时有着巨大冲突。

（二）文化传播价值

现代奥林匹克运动起源于西方社会，这使得西方文化成为一种强势文化。随着世界经济的全球化发展，文化全球化的发展速度不断加快。"全球化的出现打破了地区和本土文化的限制，为人们的生活和文化方式提供了新的经验和新的文化景观。"[1] 全球化为文化的交流与融合提供了条件，也改变了奥林匹克文化的格局。现代奥运会作为人类文化活动的盛会，遍及全球的参与性使奥林匹克文化发展成为世界性文化体系。"在这个意义上，它不仅是各国、各民族不同文化的碰撞，促进各国、各民族文化的发展，既使各民族文化在相互融合中吸收异民族优秀文化而转生，而且也拓展和充实了奥运会的文化内涵。"[2]

---

〔1〕 刘登阁. 文化全球风暴[M]. 北京：中国社会科学出版社，2000：49.

〔2〕 彭永捷，张志伟，韩东晖. 人文奥运[M]. 北京：东方出版社，2003.4.

由此可见，文化传播是一种社会需要。现代奥运会的文化传播价值是指现代奥运会满足人类社会在世界范围内文化传播的需要。文化传播促进了主体之间的沟通与交流，促进了古代与现代、东方与西方的文化交流与融合。可以说，现代奥运会文化传播是全世界多元文化的互补互动。现代奥运会为人类文化交融提供了广阔的空间与舞台，每一届奥运会的举办都是一次文化交流与融合的过程。奥运会的全球文化传播使奥运会成为全球注意的焦点，使人们有更多的机会了解不同的文化，使文化与文化对比、吸收、融合，求同存异，优取劣弃，促进人类文化的良性发展。

（三）激励价值

奥林匹克运动以体育特别是竞技体育作为它的主要活动内容，这种个体间竞技能力的对抗，不仅要求参与者有强烈的竞争意识，更要具有顽强拼搏、艰苦奋斗、自强不息的精神。在奥运会上，选手不仅代表自己，更代表着自己的国家、民族。运动员的表现反映着所代表国家、民族的形象。

现代奥运会也有意识地采用一些突出国家外部标志的仪式，如开幕式、奏国歌、升国旗等，有助于增强以国家为单位的民族认同感。各国运动员在奥运会上为国增光的优秀表现，通过各种媒体传播出来，对观众产生巨大的影响，更容易引发人们的爱国主义意识，增强民族认同感，从而增强民族凝聚力。奥运会激励着社会上各行各业的人们团结一致、奋发向上，有助于增强国家内部各民族的平等与团结，使民族更具内聚力和向心力。

由此可知，现代奥运会的激励价值是奥林匹克运动能够满足主体对于唤醒民族意识、维系民族情感、增强民族凝聚力的需要。现代奥运会的激励价值有助于指导人们形成正确的价值观念与社会角色意识，使自我价值的实现与社会和国家利益发展相一致。1964 年，东京奥运会的举办，使大和民族增强了民族自信心，民族空前团结，民族精神空前高涨，为日本经济的发展奠定了基础。1988 年，汉城奥运会同样促进了韩国人民的民族凝聚力。中国奥运健儿在奥运会上取得的巨大进步和辉煌成就，辐射了各行各业，振奋了民族精神，增强了民族认同感，激励着中国人民奋发图强，努力进取。

（四）可持续发展价值

可持续发展是指满足当代人的需要，又不对后代人满足需要的能力产生危害的发展(WCED,1987)。[1]可持续发展重视人和自然环境的协调,体现了当代人的需求与后代的利益以及人类长远利益的有机统一。

奥林匹克宪章指出:“奥林匹克运动的宗旨是,通过开展没有任何形式的歧视并按照奥林匹克精神——以互相理解、友谊、团结和公平比赛精神的体育运动来教育青年,从而为建立一个和平而更美好的世界做出贡献。”[2]国际奥委会明确指出“建立一个和平而更美好的世界”的崇高理想,并在《奥林匹克运动21世纪发展议程》中也表明了可持续发展的愿望,即“国际奥委会确保奥运会是在善待环境的情况下举办,并且鼓励整个奥林匹克运动以一种负责的态度关注环境;国际奥委会将努力在各项赛事和活动中体现这种关注,并且教育与奥林匹克运动相关的每个人认识到可持续发展的重要性”[3]。借助体育的普遍性,奥林匹克运动在推动可持续发展方面发挥着积极作用。

现代奥运会可持续发展价值是指奥林匹克运动满足人类社会对可持续发展的需要。随着奥林匹克运动规模的不断扩大,奥运会的可持续发展价值日益明显。现代奥运会是全球人类共同参与的一次次盛大聚会,与自然环境的联系更为密切。尤其是举办国家、举办城市基础设施的改造、土地资源的占用、大量能源的消耗,稍有不慎,就可能导致环境的污染和破坏。自20世纪70年代以来,每届奥运会都会出台一系列的环境保护措施。国际奥委会把对自然环境的保护和改善列入申办和评价奥运会是否成功的标准之一,对所有申办城市提出环保要求,并对申办城市的环保计划进行评估。一旦获得举办权,举办城市必须与国际奥委会签署有关环保协议,并最大限度地实施环保计划。[4]《奥林匹克运动21世纪发展议程》是国际奥委会自然环境保护的纲领性文件,显示了自然环境对现代奥运会的重要性,现代奥运会可持续发展价值由此可见一斑。

上述普遍性社会价值只是现代奥运会社会价值的一部分,囿于学识,无法把所有的现代奥运会社会价值一一列举出来。随着认识水平的提

---

〔1〕 徐新.发展社会学[M].上海:上海大学出版社,2005:18.

〔2〕 国际奥林匹克委员会.奥林匹克宪章[M].北京:奥林匹克出版社,2001:9.

〔3〕 国际奥委会体育与环境委员会.奥林匹克运动21世纪发展议程——以体育促进可持续发展[M].北京:奥林匹克出版社,2000:9.

〔4〕 杨桦.2008年奥运会提升中国国际地位和声望的研究[M].北京:中国法制出版社,2007:266.

高,人们对现代奥运会普遍性社会价值的认识会越来越深刻。现代奥运会社会价值的普遍性体现了现代奥运会社会价值的必然性与规律性,认识这个规律可以让我们更好地认识现代奥运会对人类社会发展及人类自身发展的影响。

五、现代奥运会社会价值特殊性问题——以汉城奥运会、悉尼奥运会为例

(一) 汉城奥运会对社会发展的特殊贡献

关于汉城奥运会对世界的特殊性贡献,朴世直先生归纳为十个方面:

(1) 显示了和平的力量,为50亿的全人类指出了希望之路。这次奥运会之所以能够在汉城举办成功,是因为深藏在世界人民心中的"和平的渴望"从四面八方汇集在这里,形成一个巨大的共鸣带,我们成功地维系了这个世界性的共鸣带,而这个共鸣带又带动着历史前进的潮流,源源不断地流进了汉城。全人类通过汉城奥运会更确信了和平的力量比战争和诅咒的力量更为强大。

(2) 汉城奥运会并未满足于把"越过障碍"的时代精神形象化,而是在筹备与组织比赛的过程中使其成为行动,实现东西团结,由此为超越理念、走向开放的国际大趋势增添了一分力量。

(3) 汉城奥运会还给发展中国家展现了一幅绚丽多彩的未来画面。40年前是殖民地,50年前又被自相残杀的战争弄得几成废墟的韩国成功地举办了"历史上最为灿烂的奥运会",并由此跻身于世界强国的行列,这一事实本身对发展中国家来说就是极大的鼓舞,也是他们学习的榜样。

(4) 对于国内,汉城奥运会使社会更加成熟,并稳步走向强国行列。

(5) 是民主化的促进力量,也是民主化的障碍。

(6) 证明了韩国在经济、政治、文化、道德等方面的优势。

(7) 汉城奥运会是集文化、艺术与学术于 身的伟大的综合文化的聚会。通过它,我们社会的各个部门得到了全面的检验;又使各个部门的工作得到了飞跃的发展。也积累了能够把科学、艺术、文化、行政等社会各个部门的力量发挥出来并集中于一个方向的组织艺术及用人方面的宝贵经验。

(8) 在向全世界宣传韩国的新的面貌这一方面,汉城奥运会起到了

决定性作用。

(9) 韩国人能够以更开阔的视野回顾自己走过的道路,做出更为全面的反省和评价。

(10) 汉城奥运会的经验教训像世宗大王创造文字一样,给后人留下了永久的遗产,并不断地激励他们自强不息。[1]

(二) 悉尼奥运会的社会效应

悉尼社会影响委员会,研究奥运会可能会对社会产生哪些影响时得到的结论是,“奥运会所带来的负面影响非常非常小,而受益是非常非常大的。这些社会效应主要表现在对举办城市和国家人们的物质生活、社会生活以及资源的合理利用与环境保护三个方面”。

奥运会后对居民物质生活水平所带来的效果与利益主要表现为收入效应与收入分配效应。在奥运会闭幕一年后,2001 年 12 月新南威尔士州的就业人数约为 36.9 万人,失业率为 6.6%(当年澳大利亚国家的失业率为 7.1%),2002—2003 年间新南威尔士州的就业人口约为 32.8 万人,失业率有所上升。因此可以看出奥运会后的就业状况变化相对于投资变化具有一定的滞后期。

在人文环境和人文生活方面,悉尼奥运会对区域的社会安定、民族团结、居民的生活习惯和道德规范等方面产生了深远的影响。正如桑迪·豪威先生所说,悉尼奥运会最大的成功实际上是不可触摸的:悉尼奥运会向世界更好地展示了澳大利亚,这是其他任何活动都无法成就的。所以归结起来有两点:对外,塑造了澳大利亚的美好形象;对内,增强了民族自信心。

在自然资源的合理利用与环境保护方面,悉尼呈现给世人一届洁净、绿色环保的奥运会。悉尼将“绿色奥运”展示得淋漓尽致,同时,悉尼成功地利用了奥运契机,进行了生态环境和布局的改善与调整。这为悉尼及新南威尔士州政府创造具有绿色特征能够持续发展的物质财富的同时,进一步形成了重要的建造奥运会的绿色科技和绿色设施的宝贵经验和知识积累,成为进一步进行商业活动的基础。奥运所显示出的高效和

[1] [韩]朴世直. 我策划了汉城奥运会[M]. 姜镕哲,译. 北京:中信出版社,2005:327-328.

前沿规划，也给澳洲的经济和社会结构带来更深远的转变。[1]

当然，2008 年北京奥运会作为一个个案，认识其特有的社会价值，对于我们了解奥林匹克运动对中国社会发展的促进、对中西方文化的交流，以及如何有效地在中国社会现代化建设中发挥其价值功能更具有重要意义。

小 结

本章运用马克思主义哲学矛盾论的基本观点，对现代奥运会的社会价值进行了扼要分析，认为现代奥运会社会价值具有普遍性与特殊性，是普遍性与特殊性的统一。现代奥运会的社会价值的普遍性体现在个人和社会两个层面上。个人层面的社会价值包括：生命价值、人的全面发展价值、审美价值、道德规范价值和公平竞争价值；社会层面的社会价值包括：和平价值、文化传播价值、激励价值和可持续发展价值等。随着认识水平的提高，人们对现代奥运会普遍性社会价值的认识会越来越深刻。

[1] 胡笑寒，吕康娟，吴怡，等. 奥运会后效应研究 ——以悉尼奥运会为借鉴[C]//国家体育总局政策法规司. 体育社会科学研究成果汇编(2006). 北京：人民体育出版社，2006：50.

第三章 北京奥运会的社会背景

第一节 奥林匹克运动与中国：从差异走向融合

1894年，当一位31岁的法国青年与一群志同道合者，在法国巴黎索邦学院召开会议，宣布奥林匹克运动诞生时，遇到的是人们的怀疑、不解、冷漠及嘲讽。当时的人们不曾料到，以顾拜旦为首的这些人开创的是一项将要对人类文明发展史产生深远影响的事业。而在百余年后的今天，奥林匹克运动已吸引了包括拥有13亿人口的中国在内的205个国家和地区的积极参与，被誉为“人类历史的千年盛事”。

一、中国百年奥运简史

奥林匹克运动是人类文明史上盛况空前的社会文化现象，体育运动的演变、科学技术的进步、多元文化的融合、经济活动的兴盛、种族主义的瓦解在这里都有生动鲜明的体现。它的吸引力和凝聚力不仅来自探索人类体能极限的奥运赛场，而且还来自对多元文化的兼容和尊重。它以无与伦比的包容性和吸收力不断地从世界各个民族的文化中获取有益的养分。在这个世界体系中，古代与现代、东方与西方汇聚一处，融为一体，五大洲各个国家和地区绚丽多姿的民族文化，为它提供了取之不尽、用之不竭的文化源泉和精神力量。奥林匹克体育与中国体育相互认识、相互交流，进而互动互补的过程，对奥林匹克运动的发展和中国社会的发展都有极为重要的意义。

中华民族有着悠久的历史和灿烂的文明，也有着爱好体育运动的传统，武术、气功、太极拳、五禽戏、舞龙、竞渡、登高、踏青、扛鼎、投石、角力、射箭、球类游戏等丰富多彩的体育活动源远流长。这些风格特异的体育活动，在中华民族的繁衍、昌盛、文明和进步的历程中起到了重要的作用。然而，1840 年之前，中国传统体育基本上是在相对封闭的环境中发展，并深深地烙上了农业社会的印记。19 世纪末至 20 世纪初，在中国近代社会一系列剧烈的变革中，西方体育和奥林匹克运动传入了古老的中华大地，与中国体育及民族文化在经历了激烈的冲突、碰撞和交流后逐渐融合。

1908 年，《天津青年》这样发问：中国何时能派一位选手参加奥运会？何时能派一支队伍参加奥运会？何时能在自己的国土上举办一届奥运会？

1922 年，王正廷成为中国第一位国际奥委会委员。1931 年，国际奥委会正式承认中华全国体育协进会为中国奥委会，古老的东方大国走进了奥林匹克大家庭。1932 年，一位名叫刘长春的中国运动员只身参加了洛杉矶奥运会，奥运赛场上第一次出现了中国人的身影。20 世纪前半叶，中国共参加了三届奥运会，虽然在运动场上没有取得好成绩，但是我们不会忘记那些在奥运赛场上奋然前行的体育先驱。他们付出的努力对中国体育的发展影响深远。

新中国成立后，中国走上了现代化道路，中国的社会文化背景发生了极其深刻的变化，这既给奥林匹克运动在中国的发展创造了前所未有的条件，又使“洋为中用”，即对奥林匹克体育进行主动的适应性改造成为可能。中国重返奥林匹克大家庭和改革开放以来社会主义市场经济的发展，为奥林匹克运动与中国体育的进一步融合提供了新的机遇。中国在奥林匹克运动中也取得了一系列重要成绩。

1984 年，射击运动员许海峰的枪声打破了中国在奥运会上金牌“零”的记录。至第 31 届奥运会，中国体育健儿已在奥运赛场上夺得了 201 枚金牌。高水平的竞技运动带动了中国体育事业的全面发展，促进了奥林匹克运动在更大范围的传播。

2001 年 7 月 13 日的夜晚是 13 亿中国人民的一个不眠之夜，国际奥委会在这一天将 2008 年奥运会的举办权交给了北京！这是中国体育最伟大的时刻，也是中国体育新的起点！

回顾奥林匹克与中国关系发展演变的历程，令人百感交集。由于东西方两大体育体系的不同和社会文化背景的巨大差异，早期的奥林匹克运动与中国传统体育的冲突和对抗是深刻而剧烈的。它不仅发生在体育的活动形式和组织结构层次，而且深入到体育的价值观和哲学思想的核心层次。这种冲突反映了工业文明与农业文明的巨大社会差异以及东西方两大文化体系的本质区别。但也正是这种差异，孕育着东西方体育文化大交融的重要契机。

二、奥林匹克运动与中国传统体育的差异与冲突

以奥林匹克体育为代表的西方体育文化与中国传统体育文化发生冲突的原因是多方面的，既有体育本身的冲突，也有社会背景的冲突。

（一）农业文明与工业文明

中国传统体育是在独特的社会环境中孕育和发展起来的。在秦汉时期，中国就成了世界上最强大的大一统封建帝国。随着封建宗法制帝国的建立，又形成了与之相适应的以儒家思想为核心的传统文化。这种文化几千年来一直作为中国维系家庭和社会的纽带。中国以儒教为正统的传统文化，在世界文化的潮流中是一个独立发展的、自成体系的文化系统，具有一定的封闭性。

中国社会文化背景具有极强的稳定性和鲜明的独特性。其文化传统由于具有久远的发展渊源和宽厚的社会存在基础，而呈现出巨大的惯性和社会裹挟力，极大地影响着人们对体育内容的选择。在这种社会文化背景下产生的中国传统体育带有明显的农业社会烙印。由于人们习惯于和谐、宁静及相对稳定的生活方式，而不热衷于带有冒险、冲突和对抗性质的竞争活动，因此在传统体育中竞技运动并不居于主要地位，而以个人的修身养性为主。这便使得保健术以及一种萌发于史前时代、采用控制呼吸手段以获得超自然体验的特殊活动形式，在整个体育中占有较大的比重。其典型项目是导引、气功、武术、太极拳等。这些项目在强化与优化人体的生命功能方面有独特的价值，与农业社会超稳定的结构、亚节奏的生活方式和思维方式相适应，是农业民族中发展程度最高的体育文化。

奥林匹克运动则产生在经济、政治和文化与中国有极大差异的社会环境中，具有典型的西方文化特征。17 世纪后，西方各国相继完成了工

业革命,欧洲很快进入到了工业社会,发展到 19 世纪,达到昌盛时期。这促使社会思想和生活方式发生了变化。随着大工业生产引起的文明公害和资本主义社会的种种弊端相继出现,人们需要寻求能够对快节奏高紧张度的生产和生活方式起调节作用的新的体育形式。同时,自然科学的发展也促使人们努力寻求理想的体育活动方式,于是,既能够体现竞争精神,又富娱乐和调节生活功能的竞技运动迅速发展,使奥林匹克运动的诞生成为必然。

在这种社会文化背景下诞生的奥林匹克运动使人类文明进一步发展。它与资本主义的市场竞争机制和发达的科学技术紧密结合,体现了进入工业文明以后的西方民族勇于开拓、敢于进取、注重人的自立和身体能力的特征。其多元、多层的体育文化结构和以竞争性的运动项目为主导的体育形式,适应社会发展的需要和个人身心发展的需要,具有明显的世界性、竞争性、科学性和商品性等特色。与中国农业型体育文化相比,其在价值观念、理论认识、运动方法、管理方式和物质设施等方面都存在着巨大的差异。

(二) 封闭与扩张

中国传统体育在形成和发展过程中对外来文化也有过相当的消化和吸收能力,并对亚洲的邻国产生过重要的影响。但当时的交通、通信手段和强烈的文化优越感决定了中外古代体育文化交流只能是一股涓涓细流,且大多是单向的。传统的武术、养生、球类、棋类、舞蹈及各种民间游戏,其独特的个性早在秦汉时期已经形成。其格调与规范已基本定型,与外来文化交流的痕迹并不明显。到了明清时期,由于封建朝廷的闭关锁国政策,传统体育也由小范围的开放走向全面封闭,并对其他体育文化表现出了强烈的排斥性。

在此时期,奥林匹克体育随着资本主义的扩张逐渐传播到了世界各地。在资本主义旋风席卷下,各民族的闭关自守状态被打破,世界市场开始形成,体育的国际联系日渐加强,近代西方体育逐渐超越了政治、宗教、肤色、种族和语言的限制,由地域性文化变成了一种世界性体育文化,并使其他一切体育形态都黯然失色而成为比较意义上的亚体育文化形态。中国民族传统体育巨大的历史惯性,使它与具有世界性的奥林匹克体育不可避免地发生了激烈的冲突。

（三）古代朴素唯物主义与自然科学

用朴素的唯物主义哲学作指导是中国传统体育的根本特征。中国古代哲学中的气一元说、阴阳五行说等基本观念深深地渗透到了整个传统体育之中。中国古代的哲学家认为人的始基物质是“气”，“人之生，气之聚也，聚则为生，散则为死”。因此，生命体的盛衰，取决于气的盈虚。而这一条件又取决于人体自身组织中“阴”、“阳”结构的运动状态。阴阳和（相对平衡）则寿，阴阳离（相对不平衡）则夭。因此，能否保持一个阴阳和谐的内部生态环境，就成为衡定机体健康状况的重要依据。按照这一原则，人既需要保持一定量的运动，又必须防止过度剧烈的运动，即要通过“小劳”保持相对稳定的阴阳运动，而减少“元气”的亏损，从而达到长寿的目的。

在生产力低下，科学尚不发达的时代，中国古人对生命本质的认识是难能可贵的。它曾指导中国古代体育的发展达到了一个很高的程度。但是，这些生命观和健康观是建立在宏观和直觉经验基础之上的理论学说，很大程度上依赖于比喻和联想的方式，尚未根据事物本身的内在结构去说明问题，因而同建立在以分解、分析方法为主体的实验科学基础上的西方近代体育大异其趣。

奥林匹克体育建立在近代自然科学基础之上。文艺复兴时代，西方以分解、分析手段为主体的实验科学开始出现，使体育的发展有了良好的科学基础。同时，西方古代整体、直观的思维方式被形而上学的机械分解观所取代。它以深入到事物局部和细节，并具有精确性为特点，促使近代西方自然科学呈现出欣欣向荣的景象，在生物学、生理学、解剖学和医学等领域相继出现了重大突破，也使体育的科学研究空前活跃并出现了众多成果。人们对人体生命活动的本质和规律、对人体机能的变化和运动能力的强弱有了更精确、更深刻的认识，近代体育的发展有了牢固的科学依据。从而使中西方体育在思维框架上有了根本的不同，在理论基础上也开始出现了质的差异。

（四）整体与细节

中国传统体育表现出典型的整体观特征，始终将人的整体性作为健身练习的出发点和归宿。由于对自然和自我的认识均来自于内省、内观、内悟过程，因而导致中国传统体育的理论与实践均建立于混沌型整体认识的思维模式之上。它反映在两个方面，把世界的两大基本要素，即人与自然看作是一个整体，强调“天人合一”；把生命的两个主要标志，即神（精神）和形（躯体）视作一个整体，强调“神形合一”。在传统的气功、武术和养生活动中，随处可见整体生命观的影响，它强调的是人与自然的统一和人的心理与生理的统一，从而建立了性命双修、心身并育的整体优化生命的养生体育体系。

与中国文化结构以整体综合见长所不同的是，西方文化结构以细节分析居优。为了进一步探讨体育对人体各部分的作用情况，在西方发达的数学、物理、化学、医学、生物学、解剖学、人体组织结构学的基础上，人们以“分析”、“实验”的认知方式去解释体育的奥秘，使体育活动向着严格的“针对性”、“专门性”方向发展。这种体育重视人体的外部运动，而不注重人体内部运动与外部运动的协调统一和生命功能的整体优化，其健身采取分而治之的原则，将健身练习或按其与人体解剖结构的关系，分为上下肢、躯干、腹背；或按身体素质分为耐力、速度、力量、灵敏、协调；或按能力供应特点分为有氧、无氧，对完整的人体各局部分别采用针对性的练习，将这些局部的练习效果综合起来达到整体健身的目的。

（五）以心为本与以身为本

以心为本，以身为标，在心的统摄下，通过身体的整体锻炼，达到身心并完是中国传统体育的一大特点。由于中国传统文化对人的培养更注重的是内在气质、品格和精神修养，把人的身体则视作是寓精神之舍。因此，中国传统体育主张通过身体锻炼来以外达内，由表及里，由有形的身体活动，促进无形精神的升华，实现理想人格的塑造。在体育活动的方式手段上也形成了与之相应的特点，高度重视心理状态的训练，一切肢体活动与心紧密结合，并服务于调心炼意，因而极少有单纯锻炼人体外形的活动。

奥林匹克体育则强调人的物质形态本身，主张通过运动系统的一系列积极活动，使肌肉发达、骨骼强壮，进而促进内脏器官的健康。因此，西方体育强调的是身体的外部运动，追求的是更快、更高、更强，充满了对健美人体的崇拜和对力的赞美。

（六）伦理道德优先与公平竞争

中国文化是伦理型文化，中国传统体育也深受其影响，重人伦、重道德是中国传统体育的一大特色。因此,中国传统体育中竞赛的首要任务不是争取胜利,而是要在竞赛中遵从礼的规范,实现道德的升华。中国最古老的竞技运动如射箭、角力等项目就被纳入了“礼”的范畴。儒家仁爱思想中所包含的宽厚、容忍、人道、谦虚、忠诚等内涵在无数道德中也得到了充分体现,养生术则直接与修身养性紧密结合。其重点不是鼓励取胜,而是比较谁更符合伦理规范,主张竞技中的胜负无足轻重,提倡“君子之争”。

而商品经济的发展,使竞争成了近代西方社会生活的普遍现象,在竞争中求生存,在竞争中提高,在竞争中完善成了人们的普遍心理。竞争机制也必然进入体育领域,成了西方体育文化的灵魂与核心。在体育竞技中,没有身份地位的差异,只有公平竞争,优胜劣汰的原则。人们利用公平合理的竞争,表现自己的体能并体验征服对手(人、自然和社会)所带来的良好心理感受。

由于上述原因,中国传统体育与奥林匹克体育属于本质上有巨大差异的两个体育体系。造成奥林匹克运动与中国体育及其社会文化背景冲突的直接原因是东西方两大体育体系的不同,更深层次的原因则是社会文化背景相异,加之不利的文化交融条件和中国人民对殖民主义文化的逆反心理,及奥林匹克运动本身的不成熟性等因素,使奥林匹克运动在中国的早期发展经历了艰难的历程。但在其与中国体育及其社会文化背景的冲突中,人们经过比较和分析,逐渐认识到西方文化的价值,为下一阶段双方的交流创造了条件。

三、奥林匹克运动与中国现代化的交流与融合

随着历史的前进,中国社会文化发生了巨大的变化。1949 年中华人民共和国成立,标志着中国历史掀开了新的一页,中国体育也进入了一个全新的阶段——现代体育的发展时期。它继承了中国传统体育的宝贵遗产,又吸收了西方体育的精华,建立了一条有社会主义特色的体育发展道路,为奥林匹克运动在中国的发展提供了合适的土壤。奥林匹克运动也在发展中不断探索、不断改进,其思想体系日趋成熟,组织体系日趋完善,活动内容逐渐增多。它适应了现代社会发展的需要,具有强大的生命力。中国体育与奥林匹克的双向需要、自觉自愿、平等互利的交流,促进了二

者在更高层次上的融合。

（一）中国现代化发展需要奥林匹克运动

经过近百年的沧桑巨变，奥林匹克运动的思想体系、组织体系和活动内容体系以其科学性和合理性渗透到中国体育中，给中国体育增添了无穷的活力并促使其走上了现代化道路。奥林匹克的介入，使得中国的传统文化与现代文化之间、东西方文化之间，形成了一种强大的黏合力，这也使得中国增强了对经济全球化、政治多极化、文化多元化的国际社会的适应能力。参与奥林匹克运动的过程，有助于中国走向世界，让世界了解中国。体育成了中国改革开放的窗口。伴随着北京申办 2008 年奥运会的活动，已将一个政治稳定、经济繁荣、社会开放、人民安居乐业的中国展示在世界人民面前。同时，奥林匹克运动有助于树立人的现代价值观、现代商品经济意识、公平竞争意识、审美意识和参与意识，对培养开放、民族、民主、法制观念、独立思考和创新精神及现代人所需要的社会情感有极大的促进作用。因此，在改革开放和社会主义精神文明、物质文明的建设中，中国的奥林匹克运动会更快地发展。

同时，中国传统文化对于吸收奥林匹克和接纳奥林匹克运动具有一些有利条件。第一，中华民族对世界文化做贡献的强烈愿望，推动了与奥林匹克的结合。中国幅员辽阔，人口众多，文化悠久，实力日趋壮大，这些条件决定了中国必须对世界文化做出更多的贡献。在体育运动领域，我们不仅要参与奥运会，而且要承担更多的国际义务。第二，中国传统文化对外来文化具有良好的消化吸收能力，我们不恐惧外来异质文化的介入，具有较小的排他性。从中国传统文化良好的兼容性特质看，对奥林匹克是持欢迎态度的。第三，中国传统文化中的民本思想及和平思想，与奥林匹克主义一脉相承。

（二）奥林匹克运动的发展需要中国

改革开放后，中国的国际地位大幅度提高，已经发展成　个在政治、经济、文化诸方面都对世界有重大影响的国家，奥林匹克运动的发展需要中国，中国的奥林匹克运动已经成为世界奥林匹克运动不可缺少的重要组成部分。首先，奥林匹克运动是一个开放的世界性文化体系，需要从各个民族的文化中汲取有益的养分。因此，它虽然以西方文化为基础，却在发展中吸收了东方文化的精华。作为东方文化代表的中国文化以其

5000 年悠久历史的雄厚积累和独特的魅力极大地丰富了奥林匹克运动的文化宝库,使奥林匹克运动成为真正的跨国度、跨民族、跨文化的世界性文化体系。其次,中国是世界上人口最多的国家,奥林匹克运动只有在拥有 13 亿人口的国家中得到大力发展,才能使奥林匹克精神在更大范围内得到普及,才能使奥林匹克运动更具世界性。

因此,奥林匹克运动正以前所未有的姿态张开双臂欢迎中国。中国的发展需要奥林匹克运动,奥林匹克运动的发展也需要中国,发展的需求、有利的条件极大地推动了奥林匹克运动在中国的发展,也促进了奥林匹克运动与中国体育及其社会文化背景的交流和融合。

需要强调的是,这两种异质文化的相互交流,并不是一种文化吞没另一种文化,也不意味着中国文化要在相互交流中失去自己,它是一种不失其整体性的积极吸收过程,是两种异质文化在相互撞击中不断排斥、不断交流后发生嬗变,从而汲取了东西方两种文化圈中的精华和具有现代价值的成分,形成一种新的文化。如今,中国正以崭新的面貌屹立于世界民族之林,中国的体育也已经成为奥林匹克运动中不可忽视的重要力量。而奥林匹克运动这个当今世界上规模和影响最大的社会文化活动,正在得到中国人民的理解和热爱。奥林匹克运动将进一步推动中国现代化发展,奥林匹克的升华也将进一步激起中华民族对和平、友谊、文明、进步的向往和追求。

第二节　从“奥运三问”到“奥运模式”

——中国重返国际奥委会

从“奥运三问”谈起:举办奥运会是中华民族的百年企盼,是几代中国人的梦想。1907 年,著名教育家张伯苓先生作了一次关于奥林匹克的演讲,呼吁中国组队参加奥运会。1908 年,天津的一份报刊介绍了伦敦奥运会,并根据张伯苓先生的思想发表文章,提出了著名的“奥运三问”:中国何时才能派运动员参加奥运会?中国何时才能获得奥运奖牌?中国何时才能举办奥运会?[1]现在人们常说的“百年奥运,中华圆梦”,即源于此。

后来,美国人饶布森先生也记载了中国人提出的“奥运三问”:

When will China be able to send a winning team?

When will China win a place at the Olympic Games?

When will China be able to invite the Alternate Olympic Games to come to China?[2]

2008年8月8日,距1896年4月6日现代奥林匹克运动会创办,112年过去了。从1908年10月中国南开大学的师生萌发了“中国什么时候才能举办奥运会”的梦想,到2008年8月24日第29届奥运会在北京圆满落幕,中国人走过了整整100年的追梦旅程;从1932年中国短跑名将刘长春孤军奋战,出现在奥运会的跑道上,向世界宣告中国奥林匹克运动的存在,到1979年,中国恢复了国际奥林匹克委员会合法席位,中国重回奥运大家庭的怀抱;从1984年美国洛杉矶第23届奥运会,中国体育代表团实现奥运金牌“零”的突破,取得金牌榜第四位的优异成绩,到2008年在北京主场实现51块金牌、100块奖牌的辉煌;从1991年申奥失利,到2001年申奥成功、2008年圆满举办……100年的追随,29年的重返,11年的申办,7年的筹办,中国与奥林匹克运动的不解之缘,始终与中国实现现代化的顽强努力密切相关,始终与中国走向世界的执着同步。

知古鉴今,了解历史能够让我们更加明智地处理现代问题。要想审视“奥运模式”下的北京奥运会,我们要先了解“奥运模式”的历史。所谓“奥运模式”特指20世纪70年代国际奥委会通过名古屋决议恢复中国在国际奥委会的合法地位,同时允许台湾改名、改旗、改歌,以中华台北名义参加奥林匹克运动的方式来解决长期困扰国际奥委会的中国问题。本部分通过探讨奥运模式确立的历史背景和社会影响,以期推动北京奥运会为两岸体育事业共同繁荣与祖国统一、两岸和解而提供理论参考。

---

〔1〕 奥运三问?[J].天津青年[中文版],1908,10.

〔2〕 [美]饶布森.竞技运动[J].天津青年[英文版],1908,10.

一、“奥运模式”产生的社会背景

1. 国际背景

当时间进入到 20 世纪 70 年代,国际社会开始发生深刻的变化。1971 年 10 月,中华人民共和国恢复在联合国的席位,台湾被逐出。这意味着中华人民共和国政府作为中国唯一合法政府,已被国际社会普遍承认。随着美苏两国争夺世界霸权愈演愈烈,中美关系的改善被提上了重要议事日程。1971 年“乒乓外交”成功地打开了中美关系的大门,改变了世界政治的格局。1972 年尼克松总统访华,中美两国共同签署发表《上海公报》,使中国进入了外交史上的新时期。与此同时,国际奥委会也发生了新变化,1972 年爱尔兰人基拉宁勋爵成了国际奥委会新的掌门人;这时的奥林匹克运动也开始走出布伦戴奇时代孤立、封闭的状态,在许多问题上采取了更务实的态度。[1]

基拉宁上任不久,即在 1972 年 12 月的尼日利亚第 2 届“全非运动会”上,和应邀到会参观的中华全国体育总会代表团进行了亲密接触。在双方友好的交谈中,基拉宁认为:“拥有世界上最多人口的国家不能参加奥运会,是一种奇怪的反常现象。”[2]他明确表示:没有中华人民共和国的参加,国际奥委会就不是真正的国际奥委会。所以他要努力解决国际奥委会的“中国问题”,并提出了解决中国代表权问题宜采用“演进”,而不一定是“革命”的主张。他认为,并不一定要完全按照联合国的方式解决国际奥委会的“中国问题”。国际奥委会为了维护奥林匹克运动的完整性,不把台湾青年排斥在奥运殿堂之外,同时还要不违背有关国际法准则,确实费了一番苦心。

2. 中国国内历史背景

第一,自 1840 年鸦片战争以来,资本主义列强的炮舰击破了中国“天朝上国”的宁静。国门洞开、城下之盟的屈辱,失地赔款、任人宰割的危机,使中国这个具有数千年历史的文明古国和一直以自给自足不仰求他人为骄傲的古老民族,遭受到前所未有的生存压力。一个以争取生存权

---

〔1〕 罗时铭.改革开放以来中国体育的对外交往[J].武汉体育学院学报,2008,41(1):22-25.

〔2〕 基拉宁.我的奥林匹克岁月[M].北京:人民体育出版社,1988.

和自主权为目标的民族解放运动，成为中国近代历史甚至现代历史的主题；维护国家主权和领土完整，建设一个强大的中国，是中华民族不变的情愫。1932年，中国体育界为了阻止日本军国主义把“满洲国”推销给世界，曾经派刘长春一名运动员参加第10届洛杉矶奥运会，以正世界视听；1934年，为抗议日本军国主义集团将“满洲国”强加给远东运动会，中国不得不退出，导致历经20多年的远东运动会夭折。1949年10月，中华人民共和国成立，标志着中国的新生。但新生的年轻共和国却招致帝国主义列强的敌视。他们对中华人民共和国采取政治上不承认、经济上封锁和军事上包围的政策，阻挠中国恢复在各类国际组织中的合法席位。中华人民共和国在面临着争取国际承认、维护合法权益、打破经济封锁、粉碎军事包围的巨大生存压力下开始了新中国的历程。

第二，台湾自古以来就是中国领土神圣不可分割的一部分。由于众所周知的原因，海峡两岸的经济、文化交流与合作在近现代曾受到极大的阻碍和隔断。一是台湾是全世界唯一两次成为殖民地的地方：1624年至1662年成为荷兰殖民地，计38年；1895年日本帝国主义强迫清政府订立不平等的《中日马关条约》霸占了台湾，直到1945年日本宣布投降后中国政府才恢复对台湾的主权。二是1949年10月国民党政府撤退到台湾，从此开始了台湾与大陆几十年的政治分裂和对立。两岸文化交流与信息的阻断，造成两岸人民情感的隔阂。由于在思维方式、生活习俗和对体育活动的运作以及对体育的理解等方面都存在着很大差异，在某种程度上制约了两岸体育文化的交流与发展。[1]

第三，新中国的外交政策发生变化。所谓“外交”是指：“各主权国家通过和平的方式为捍卫和促进国家利益所进行的官方往来活动。”[2]体育本身虽不是政治，但作为一项社会文化活动，它不可能摆脱政治的影响，特别是各国的体育外交，更不可能游离于政治之外。虽然体育外交是各体育组织为维护自身利益和促进自身发展所进行的非官方的民间交往活动，但是各国体育组织在与国际体育组织交往中总是代表国家和追求国家利益的。新中国建立初期，我国外交的任务是：为争取国际社会的承

---

〔1〕 兰自力，谢军，骆映，等. 海峡两岸体育交流与合作的历史回顾与前景展望[J]. 天津体育学院学报，2002，17(3)：5.

〔2〕 李宝俊. 当代中国外交概论[M]. 北京：中国人民大学出版社，2001. 1.

认和支持,实现国家主权的真正独立,为社会主义建设争取一个有利的国际和平环境。面对东西方两大集团的对峙,周恩来总理提出了中国外交“三原则”,即“站在社会主义一边”、“另起炉灶”、“打扫干净屋子再请客”的基本对外原则。而所谓“另起炉灶”,即不承认国民党政府同各国建立的外交关系,而是要在新的基础上同各国建立新的外交关系。“打扫干净屋子再请客”即“不承认国民党时代的一切卖国条约的继续存在”,“有步骤地彻底地摧毁帝国主义在中国的控制权”。在这些原则的指导下,中国开始与各国际体育组织接触并力图取得代表中国的合法权益。随着“文革”的结束和改革开放的开始,新中国把维护世界和平,促进全球发展作为外交目标,确立对外全面开放的基本国策。外交政策的调整促使中国体育对外交往也改变了主要从政治问题着眼处理国际体育纠纷,逐步与国际接轨,更多地从如何更有利发展我国体育事业着眼处理问题。

第四,“一国两制”与《告台湾同胞书》奠定了“奥运模式”的又一思想基础。

“一个国家,两种制度”是邓小平创造性的战略构想。它是解决台湾、香港和澳门问题的伟大战略决策,将为完成祖国统一大业做出贡献。1979 年 1 月 30 日,邓小平访问美国时就指出:“我们不再用‘解放台湾’这个提法了。只要台湾回归祖国,我们将尊重那里的现实和制度。”这是邓小平第一次公开提出了“一国两制”的构想。这一创造性战略构想在国内外产生了巨大的反响。它不仅是一项解决台湾回归祖国的政策,而且也是一项解决若干历史遗留问题及同世界交往的办法,是一项重大的政治策略。

1979 年 1 月 1 日,全国人大常委会委员长叶剑英发表《告台湾同胞书》,揭开了两岸关系发展的新的一页。根据邓小平“一国两制”的战略构想和《告台湾同胞书》的基本精神,按照中央制定的原则坚定、策略灵活的方针,原国家体委提出了解决合法席位的设想,即在坚持一个中国的前提下,允许台湾作为中国的一个地区,在改名、改旗、改徽之后,可以留在国际体育组织中。对于这个新方案,最初上下争议很大,在决策的最后关头,邓小平力排众议,亲自拍板,同意了这个方案。何振梁指出:“这一方针由邓小平同志亲自拍板,是小平同志‘一国两制’构想在体育领域中的体现。”[1]

二、“奥运模式”的确立经过

1. 最后的角力

由于布伦戴奇制造“两个中国”而宣布与国际奥委会断绝关系后，中国并没有放弃与国际体育界发展关系的努力。新中国第一任国家体育运动委员会主任贺龙曾掷地有声地宣告：“原则、立场必须坚持。我们绝不能做有损祖国荣誉的事。我们是伟大的社会主义国家……总有一天，他们会请我们回去的。占人类四分之一人口的中国，谁能闭着眼睛说不存在！关键是我们要坚持不懈地在体育上搞出成绩来。”[2]中国人是这样说的，也是这样做的。国际国内形势的一系列变化为恢复我国在国际奥委会中的合法席位创造了有利条件，解决中国奥委会席位并妥善处理海峡两岸体育组织关系的时机终于成熟了。

1973 年 3 月，国际奥委会主席基拉宁就中国问题向联合国法律事务署进行了咨询，得到了这样的回答：关于中国一事，根据联合国 1971 年 10 月 25 日第 2758 号决议，台湾省是中华人民共和国的一部分。这次咨询更加坚定了基拉宁解决这个难题的决心，因为中国重返奥林匹克大家庭在国际法上的障碍已不复存在。

名古屋会议前夕，国际奥委会委员、澳大利亚人高斯帕受基拉宁之托来到北京希望说服何振梁，让中国接受在奥运会上使用国际奥委会会旗和会歌的建议，以便加快回到奥林匹克大家庭的进程。高斯帕后来回忆道：在他的谈话结束后，整个会场陷入一片寂静……最后，说着一口流利英语的何振梁很有礼貌地告诉他：“高斯帕先生，你对我们的历史知之甚少，尤其是从 1949 年以来的历史。我知道你大学学的是政治学，这方面我就不和你说太多了。当我们这样流血流汗，当我们努力去建设新中国的时候，我们不可能用其他人的歌曲，我们不可能走在其他旗帜的后面，

[1] 施文忠，徐力，苏肖晴. 试论“一国两制”的“奥运模式”对开创我国体育新局面的历史性意义[J]. 南京体育学院学报，2001，15(1)：19－20.

[2] 叶国强. 略论“奥运模式”[J]. 广州体育学院学报，1991，11(20)：9－13.

我们是堂堂正正的中国人!”[1]

1979年10月25日,国际奥委会执委会在日本名古屋市举行,会上一致通过了恢复中国在国际奥委会合法席位的决议,批准了波多黎各会议上的有关建议。会议确认中华人民共和国奥委会为中国全国性奥委会;设在台北的奥委会将作为中国的一个地方性机构留在国际奥委会内,但不得使用它目前所使用的歌和旗。这项决议有待于国际奥委会全体委员以通讯表决的方式予以批准。

1979年11月26日,国际奥委会领导人在瑞士洛桑总部正式宣布:经过国际奥委会全体委员的通讯表决,以62票赞成、17票反对、2票弃权的结果,批准了国际奥委会执委会在日本名古屋会议上通过的关于中国代表权问题的决议。[2]国际奥委会主席基拉宁先生在垂暮之年说道:“我担任主席期间,最重要也是最称心如意的是,接纳中华人民共和国加入奥林匹克运动。”[3]

2. 奥运模式的具体内容

奥运模式的内容是明确的:

国际奥林匹克委员会执委会决议[4]

(1979年10月25日于名古屋)

中华人民共和国

名称:中国奥林匹克委员会(Chinese Olympic Committee)

国家奥委会的歌、旗和会徽:中华人民共和国的国歌和国旗。提交并经执委会批准的会徽。

章程:符合规定。

位于台北的委员会

名称:中国台北奥林匹克委员会(Chinese Taipei Olympic Committee)

国家奥委会的歌、旗和会徽:有别于目前使用的歌、旗和会徽,并须经国际

---

〔1〕 中央电视台同一个梦想摄制组. 同一个梦想[M]. 北京:中国民主法制出版社,2007:121.

〔2〕 孙葆丽,杨文学,肖龙. 奥运模式的产生[J]. 体育文史,2000,5:34-36.

〔3〕 基拉宁. 我的奥林匹克岁月[M]. 北京:人民体育出版社,1988.

〔4〕 国际奥林匹克委员会. 奥林匹克宪章(1991)[M]. 北京:奥林匹克出版社,1992:24.

奥委会执委会的批准。

章程：须于1980年1月10日前进行修改，以符合国际奥委会章程。

3."奥运模式"在两岸达成共识

台湾初期对名古屋决议进行抗拒，后来为了参与奥运会活动，在政治上做出妥协，与国际奥委会于1981年3月23日在瑞士洛桑签订协议，同意以"Chinese Taipei"名称及奥运会会旗、会歌参加国际体育比赛。1989年，海峡两岸奥委会就台湾参加在北京举行的第11届亚运会问题进行协商。由于语言翻译上的原因，双方在台湾代表队使用"中华台北"与"中国台北"问题上发生争议，台湾方面坚持用"中华台北"，大陆方面坚持用"中国台北"。实质上，可以看出，译文问题反映的仍是政治斗争——"一个中国"与"两个中国"、"一中一台"、"台独"的斗争，反映了"两个中国"、"一中一台"、"台独"势力对奥运模式所要求的"一个中国"原则的不甘心和冲击。经过海峡两岸奥委会多次协商，大陆方面做出妥协，1989年4月6日，中国奥委会主席何振梁与中国台北奥委会副主席兼秘书长李庆华在香港签署了海峡两岸第一个书面协议，宣布两岸奥委会达成的协议为：

台湾地区体育团队及体育组织赴大陆参加比赛、会议及活动时，将按国际奥委会有关规定办理，大会（主办单位）所编印之文件、手册、寄发之信函、制作之名牌，以及所做广播宣传等，凡以中文指称台湾地区体育团队与体育组织时，均称之为"中华台北"。[1]

这一协议实际上打破了台湾当局制定的对大陆"不谈判、不接触、不妥协"的所谓"三不"原则，使两岸同胞看到了两岸关系改善与祖国和平统一的希望。

奥运模式既是国际奥委会的中国政策，也是中国的奥林匹克政策，它的产生是长期斗争、磨合与协商合作的结果。作为奥运模式的主要创造者之一，中国把奥运模式作为自己的政策是有前提条件的，就是坚持一个中国的原则立场，台湾作为中国的一部分必须改歌、改旗、改徽、改章程。在此前提下，同意台湾在奥林匹克业务活动中作为中国的一个地区享受

---

〔1〕 王建民.北京奥运与两岸关系[J].世界知识,2008(16):46-48.

国家奥委会(NOC)的待遇,而此也是《奥林匹克宪章》有关规定所允许的。

后来,国际奥委会还对"国家"概念进行了创新性解释。《奥林匹克宪章》规定:"在奥林匹克宪章中,国家一词指的是,按国际奥委会全权判断认定是一个被承认的国家奥委会的地域的任何国家、州、地区或地区中的一部分。"这表明奥林匹克宪章允许承认地区,而非一定是国家实体。奥林匹克宪章中所指"国家",仅仅是从奥林匹克运动管理角度出发所设一个地域范围。这里的"国家"与我们通常所讲的国家不是一个概念。用奥林匹克运动创始人顾拜旦先生的说法,叫作"运动地理辖区"(geography of sports)。因此,国际法意义上的国家的一个部分(州、地区、地区的一部分)也可构成奥林匹克意义上的"国家"。[1]

三、"奥运模式"的社会影响

1. "奥运模式"解决了一个重大历史遗留问题

"奥运模式"表明国际奥委会承认中国奥委会为全中国的代表,而中国台北奥委会为中国的一个地区。这既承认了世界上只有一个中国的事实,又照顾到台湾的现实情况,使台湾地区与中国大陆的全体中国运动员都能参加奥运会。"奥运模式"解决了体育领域重大的长期遗留问题,恢复了我国奥运大家庭的合法席位,使我国正式回到了国际奥林匹克大家庭中。后来国际奥委会总部发表谈话时就提出:"对国际体育界来说,这是一项重大的成就,体育运动将因此而得到进一步发展。"

2. "奥运模式"促进了两岸体育事业的共同发展

改革开放之初的1979年,我国在国际奥委会的合法席位得以恢复,"奥运模式"成为国际解决台湾问题的典范,是"一国两制"伟大构想在体育领域的成功实践,中国体育从此全面登上国际舞台,成为我国全面参与国际竞争与合作的一个重要领域,发挥了独特而巨大的作用。

我国在1980年首次参加冬奥会后,于2002年的盐湖城冬奥会上实现了冬奥会金牌"零"的突破。1984年,新中国首次参加夏季奥运会,实现了中国奥运史上金牌"零"的突破;在2000年悉尼奥运会、2004年雅典

---

[1] 李辉. 奥运史上中国会籍问题及其法律探讨[J]. 山东体育学院学报,1995,11(3):3.

奥运会上，中国体育代表团连续取得历史性跨越。据统计，改革开放以来我国运动员共获得世界冠军2137个，占新中国成立以来总数的99%；创超世界纪录1001次，占新中国成立以来总数的85%。尤其是在2008年北京奥运会上，中国体育代表队取得了51金、21银、28铜的优异成绩，金牌总数居各国首位。[1]

其后中华台北按此模式组建代表团，参加了1984年第23届美国洛杉矶奥运会、1988年第24届韩国汉城奥运会、1992年第25届西班牙巴塞罗那奥运会、1996年第26届美国亚特兰大奥运会、2000年第27届悉尼奥运会、2004年第28届雅典奥运会及2008年第29届北京奥运会。竞技体育的大突破是“国运盛、体育兴”的最好诠释。

3. “奥运模式”加强了两岸之间的体育交流

“奥运模式”确定后的1980年4月中旬，在美国圣安东皇家学院邀请赛上，来自祖国大陆和台湾的田径选手，进行了30年来第一次同场竞技，在竞技场下两岸运动员还进行了友好交往。[2]1984年，台湾与大陆第一次一起参加第23届美国洛杉矶奥运会。1989年4月，中华台北体操队到北京参加亚洲青年体操锦标赛，是40年来第一支来大陆参赛的代表台湾体育组织的运动队。[3]从此两岸的体育交流和合作不断向更高的层次发展。“奥运模式”指导下的海峡两岸体育交流对沟通两岸同胞的感情、增强民族凝聚力、振兴中华民族体育事业以及拓展其他领域交流与合作产生了积极影响。

4. “奥运模式”促进了奥林匹克运动的健康发展

“奥运模式”使占世界人口四分之一的中国人民积极参与到奥林匹克运动之中，大大提高了这一国际性社会文化运动的代表性和普及性，让国人了解世界，解放禁锢的思想，同时让世界了解中国，了解开放了的中国。这不仅有利于中国体育的发展和海峡两岸的体育交流，而且也有利于国际奥林匹克运动的健康发展。

可以说，“奥运模式”是我国体育运动领域实行对外开放政策的突破口，开创了我国体育形势的新格局；为两岸同胞的相互交流提供了宝贵渠

---

〔1〕 刘鹏. 在2008全国体育局长会议上的讲话. http://www.sport.gov.cn.

〔2〕 林致诚，郭琼珠. 海峡两岸体育交流及其影响探析[J]. 台湾研究集刊，2002，2：87.

〔3〕 林致诚，郭琼珠. 海峡两岸体育交流及其影响探析[J]. 台湾研究集刊，2002，2：87.

道，为促进祖国统一大业起到了先行作用；为国际奥林匹克运动的健康发展奠定了历史基础。总之，“奥运模式”下的北京奥运会推动了祖国统一与两岸和解，并促进了国际奥林匹克运动的健康发展。

第三节　北京申办奥运会的社会背景

奥林匹克运动会是当今世界上规模最大，最引人关注的国际盛会，申办奥运会，能自然地引发人们对申办城市的注意，表明自身的政治态度，或显示自己国家与民族的形象。中国作为世界上人口最多且具有重要影响的国家，理应为奥林匹克运动在全世界的发展做出应有的贡献，举办奥运会则是这种贡献最为集中的体现。

一、北京两次申办奥运会的背景因素分析

1993 年 9 月 23 日，国际奥委会的 90 名委员于蒙特卡洛（地中海沿岸袖珍国摩纳哥的一个城市），从 5 个申办城市中最终选择一个城市，主办 2000 年奥运会，有数据显示，1993 年申奥，北京市市民的支持率高达 98.7%。中国为什么会失利，在参考相关文献资料之后，经过整理、分析得出，主要有以下国际国内因素的作用。

（一）中国北京第一次申奥的国际背景

首先，美国等西方国家对中国的反对、阻挠。对于 1993 年北京申奥，美国以“人权”问题为由，对之持极端敌视的态度。一些国家的媒体，包括主流媒体，以“六·四”为名，阻止中国申办 2000 年奥运，客观上恶化了中国当时的国际环境。而英国、德国因其本国有城市参加申奥角逐，对于美国的敌视态度也持附和的态度，其他西方国家趁此机会兴风作浪，对中国实施经济制裁和政治孤立，联合美国反对中国。

其次，苏联东欧剧变对中国申奥产生了影响。由于苏联东欧剧变可能失去原先通过争取便能支持北京的一些国家；另外苏联东欧的剧变，打破了原来的世界格局，这使得中国可能失去苏联、东欧一些社会主义国家的支持，从而使得力量单薄化。因为这些国家是否支持中国以及与中国关系亲疏的变化，直接影响到中国在国际奥委会委员中的支持率和得票

数,而这是决定申奥能否成功的直接要素。再者,苏联东欧剧变也给亚洲体育力量的格局带来一定影响。

当然,20 世纪 90 年代初的中国,在外交政策调整的基础上,与周边国家建立了良好的双边和多边关系,这对于第一次申奥具有积极的影响作用,也是中国在第一次申奥前夕国际背景方面的优势所在。

（二）中国第一次申奥的国内背景

首先,1990 年亚运会的成功举办为中国申奥做了很好的铺垫。其次,中国当时的国内经济发展水平已经能够申办一届奥运会,经济是一切的基础,也是中国申奥诸多因素中至关重要的一条。

然而,中国当时的国内环境也存在一些不利于申奥的因素:主要包括语言交流方面的障碍;对外国记者的限制多;总体服务水平尚低;报批程序复杂;经济社会条件相对不足;官僚主义严重;再加上中国第一次申奥缺乏经验,对申办奥运的认识还不够成熟等。

（二）中国第二次申奥的背景因素

北京第一次申奥的失利,客观上表明中国在某些方面还未达到申办奥运的条件,北京第二次申奥的成功,也是国际奥委会对北京乃至中国申办实力的认可;是世界向中国发出的信号:世界准备欢迎中国,也向往来到北京,参加奥运会!

第二次申奥大致可以分为四个阶段:

阶段一:通过"中考",入选为第 29 届奥运会 5 个申办城市之一。

阶段二:"预赛"转入"决赛"。

这个阶段有两件大事:一是 2000 年 10 月到 12 月,28 个国际体育单项组织的考察检阅;二是《申办报告》的撰写。

阶段三:评估团的到来。

阶段四:决胜莫斯科。

美联社在 7 月 4 日公布了 2008 年奥运会申奥投票预测结果,结论是北京最有希望获胜,主办权将最终属于北京。巴黎和多伦多分别排第二和第三。7 月 13 日,当国际奥委会主席萨马兰奇公布获得 2008 年奥运会申办权的城市为北京时,整个中国沸腾了。

8 年后北京再次申奥获得成功,除了其他因素外,政治因素作用的轨迹也依然清晰可见。从政府操作的角度来看,一个拥有近全民支持的政府相较于一个仅有一半支持或更少支持的政府来说，IOC 当然愿意在其他方面条件持平的情况下，选择前者。所以从政治力量上来看，中国当时占有很大的优势。

1. 中国北京第二次申奥的国际背景

首先，美国对中国申奥态度发生转变。中美关系在这一阶段出现了和解的良好氛围。有关美国的民意调查表明，大多数美国人不反对北京申奥，举办奥运会有利于改善中国人权状况。美国的一些企业，如通用公司、喜力、保洁和施乐等公司，都公开支持北京申奥，认为北京一旦获得2008 年奥运会主办权，美国厂商毫无疑问将会受益。同时，美国政府也公开表示，不再反对中国申办奥运会，中美关系有所加强。

其次，萨马兰奇主席对北京申奥持支持态度。萨马兰奇是中国人民的老朋友，曾多次访华。出于对中国人民的友好感情和对中国在世界体育中地位的认识，他对中国体育的发展及中国与国际奥委会的关系一直给予高度重视，并为北京申办 2008 年奥运会成功做出了努力。同时，新一届国际奥委会委员的组成发生变化。2000 年 2 月，113 名委员分布于78 个国家，更具有国际性与广泛性。

当然，不利因素也是存在的。由于盐湖城冬奥会申办丑闻，国际奥委会对奥运会申办制度进行了一系列改革。从改革措施上来看，新规则概括起来是“9 个标准”，如不允许委员与申办城市进行互访；除国际奥委会组织的活动外，不允许委员与城市就申办问题进行接触；不允许互赠礼品等。这些申办规则客观上增加了委员直接了解北京的难度。

2. 中国第二次申奥的国内背景

首先，随着时间的推移，国家实力增强，申奥条件进一步成熟。2001年北京再次申奥，这次申奥相较于八年前的第一次申奥，中国的经济和社会发展取得了长足的进步，伴随对第一次申奥的反思、总结，中国的国内环境在第二次申奥前已经具备了申办奥运会五大方面的基本条件：第一，中国具备举办奥运会的经济实力；第二，中国政治稳定，社会安定；第三，中国是一个体育大国，体育事业蓬勃发展；第四，北京具有举办大型运动会的经验；第五，北京具备举办奥运会的设施条件。结合奥组委对申办城市的基本要求第三条：申办城市的政治、经济、社会的发展必须处于稳定状态；第六条：申办城市必须保证向世界开放以及具备一定的现代化程度，要有条件和能力对参加奥运会的六类人，即运动员和教练员、奥林匹克大家庭成员（国际奥委会全体委员、各国际体育组领导人、各国奥委会官员）、技术官员（裁判等）、新闻界的朋友等提供优质服务等，中国都已经达到要求。

其次，两岸关系与中国申奥的互动产生良好影响。随着中美关系的缓和，当时的台海关系也有所松动。而处理好申奥涉台问题，有利于我国的申奥形象，有助于申奥成功；有利于争取台湾民众和媒体对我们的亲和感，为最终和平统一台湾积累条件。而台湾方面，在中国第二次申奥期间，也显示出积极的态度。据台湾媒体透露，中国台北奥委会秘书长陈国仪表示，北京申奥成功对台湾有"三利"：从经济角度看，会给台湾提供很多商机；从体育角度看，北京如果申奥成功，将会在2008年奥运会前举办很多国际赛事，对海峡两岸的体育交流具有意义；从政治角度看，有利于海峡两岸的和平。

二、北京第二次申奥成功的原因

（一）中国的经济增长举世瞩目

1993年蒙特卡洛那个令中国人举国关心也举国愕然的夜晚，使这块古老土地上的人们深切感受到，与其被人评判、被人戏弄，不如先把自己的事情办好。

1998年11月25日，北京申办2008年夏季奥运会通过贾庆林市长递交，这再度让国人尤其是北京人心头一动。细细一算，真正在世界上有足够影响的国家，唯独中国没有举办过奥运会。五个安理会常任理事国中，只有中国没有举办过奥运会；国民经济总产值排名世界前几位的国家，也唯有中国没有举办过奥运会。而美国、德国、澳大利亚都已举办了两次，中国经济持续高速增长，为世界经济发展做出了贡献。在亚洲金融危机爆发及世界经济陷入低谷时，中国采取的一系列措施，稳定了亚洲金融秩序，显示了负责任大国的形象，这令世界肃然起敬。举办奥运会毕竟是一个国家国力与威望的标志。

（二）中国的政局稳定，竞技体育成绩突出

国内、国际形势发生了很大变化。1993年不少人担忧年事已高的邓小平逝世以后中国政局是否稳定，事实证明这个担忧完全是多余的，中国

正稳定有序地按照邓小平制定的改革开放的道路走下去。

中国几十年来为奥林匹克运动做出了独特的贡献。新中国成立前，中国从来没有取得过奥运会奖牌，而自恢复了中国在奥委会的合法席位后，中国在参加的奥运会中，除汉城奥运会外，金牌数都在前五名之列；在亚运会上，中国已经把举办过奥运会的日本、韩国远远抛在后面，甚至这两个国家的金牌数相加都赶不上中国。中国在其他多种单项世界性运动会上，都取得了国际体育界公认的成就。新中国成立后，中国运动员共获1298个冠军，创造和打破933项世界纪录。仅在1999年，中国共获得92个世界冠军，打破22项世界纪录，这在全世界也是寥寥无几的。奥林匹克的主办国和城市应该有相当的竞技体育实力，这样才能吸引这个国家和城市的人民更加关注，中国和北京也完全符合这个宗旨。

（三）中国拥有巨大的商业市场

在奥林匹克越来越商业化的时代，各国的赞助商必须要考虑主办国的商业价值。中国过去被称为潜在的大市场，近年来已经是实实在在的大市场，许多国际商业集团早已紧紧盯住这个拥有13亿消费者的国度。

（四）北京完全具备举办奥运会的能力，北京还是非常安全的城市

北京虽不是金融、经济中心，但其是政治中心，仍是经济上的重量级城市，北京又是一座现代化大都市，有近百所高等院校，尤其是高科技的发展潜力巨大。北京1万平方米以上的大型商厦居全国第一。北京的文化设施、医疗设施、宾馆规模也完全具备竞争的实力，全市有近300家旅游涉外饭店，年客运能力超过1亿人次。与大多数申办城市相比更独特的是，北京有3000多年的建城史和800多年的建都史，有着众多的名胜古迹和丰厚的文化底蕴，是世界历史文化名城。北京的旅游景点尤其是文物古迹更是闻名遐迩，其中长城、故宫、周口店猿人遗址、颐和园和天坛被联合国教科文组织列为世界文化遗产。这都是得天独厚的条件。北京在40年前就举办过有相当规模的全运会，几十年来又举办过各种相当规模的综合性和单项运动会，尤其1990年北京亚运会是历届办得最成功的。北京市民的体育参与意识较强，1999年有290多万人次参加第二届全民健身体育节，完成35个健身工程，有25个社区和35个乡镇达到市级先进标准。北京有体育场所5000余处，有2000个固定座位的场馆是15家，有一部分亚运会留下的场馆可以使用，有的加以改造也可以使用，

另外新盖一些场馆对北京来说不是一个难题，奥委会也是了解这一点的。其实早在1993年IOC考察团来北京时，就认为北京已经具备了举办奥运会所需的76%的场馆，北京当时只需新建7处体育设施就能顺利迎接奥运会的正式举办。可以说，难倒北京的问题是极少的。

北京还是世界上最安全的城市之一。对比研究显示，在世界主要首都城市中，北京的刑事犯罪率、交通死亡率和火灾发生率都是最低的城市之一。像1972年慕尼黑奥运会发生的杀死以色列运动员和亚特兰大奥运会发生爆炸的恶性事件在北京是绝不可能也从来没有（在大型会议和运动会）发生过的。保证与会者和各国游客的安全，是举办奥运会的最基本的条件，在这方面，北京市是硬气的。

（五）国际奥委会严重危机带来的变化

严格地说以前国际奥委会一些人士是用"非体育因素干扰"伤害了中国人民的感情。美国议会、欧洲议会居然会为中国的申办通过决议，以人权、香港、西藏等所谓问题阻挠北京申办。1992年底，悉尼申办公司调拨了75万英镑，由贝尔策划编写一本名为所谓《适合的候选城市》的书，并于1993年9月的蒙特卡洛投票前一个月在伦敦出版，从而达到有效诋毁北京的目的。负责此书策划的贝尔曾是撒切尔夫人在三次大选中获胜的头号功臣。此事事隔6年被曝光后，澳大利亚的国际奥委会委员高斯帕碍于情面还是向中国奥委会道了歉。

1993年后，国际奥委会也发生了很大变化，盐湖城申办的丑闻几乎使奥委会陷入灭顶之灾。这个机构的委员虽然多为世界体坛知名人物，但他们中一些人的行为方式还不如普通人。1993年申办2000年奥运会主办权投票前，有60多位委员信誓旦旦地称自己是中国可以完全依赖的朋友，使中国误以为有相当大的把握，但最后的表决中国是43票，可见身在高位的一些委员们连诚实的基本道德都没有。国际奥委会一年前因部分委员财迷心窍收受贿赂而震惊世界，国际奥委会为应付这场因丑闻而引发的信任危机，用在公共关系上的费用已超过了500万美元。全世界的媒体也对这次奥林匹克史上的罕见危机进行了密集轰炸式的报道。据一份调查显示，在所有有关报道中，悉尼奥运会的东道主澳大利亚最为关注，几乎占了所有报道的22%，可能澳大利亚公众对澳大利亚的成功都有质疑，余下报道最多的依次是美国、英国、法国、日本和德国。国际奥委会为此已拿出了150万美元,雇用了10名工作人员专门来回答媒体的询问。在丑闻发生期间,国际奥委会总部收到世界各地媒体电话的询问,有一日最高达300次。国际奥委会开除了涉嫌不轨行为的6名委员,对9名委员分别给予最严重警告、严重警告和警告处分,另有4名委员辞职。新成立的"2000委员会"成员有国际奥委会委员、国际单项体育组织的代表、各国奥委会的代表、运动员委员会的代表,以及国际社会知名人士美国前国务卿基辛格、前联合国秘书长加利等,还包括中国的伍绍祖和何振梁。还有44名有世界知名度的运动员参加竞选,中国邓亚萍也参加了竞选,最后当选的8名运动员成为国际奥委会委员。

北京能成功的关键因素是凭借改革开放使北京在各方面都取得了巨大进步。不论是道路和体育设施等硬件建设,还是各种素质人才等软件建设,都为北京申奥提供了良好的条件。国际奥委会资深委员何振梁说,与上次申办相比,北京申奥成功最根本的一点是,这几年国家发展了,北京发展了,经济实力增强了,国际地位提高了。这样,使本来支持北京的国际奥委会委员更加坚定了,使本来不太支持北京办奥运会的委员也改变了看法。[1] 稳定的政治局势、中央政府的支持和全国人民的拥护,成为北京申办奥运会的最强有力的后盾,特别是北京市民95%的支持率让其他申办城市相形见绌。

此外,中国体育近年来的辉煌成绩、北京奥运会对13亿人进行奥林匹克文化熏陶的深远影响、中国博大精深的东方文明与全球普及的奥林匹克文化融会产生的精彩盛事,也是促使大多数国际奥委会委员将信任的一票投向中国的重要原因。

三、北京申办成功第29届奥运会的意义

申办奥运会的竞争,实际上是一场综合国力、经济实力、科技实力、文化魅力的竞争,是一场国家形象和民族地位的竞争。北京申奥成功,是世界对中国的肯定。申奥成功社会价值主要体现在:

(一)举办奥运是全面显示本民族经济、文化和综合国力的绝好契机

如果说出于仇恨,人类最大的聚会是世界大战;如果为了和平,人类

---

〔1〕 王朝彬.对外开放的新阶段中国加入世贸组织和北京申奥成功[N].学习导报2002(6)8-11.

最大的聚会则是奥运会。1945 年以来,人类再也没有发生过世界性的大规模战争,奥林匹克运动会通过促进各国人民之间的互相了解,在不同民族、不同制度、不同文化、不同贫富、不同信仰的人们之间建立起友谊和对话的桥梁,来促进世界和平,发展经济,减少对抗。奥林匹克运动的宗旨是与人类和平和发展的目标相一致的,是与现代国际社会的需要相吻合的,它已经成为世界和平事业的一个重要组成部分。此外,奥林匹克运动还有着促进竞技体育和群众体育的协调发展、促进人的全面发展的作用,有着以奥运会为龙头促进国际双边和多边体育交往的多种重要功能,它在国际社会中不可取代的重要地位是早已确立的。它给整个国家带来的效益往往是数字难以评估的。它促进了主办国在政治、经济、文化、体育、科技等各方面的突破性发展变化,是向世界打开大门展示自己的大好机缘,是全面显示本民族经济、文化和综合国力的绝好契机。

（二）成为中国经济发展新动力

在亚洲曾举办过两次奥运会,日本和韩国与中国的地理和文化相近,他们举办奥运会也正处于经济起飞的时刻,与今日的中国有诸多相似之处。我们不妨回顾与我们同处亚洲的近邻日本、韩国在举办奥运会后给国家和首都(均为举办城市)所带来的生机。

1964 年东京成功地举办了第 18 届奥运会,这是日本从“二战”阴影中走出的重要一步。几年内,东京到处是建筑工地,日本一举投入 30 多亿美元修建了大批体育场馆和如今世界闻名的羽田机场、新干线铁路,奥运会期间日本接待了 94 个国家和地区的 5410 名运动员,并用卫星向全世界转播开幕式和比赛实况,国民生产总产值由奥运会前的每年增长 10.3% 跃到 26.1% 。日本人称之为“奥林匹克景气”,并自豪地宣称:“日本不再是战败国了。”经济学家认为这届奥运会是日本进入世界工业强国的里程碑。

1988 年汉城奥运会的全国总动员,振奋了民族自强意识,提高了韩国在国际上的地位。经济学家在分析日本、韩国两国经济起飞原因时,高度评价奥运会对国民情绪的鼓舞和激发作用,以及由此带来的经济景气,并称之为“奥林匹克”效应。奥运举办受益的不仅仅是举办城市,而是整个国家;可以想见,2008 年申奥成功,借此契机得以发展的不仅仅是北京市,而是全中国。

韩国的汉城奥运会是国家政府与企业联办的成功范例。韩国在20世纪70年代经济起飞,成为世界关注的四小龙之一。他们在1981年工业产品的出口总额居世界第14位。韩国的崛起,急需给世界一个新形象,于是主动申办1988年奥运会,与另一个对手名古屋竞争。他们的目标很明确,就是通过奥运会实现自己大政治的目标,把奥运会作为韩国政治、经济、社会、文化诸方面跃向先进国家行列的桥梁,他们提出"世界面向汉城,汉城走向世界"的口号,要做到"汉城奥运会超过历届奥运会"。他们通过各种经济手段,取得了企业集团的经济支持,保证了奥运会的良性循环,最后取得4.97亿美元的盈利。运动产业化是全球发展的大趋势,奥运会不仅在顺应这个趋势,而且成为这个领域内最大的产业。

韩国的经济也因举办奥运会而飞速增长,韩国官方宣布,从申办成功到举办完奥运会,仅仅7年的时间,共带来70亿美元的国际收支顺差,盈利2亿多美元(组委会外汇收入预计为4.47亿美元,旅游外汇收入1.4亿美元,总计5.87亿美元,除去组委会自身支出8800万美元及进口各类物资耗去2.27亿美元,组委会纯收入为2.72亿美元),并带来了327亿美元的国民收入诱发效果。尤其值得重视的是,韩国奥运会先后给76万多人提供了就业机会,占总就业人数的0.7%,国民收入增加17000亿韩元,占国民经济总产值的0.40%。

申奥成功,不仅对我们具有重要的政治意义,也同样具有重要的经济意义。因为时下的中国经济,正承受着自亚洲金融危机以来最为严峻的外部挑战。北京申奥成功,将在今后7年内平均每年拉动中国GDP增长0.3~0.4个百分点。北京将以申奥成功为契机,大力改善环境、治理污染、改进交通、通信等基础设施建设,兴建一大批具有国际水准的体育场馆……这一切将带动包括房地产、旅游服务、环保、电子信息产业等许多相关产业的发展。不仅如此,申奥成功还将增强海内外投资者对中国经济的信心,带动国内投资和外商投资双升温,使奥运的投资效应被放大,进一步推动中国经济增长。中国经济内需的增长将因奥运而找到新的支撑点,而这个支撑点有可能使中国经济的运行曲线向着斜率更大的方向变动,而不是相反。这一结果不仅对中国经济,而且对世界经济也将产生积极的影响。

(三)有利于进一步扩大开放

奥运会是当今世界上最具国际化的事件,承办国的政府、组织和企业要与多个国际组织和众多跨国公司进行业务往来和商业谈判，因此从申办到实际运作的全过程都必须按照国际惯例来操作，即以信用为基础，以契约管理为手段。这样的操作要求该国政府、组织和企业都必须调整与市场经济不相适应的管理和运作方式，而这样的调整过程无疑就是扩大开放、融入经济全球化进程的过程。同时承办奥运会会使主办国在整体上获得一个开放、民主和有活力的形象，这种形象对吸引外资以及国内企业拓展海外市场都有实际意义。申奥成功，意味着中国可以与西方世界全面相互影响，标志着中国正式进入现代化国家的行列。李岚清副总理说："北京申办的成功，为我国在新世纪加快改革开放和现代化建设创造了更为有利的条件，必将激励全体人民为实现我国新世纪现代化发展战略目标迈出更大的步伐。以申奥成功为契机，进一步加快改革开放和现代化建设步伐，努力实现第三步战略目标，进一步扩大同国际社会的交流与合作。"

（四）促进北京城市现代化和国际化进程

北京的申办工作无疑加快了北京市建设的进程，从申办之日开始，建设规划就围绕着这一目标进行，因为以达到奥运会举办条件为标准的规模宏大的设施建设将有力地提高城市现代化水平。我们依然可以拿韩国、日本做参照，因为同处亚洲，这两个国家的发展有很多值得我们借鉴之处。

韩国为了迎接奥运会，自 1981 年后，投资 340 亿元整修市容；在 1982 年到 1986 年"绿化 5 年计划"中植树 3000 万颗，花园、花坛大量修建起来；投入 53 亿元修复名胜古迹；在城市结构和布局方面做了调整，不少工厂迁到郊区。他们借此兴建地铁三、四号线，投资 14.986 亿美元。

东京在准备奥运会前，成了世界上最大的建筑工地，日本投入高达 30 多亿美元修建了大批体育场馆和世界一流水平的羽田机场、新干线铁路。

北京申办奥运以来，在提高城市现代化方面明显加大了力度。无论交通、建筑设施，还是首都新机场改造，都使人刮目相看。首先是市政基础设施，北京的城建不断出现新景象，2000 年市政府计划全年固定资产投资 1280 亿元，开复工 6500 万平方米，其中重点工程 25 项，建成各类房屋 1500 万平方米以上。2000 年，北京将建设改造大学生运动会体育馆，加快建设大学生运动村,这是举办世界大型运动会的一次预演。北京在国务院的支持下开始在中关村兴建科技园区,通过科技成果和创新知识产业化,把丰富的智力资源转化为强大的生产力,力争用10年时间(恰恰是2008年左右),建成有中国特色的世界一流科技园区。北京在2000年将确保25项重点工程建设计划完成,北京大型文化设施建设的重点工程国家大剧院、首都博物馆新馆、北京世界贸易中心将相继开工,中银广场、建筑文化中心、中华民族园、北京图书馆新馆等五一前将完工。申办之后的市政建设重点工程也加快了步伐:加紧建设第九水厂三期工程、第十水厂、城市电网建设改造、天然气市内管网、酒仙桥污水处理厂、阿苏卫垃圾填埋场二期等,使全市污水处理率达到40%,刘淇市长在2000年2月的十一届人大三次会议上宣布,北京市垃圾无害化处理率达到了80%。北京将成为一座更具魅力、更清洁、更大气的城市。

(五)北京申奥成功,促使外资部署新投资战略

在北京举办奥运会,正是打开中国巨大商业市场的一把钥匙,将给世界各国的企业带来无限商机,将促进世界经济贸易的发展。对于全球知名品牌来说,都渴望从中分得一杯羹。奥运会的最大赞助商柯达公司就是在1988年日本长野冬季奥运会时,敲开了被富士公司牢牢控制的日本胶卷市场的大门。由于被指定为奥运会赛场专用胶卷,其在日本的市场份额迅速翻番增长至20%。一些悉尼奥运会的赞助商已经承诺向北京提供12亿美元的赞助,包括比赛的基础建设及广播设施。柯达、可口可乐、科技公司Sema及美国的石油集团Sch1umberger公司已明确表示将赞助2008年北京奥运会。已在中国设有23家合资工厂的可口可乐公司,计划利用奥运会建立起它在中国市场的长期发展战略,如奥林匹克贸易中心、可口可乐广播节目及流行的竞猜游戏节目。在众多的美国公司看来,随着中国加入世界贸易组织的脚步日趋临近,中国市场的大门将会向更多的美国及美国的竞争对手开放。美国的一些中国商业顾问们称北京申奥成功也将加速这一进程。那些过去已与中国有着紧密合作的美国跨国企业意识到,奥林匹克运动将双方的合作关系推向新的层次。

另外,北京申办奥运会成功,在台商中掀起新一波祖国内地投资热。台湾地区的房地产、建筑、运动器材、百货以及食品、广告、网络企业已开始行动,争着"抢滩北京"。鸿禧企业已规划参与北京的建设;太平洋建

设集团与香港电讯盈科合作，计划下半年在北京设立太平洋百货公司盈科店。已在内地设厂的生产电线电缆的华新丽华公司表示，未来7年预计可增加营收10亿台币以上。在内地投资生产自行车的巨大集团和美利达工业等业者预估，随着北京申奥成功，将会在内地掀起自行车运动风潮，可望为厂商造100亿元人民币的商机。

（六）奥运意识将影响中国人的社会生活

中国北京的申办成功，既是国际社会以及奥运大家庭的世界各国人民对改革开放时期中国人民各方面所取得的巨大成就的充分肯定，也体现了稳步发展中的中国在国际事务中的影响力和号召力的增强。奥运精神昭示了这样一条真理：一个国家民族的强大和它对世界的影响力，并不仅仅体现在其战争能力以及它的经济实力上，还更多地体现在这个民族的精神风貌和它的文明气质上，体现在它是否能向世人展示更多的友爱和包容，体现在世人是否能从这个民族那里感受到更多的亲切与热情。此次北京的申奥成功，预示着在未来的一段时间内，奥运意识将成为13亿中国人社会生活的主旋律，在奥运精神的鼓舞下，在奥运五环旗的指引下，我们各方面的工作将会做得更快、更好。成功举办的影响是巨大的，主办城市居民的精神和态度以及对于未来的期望所产生的积极影响，会把中国带入一个更加竞争和开放的社会。

（七）为中国和世界留下独一无二的遗产

国际奥委会评估团对北京的考察报告中认为，“北京举办奥运会将为中国和世界体育留下独一无二的遗产”。因此，评估报告一发表，立即引起了全世界的关注。中华民族自然质朴、绵延世泽、热爱土地、理解感情，尚人论、尊祖宗、重道德的民族品格和精神，以及由此而形成的中国体育运动的特殊气质，必将对奥林匹克产生深刻的影响。2008年奥运会的开幕式、闭幕式、吉祥物、会徽、会标等直观的形象，一定极具东方文化色彩；那届奥运会的管理体制、组织方式、运行机制一定是表达东方智慧的；对奥林匹克精神和原则所做的东方哲学的全新解释将使世界感到惊异。西方哲学、西方伦理、西方体育陷入迷惘时代一直在探究的东西可以在中国找到答案，这就是使全世界的眼睛为之一亮的原因。

奥林匹克主义之所以能为世界多数民族接受，成为一个足以震撼全球的奥林匹克运动，就在于它具有巨大的融通性。这种融通性不仅表现为奥林匹克运动已经与政治、经济、国际关系、科技、文化、教育等融为一体，成为一种不可抗拒的文化力量，同时，融通性还体现在它对世界各民族文化的充分兼收并蓄上。奥林匹克的魅力就在于它不断地将民族体育文化进行世界化的提升和推广。

第四节　北京奥运会筹办大事记

回顾奥运筹办的 7 年，中国政府和人民一道，认真履行着向世界的承诺。相继发布的会徽“中国印 · 舞动的北京”、吉祥物“福娃”、奖牌设计“金镶玉”、体育图标“篆书之美”、火炬“祥云”，代表着中国传统文化的精髓，浓缩着中国人民对奥林匹克的千万种表达；北京发生了巨大变化，拔地而起的一座座奥运场馆，让国人为之骄傲，让世界为之震惊；志愿者的微笑服务、“好运北京”赛事的顺利举办……中华民族的聪明智慧、勤劳勇敢、热情善良，在奥运筹办过程中得到充分体现。8 月的北京将异常精彩，中国人民期盼着和各国朋友一起感受奥林匹克精神，分享奥运会带来的激情、欢乐与自豪。

一、北京奥运筹备工作七年大事记略

2001 年

7 月 13 日，北京申办第 29 届奥林匹克运动会获得成功。

10 月 11 日，北京市人民政府发布《北京市奥林匹克知识产权保护规定》。

12 月 13 日，第 29 届奥运会组织委员会（北京奥组委）正式成立。

2002 年

1 月，国际奥委会主席罗格任命维尔布鲁根为第 29 届奥运会协调委员会主席。

2 月 1 日，第 29 届奥运会监督委员会组建完成。

2 月 7 日，第 29 届奥运会科学技术委员会成立。

7 月 13 日，由北京市政府和北京奥组委共同制定的《北京奥运行动规划》正式公布，提出了“新北京，新奥运”两大主题和“绿色奥运、科技奥

运、人文奥运”三大理念。

2003 年

6 月 11 日，奥运会帆船竞赛组织委员会在青岛宣告成立。

8 月 3 日，第 29 届奥运会会徽“中国印·舞动的北京”正式发布。

9 月 1 日，第 29 届奥运会市场开发计划正式启动。

12 月，第 29 届奥运会主体育场国家体育场开工奠基，其余奥运场馆相继开工。

2004 年

5 月 25 日，第 29 届奥运会青岛国际帆船中心开工奠基。

7 月 13 日晚，北京 2008 残疾人奥运会会徽“天地人”正式发布。

8 月 29 日，王岐山在雅典接过奥运会会旗，标志着奥运会正式进入北京周期。

9 月 28 日，在雅典残奥会闭幕式上，北京市副市长、北京奥组委常务副主席刘敬民从国际残奥委会主席菲利普·克雷文手中接过残奥会会旗。

2005 年

1 月 6 日，国务院调整北京奥组委领导班子，主席刘淇；第一副主席陈全立；执行主席刘鹏、王岐山、邓朴方。

6 月 26 日，第 29 届奥运会主题口号“One World, One Dream”（同一个世界，同一个梦想）正式发布。

10 月 5 日，北京奥组委香港马术委员会（奥马委）正式宣告成立。

11 月 11 日，第 29 届奥运会吉祥物在工人体育馆正式公布，五个形象为鱼、熊猫、奥运圣火、藏羚羊、京燕的福娃令人爱不释手，它们的名字分别是贝贝、晶晶、欢欢、迎迎、妮妮，即“北京欢迎你”。

2006 年

4 月 16 日，北京奥组委聘请开闭幕式主创团队，张艺谋任总导演，张继钢、陈维亚任副总导演。

4 月 29 日，第 29 届奥运会比赛项目最终确定，共包括 28 个大项、302 个小项。其中，男子、女子和男女混合竞赛小项分别为 165、127 和 10 项。

6 月 5 日，北京残奥会市场开发计划在北京正式启动。

8 月 7 日，第 29 届奥运会体育图标发布。

8月28日，奥运会、残奥会赛会志愿者招募工作正式启动。

9月6日，北京残奥会吉祥物福牛乐乐发布。

10月1日，中共中央总书记、国家主席、中央军委主席胡锦涛考察北京奥运会工程建设。

2007年

1月19日，京外省区市的赛会志愿者招募启动。

3月27日，第29届奥运会奖牌式样发布。奖牌正面为国际奥委会统一规定的图案，奖牌背面镶嵌着取自中国古代龙纹玉璧造型的玉璧，背面正中的金属图形上镌刻第29届奥运会会徽。

3月28日，面向港澳同胞、台湾同胞、华人华侨和外国人的赛会志愿者招募启动。

4月15日，北京奥组委正式宣布第29届奥运会门票开始面向全球公众预售。

4月27日，第29届奥运会火炬接力传递计划路线及火炬隆重发布。红银相间的北京奥运会火炬精彩亮相。

7月17日，中共中央政治局常委、国务院总理温家宝考察北京奥运场馆建设。

8月4日，北京奥运会倒计时一周年主题歌 We Are Ready(《我们准备好了》)正式发布。

2008年

1月20日，以“祥云”图案为核心图形的北京奥运会、残奥会制服在北京正式发布。工作人员制服为红色，志愿者制服为蓝色，技术官员制服为灰色。制服色彩动感流畅、欢快大方，传达了北京奥运会的理念，具有浓烈的中国文化特色。

2月27日，北京奥组委正式设立北京残奥会筹备工作指挥部，进一步加强对残奥会筹办工作的领导，充实残奥会筹办队伍。

3月24日，在希腊奥林匹亚举行北京奥运会圣火采集仪式，“祥云”火炬首次点燃奥运圣火。随后进行了为期6天的希腊境内传递。3月30日在雅典举行圣火交接仪式。

3月31日，圣火抵达北京，在北京举行隆重的欢迎圣火进入中国仪式和北京奥运会火炬接力传递正式启动仪式。中共中央总书记、国家主席、中央军委主席胡锦涛在天安门广场点燃圣火盆，北京奥运会境内外传递活动正式启动。

3月31日，北京奥运会、残奥会赛会志愿者报名结束，赛会志愿者申请人数为112.5799万人，其中90.8334万人同时报名残奥会志愿者。

4月1日至5月3日，北京奥运会火炬完成境外传递。5月4日起，奥运火炬内地传递正式进行。

4月9日，国际奥协主席拉涅亚在北京宣布，全世界205个国家和地区奥委会都将参加北京奥运会。这意味着，北京奥运会将成为历史上参赛国家和地区最多的一届奥运会。

4月12日，北京奥运村（残奥村）村主任第一次工作会议在北京举行，会上宣布北京奥运村和残奥村设同一个村主任工作班子，由全国人大常委会副委员长、北京奥组委副主席陈至立担任村主任。

4月23日，北京奥运会门票设计方案正式发布：以祥云为核心图形的北京奥运会门票票面设计，充分体现了中国文化艺术和奥林匹克精神的完美结合。

5月8日，北京奥运会火炬在珠峰顶上传递，兑现了申奥时的承诺。全球数十亿观众通过电视、网络等方式目睹了人类这一伟大的壮举。

5月12日，四川汶川大地震发生。5月18日至21日，全国哀悼日。火炬传递活动暂停。

5月22日，北京奥运会火炬传递活动继续进行，四川省奥运会火炬传递活动调整至北京传递前的8月3日至5日进行。

6月28日，北京奥运会主体育场国家体育场"鸟巢"正式落成，此前的四五月这里已进行了两场测试赛。"鸟巢"的落成，标志着北京奥运会所有的竞赛场馆全部竣工，为奥运会做好了准备。

7月3日，北京奥运会和残奥会所需要的6000枚奖牌，已全部制作完毕，必和必拓公司在北京正式移交给北京奥组委。

7月3日至4日，北京奥运会奥运村进行了综合测试，为7月27日奥运村正式开村奠定了坚实基础。

7月8日，北京奥运会主新闻中心和国际广播中心正式启动，这里将成为来自全世界2万多名注册记者的"家"。

二、北京奥运会筹办十九个经典时刻[1]

(1) 2001 年 7 月 13 日 22 时,国际奥委会委员开始正式投票选举 2008 年夏季奥运会主办城市。萨马兰奇拆开信封郑重宣布:“2008 年夏季奥运会主办城市是——北京。”会场中一片沸腾！中国代表团的成员们欣喜得狂呼出声,所有人都紧紧拥抱在一起,尽情宣泄心中的快乐和喜悦。在这次投票中,第一轮(获得主办权需要 52 票)北京得 44 票,多伦多得 20 票,伊斯坦布尔得 17 票,巴黎得 15 票,大阪得 6 票(被淘汰)。第二轮(获得主办权需要 52 票)北京得 56 票,多伦多得 22 票,巴黎得 18 票,伊斯坦布尔得 9 票。

(2) 2001 年 12 月 13 日,第 29 届奥运会组织委员会(北京奥组委)成立,标志着北京 2008 年奥运会的筹办工作正式启动

(3) 2002 年 8 月 7 日,国际奥委会第 29 届奥运会协调委员会工作组在北京检查工作。

图 3-1　2002 年 8 月 7 日,国际奥委会第 29 届奥运会协调委员会工作组在北京观看获得奥林匹克公园规划设计方案一等奖的规划设计模型。2002 年 7 月 13 日,由北京市政府和北京奥组委共同制定的《北京奥运行动规划》正式公布实施,提出了“新北京,新奥运”两大主题和“绿色奥运、科技奥运、人文奥运”三大理念(新华社资料照片)

---

〔1〕 北京奥运会筹办大事记[EB/OL]. http://www.ce.cn/culture/memory/200804/28/t20080428_15298707_17.shtml.

（4）2003 年 8 月 3 日，第 29 届奥运会会徽“中国印 · 舞动的北京”发布仪式在北京天坛祈年殿举行。北京奥运会会徽由印形部分、“Beijing 2008”字样和奥林匹克五环组成。印形图案好似一个北京的“京”字，又像一个舞动的人形，潇洒飘逸、充满张力。新会徽集合了中国传统的印章、书法等艺术形式和运动特征，将中国精神、中国神韵与中国文化巧妙结合，象征开放的、充满活力的、具有美好前景的中国形象。盖下这印记，13 亿中国人用最庄重、最神圣的礼仪向全世界庄严承诺，把北京 2008 年奥运会办成历史上最出色的一届奥运会。

图 3-2　2003 年 8 月 3 日，第 29 届奥运会会徽“中国印 · 舞动的北京”发布仪式在北京天坛祈年殿举行（新华社资料照片）

（5）2003 年 9 月 1 日，北京奥运会市场开发计划启动。根据奥运会举办国实行联合市场开发的规定，北京奥组委统一组织实施北京 2008 年奥运会市场开发计划，为奥运会，为残疾人奥运会，为中国奥委会和中国奥运代表团提供经费和物资保障，同时以客户，以赞助企业为中心，满足赞助企业开展市场营销的需要，并帮助他们与奥林匹克运动在中国的发展建立长期的合作伙伴关系。

市场开发计划的主题部分是三大计划，即赞助计划、特许计划与票务计划，这些是奥运会市场开发的主要收入来源。本书重点介绍赞助计划和特许计划。赞助计划由三级架构构成，一级为北京 2008 年奥运会合作伙伴，二级为北京 2008 年奥运会赞助商，三级为 2008 年奥运会供应商，这其中包括独家供应和供应商。特许计划也是由三项内容组成，包括奥运会标志的特许商品计划、奥运会纪念币计划和奥运会纪年邮品（票）

计划。

(6) 2003 年 12 月 24 日,中国国家体育场和国家游泳中心开工奠基,从而拉开了 2008 年北京奥运会体育场馆建设的序幕。

(7) 2004 年 7 月 13 日,北京 2008 年残疾人奥运会会徽“天地人”发布仪式在北京中华世纪坛举行。

(8) 2004 年 8 月 29 日,在雅典奥林匹克主体育场举行的第 28 届奥运会闭幕式上,时任北京市市长王岐山接过奥运会会旗,标志着奥运会正式进入北京周期。

(9) 2004 年 9 月 21 日,在天安门国家博物馆前,北京奥运会倒计时钟启动。

图 3-3　2004 年 9 月 21 日,在天安门国家博物馆前,北京奥组委常务副主席刘敬民(中)、奥运会射击冠军王义夫(左二)、北京市民代表黎长新(左一)、中学生代表王宇(右一)和欧米茄公司代表(右二)共同启动了北京奥运会倒计时钟(新华社资料照片)

(10) 2005 年 6 月 5 日,北京奥运会志愿者标志发布,志愿者项目正式启动。

图 3-4　2005 年 6 月 5 日，北京奥运会志愿者标志发布，志愿者项目正式启动（新华社资料照片）

（11）北京奥组委宣布第 29 届奥运会主题口号是："同一个世界，同一个梦想"。（One World, One Dream）

图 3-5　2005 年 6 月 26 日，在北京工人体育馆举行的发布仪式上，北京奥组委宣布第 29 届奥运会主题口号是："同一个世界，同一个梦想"（One World, One Dream）（新华社资料照片）

（12）2005 年 11 月 11 日，第 29 届奥运会吉祥物在北京公布。2005 年 11 月 11 日，5 个可爱的"福娃"在北京奥运会进入倒计时一千天之际向世界发出邀请：北京欢迎您！奥运会吉祥物采用奥林匹克五环的颜色，以鱼、熊猫、火焰、藏羚羊和京燕为原型，寓意大海、森林、圣火、大地和天空和谐共处。而由中国红、琉璃黄、国槐绿、青花蓝、长城灰、玉脂白组成的 2008 年奥运会专用色彩系统，以中国书画艺术设计的文化活动、志愿者等二级标志，以篆书手法造就的奥运会体育图标等形象景观，也渗透着浓浓的中国特色与和谐观。每个娃娃都有一个朗朗上口的名字:“贝贝”、“晶晶”、“欢欢”、“迎迎”和“妮妮”,在中国,叠音名字是对孩子表达喜爱的一种传统方式。当把五个娃娃的名字连在一起,你会读出北京对世界的盛情邀请“北京欢迎您”。

福娃代表了梦想以及中国人民的渴望。他们的原型和头饰蕴含着其与海洋、森林、火、大地和天空的联系,其形象设计采用了中国传统艺术的表现方式,展现了中国的灿烂文化。

图 3-6 2005 年 11 月 11 日,第 29 届奥运会吉祥物在北京公布。五个形象为鱼、熊猫、奥运圣火、藏羚羊、京燕的福娃,名字分别是贝贝、晶晶、欢欢、迎迎、妮妮,即“北京欢迎你”(新华社资料照片)

(13) 总部设在瑞士洛桑的国际奥委会 28 日发布公报称,2008 年北京夏季奥运会的比赛项目已全部确定,共包括 28 个大项和 302 个小项。

公报指出,302 个小项中包括 165 个男子项目、127 个女子项目和 10 个男女混合项目。公报说,鼓励女性参加奥运会是国际奥委会近年来的侧重点之一,国际奥委会执委会正是在此基础上对 2008 年奥运会项目进行了调整。北京奥运会与雅典奥运会相比,女子项目增加两个,女运动员将增加大约 130 名。

根据公报,2008 年奥运会的新增项目包括男、女 BMX(小轮车),女子 3000 米障碍,男、女 10 公里游泳。击剑方面取消男子花剑和女子重剑团体赛,增加女子花剑和女子佩剑团体赛。此外,乒乓球项目中的男、女双打比赛由男、女团体比赛代替。

（14）2006年8月7日，北京奥组委发布第29届奥运会体育图标。

图3-7　2006年8月7日，北京奥组委发布了第29届奥运会体育图标。35个图标以篆字笔画为基本形式，融合中国古代甲骨文、金文等文字的象形意趣和现代图形的简化特征，符合体育图标易识别、易记忆、易使用的要求（新华社资料照片）

（15）2006年9月6日，2008年残疾人奥运会吉祥物在北京发布。

图3-8　2006年9月6日，2008年残疾人奥运会吉祥物“福牛乐乐”在北京八达岭长城正式发布（新华社资料照片）

（16）2007年3月27日，北京奥组委发布第29届奥运会奖牌式样。

图 3-9　2007 年 3 月 27 日，北京奥组委发布第 29 届奥运会奖牌式样。奖牌正面（下排）为国际奥委会统一规定的图案；奖牌背面镶嵌着取自中国古代龙纹玉璧造型的玉璧，正中的金属图形上镌刻第 29 届奥运会会徽（新华社资料照片）

（17）2007 年 4 月 15 日，北京奥组委宣布第 29 届奥运会门票开始面向全球公众预售。

图 3-10　2007 年 4 月 15 日，北京奥组委正式宣布，第 29 届奥运会门票开始面向全球公众预售。2007 年 4 月 16 日，河南一市民在中国银行许昌分行代售点填写北京奥运会门票预订申请单（新华社资料照片）

（18）2007 年 4 月 26 日，北京奥组委公布了北京 2008 年奥运会的火炬样式和接力总体传递安排。当通过“云纹、漆红、人本、科技”四个方面传达“天地自然，人本内在，宽容豁达”的东方精神的火炬出现在世人面前的时候，人们不禁为东方神韵与奥运精神完美结合的火炬而击节叫好。

根据北京奥组委公布的火炬接力总体传递安排，本次奥运会火炬在2008年4月至8月间，经过希腊、美国、俄罗斯、英国等国家和地区，可以说全世界都将分享到奥运会的巨大荣光。

根据相关安排，北京奥运会的火炬首先在现代奥林匹克的故乡、上届奥运会举办国希腊进行全国传递，之后转赴哈萨克斯坦，经土耳其至俄罗斯，在完成在圣彼得堡的传递之后转到2012年夏季奥运会的举办地英国伦敦，之后是法国巴黎、美国旧金山、阿根廷的布宜诺斯艾利斯和坦桑尼亚的达累斯萨拉姆。

2008年4月15日，北京奥运会火炬进入亚洲整体范围的传递。涉及的国家和地区包括了阿曼、巴基斯坦、印度、泰国、马来西亚等。5月4日开始北京奥运会火炬在中国大陆地区的传递，第一站是海南省的三亚市，经过各省、直辖市和自治区的传递之后，在8月6日来到第29届夏季奥林匹克运动会的举办地北京。此外，在2008年4月至6月间还将进行北京奥运会火炬在珠穆朗玛峰的传递。

图3-11　2007年4月26日，第29届奥运会火炬接力传递计划路线及火炬在北京中华世纪坛隆重发布。红银相间的火炬“祥云”将穿越五大洲，把北京奥运会吉祥、祥和的信息传到全世界(新华社资料照片)

四个月的传递、难以计数的路程，可以想见的激情与荣誉，这些都是北京奥运会火炬将要带给世人的。更重要的是，也许火炬通过每个人的面前的时候只是一刹那，但是那熊熊火焰所点燃的奥运激情却将常驻在世人的心中。

图 3-12　2007 年 6 月 29 日，一名小女孩触摸奥运火炬“祥云”。2007 年 6 月 23 日，北京奥组委公布了《北京 2008 年奥运会火炬接力火炬手选拔计划》，标志着火炬手选拔正式启动（新华社资料照片）

（19）2007 年 8 月 8 日，在天安门广场举行北京奥运会倒计时一周年庆祝活动。

图 3-13　2007 年 8 月 8 日，在天安门广场举行的北京奥运会倒计时一周年庆祝活动上，百名歌手一起演唱《我们准备好了》。国际奥委会主席罗格出席庆祝活动并向各国和地区奥委会发出北京奥运会邀请函（新华社资料照片）

小　结

百余年后的今天，奥林匹克运动已吸引了包括拥有 13 亿人口的中国在内的 205 个国家和地区的积极参与。回顾奥运筹办的 7 年，中国政府和人民一道，认真履行着向世界的承诺。中华民族的聪明智慧、勤劳勇敢、热情善良，在奥运筹办过程中得到充分体现。

第四章　北京奥运会国际社会价值

自1896年在希腊首都雅典举行第一届现代奥林匹克运动会开始，现代奥运会经历了百余年的风雨洗礼，已成为普天同庆的盛大节日。进入21世纪，全球化的趋势更为明显。奥运会的社会价值也不再局限地体现在对举办城市或举办国家的影响，而是在世界范围内都发生着影响。北京奥运会作为众多届现代奥运会的一个典型性个案，既具有现代奥运会的普遍性社会价值，也显示出它所特有的社会价值。根据北京奥运会产生的深远影响，本书拟从国际与国内两个层面来分析其所具有的特殊的社会价值。

第一节　展示现代中国国家新形象

一、国家形象理论与历史上的中国国家形象

（一）国家形象理论

关于国家形象，传播学者刘继南认为：一个国家的国家形象是指其他国家（包括个人、组织和政府）对该国的综合评价和总体印象〔1〕。管文虎在其《国家形象论》里指出：国家形象是一个国家在国际的政治、经济、文化、军事、科技、教育等诸多方面相互交往过程中，获得对方国家及其社会公众的解读、认知与评价〔2〕。美国政治学家布丁（Boulding, K. E.）认为：国家形象是一个国家对自己的认知以及国际体系中其他行为体对它

〔1〕 刘继南，周积华，段鹏. 国际传播与国家形象——国际关系的新视角［M］. 北京：北京广播学院出版社，2002.

〔2〕 管文虎. 国家形象论［M］. 成都：成都科技大学出版社，2000：23.

的认知的结合;它是一系列信息输入和输出产生的结果,是一个“结构十分明确的信息资本”。[1] 通过上述定义的分析,我们可以得出如下认识:(1)国家形象是社会交往与互动的产物;(2)国家形象是在一系列信息输入与信息输出过程中产生的;(3)国家形象是自我认知与国际认知博弈的结果。现代奥运会的综合效应和魅力就在于主办城市和主办国家可以通过举办奥运会,赢得世界知名度和美誉度,并进一步推动主办国经济和社会的全面发展。北京 2008 年奥运会从申办的那一天起就肩负起向世界展示国家形象、提升国家美誉度的重要历史使命。百年奥运中华圆梦,由于中国特殊的历史背景和发展现状,2008 年奥运会对于中国来讲更具有非凡的意义。

(二) 中国国家形象历史回顾

中国是一个历史悠久、文化灿烂的文明古国。两千多年以来西方一直在不断地创造着“中国形象”。《马可·波罗游记》展现了一个开明、富饶、发展、繁荣的中国形象,使中国成了欧洲人心目中为之向往的神奇国度,导致了 15 世纪欧洲人航海探险活动及地理大发现。17、18 世纪,欧洲的学者和政治家建议欧洲所有的君主都要仿效中国皇帝,实行仁政,并且认为,欧洲社会应该把目光投向东方,学习中国文化,研究中国思想。

启蒙运动以后,随着欧洲科学的兴起和中华帝国的衰落,西方的“中国形象”发生了很大变化,否定性形象占了主导地位。19 世纪以来,西方将许多可怕的异域景象投向想象中的中国,中国的国际形象在西方中心主义的眼光中一落千丈,被丑化、弱化、妖魔化。在 20 世纪初,中国人成为西方人眼中的“东亚病夫”。尽管中国参加了第一次世界大战并成为战胜国,但巴黎和会上的屈辱证明了西方列强对中国人民的蔑视。1945 年,中国人民在经过艰难斗争、付出了巨大的牺牲和代价之后,终于击败日本帝国主义,中国在世界上的国家地位和形象才获得较大的提高。

1949 年中国共产党建立新中国之后,美国等主要西方国家拒绝承认中华人民共和国,中国大陆被排除在国际制度之外。中国领导人在权衡之后做出了向以苏联为首的社会主义阵营“一边倒”的外交决策。这一

---

[1] [美]罗伯特·福特纳.国际传播:“地球都市”的历史、冲突及控制[M].刘利群,译.北京:华夏出版社,2000:26.

时期，中国的国际形象表现为两个相反的方面，一方面，对于社会主义和广大亚非拉争取民族独立的国家，中国是同志加兄弟的角色；另一方面，对西方资本主义世界来说，中国是国际制度的局外者和挑战者。20世纪六七十年代，社会主义阵营宣告瓦解，发展中国家作为独立的政治力量登上世界舞台，中国积极实行睦邻友好的和平共处政策。

改革开放以来，中国奉行和平发展的原则，努力发展本国经济，在经济上迅速崛起，创造了连续20多年经济高速增长的“中国奇迹”，综合国力显著增强。通过对外开放和全面融入国际社会，中国逐渐建立起经济实力雄厚的“国际社会中负责任的大国”的形象，中国的国际形象不断向着成熟、理性的方向提高。但是西方人对中国的了解仍然是想象多于实际。自20世纪90年代初以来，以美国为首的西方国家一直在鼓噪“中国威胁论”，2001年以来，与“中国威胁论”一脉相承的“中国崩溃论”又粉墨登场，形形色色的“中国威胁论”和危言耸听的“中国崩溃论”已经严重损害了中国的国际形象，并影响了中国的国家利益。中国走向世界、融入世界的过程是一个艰难的过程。

作为世界瞩目的大型国际赛事，2008年北京奥运会的成功举办是让世界正确认识中国、了解中国文化、树立良好的国家形象、展示国家综合实力的重要契机。

二、北京奥运会全面展示中国国家形象

（一）北京奥运会展示了重信、守诺、开放、透明的中国政府形象

2007年1月1日，中国政府颁布并实施了北京奥运会及其筹备期间外国记者在华采访规定（即国务院477号令），对境外记者在华的采访给予了极大的便利。在奥运会筹办期间，奥组委与北京市联合成立北京奥运新闻中心，统一负责接待来京采访的境外记者，统一对外发布奥运会筹办信息、筹办城市发展的相关新闻，全力满足境内外媒体的信息需求，一揽子解决境外媒体来华采访遇到的各类行政审批事项。从2007年7月1日起，北京奥组委牵头组织国家和北京市17个行政管理部门，成立了一站式服务机构，受理境外记者来华采访涉及的30多项行政审批事项，实现了申请、受理、审核、批准、协调、落实等环节的一站式服务，成为奥运史上媒体服务的一项创新，受到了广大境外媒体的欢迎。

奥运会筹办期间，中国政府主管部门打破常规，以开放的姿态开展电视转播工作。奥运会筹备期间，北京奥组委既与国际奥委会合作成立北京奥运会主转播机构，即北京奥林匹克转播有限公司，公司全部人员聘用境外电视转播专家。奥运会前期，北京奥组委和国内主管部门协调批准50辆高清转播车，也就是SNG车的入境和在国内进行采访工作，并对SNG车使用实施一对一的便利服务，确保媒体使用方便。协调批准BOB在国家博物馆屋顶设立机位，该机位拍摄的天安门前的景象被多媒体转用。协调批准BOB在天安门广场东侧设置报道点，组织美国NBC、欧广联等主要转播商在此设立机位，以天安门城楼背景的资料被广泛传播。

环境问题也是北京在申办奥运会时对国际社会做出的郑重承诺，为了履行承诺，实现绿色奥运的目标，北京从申办成功开始加大财政投入，在防治煤烟污染、机动车污染、工业污染、扬尘污染、生态保护和建设方面连续实施14阶段共200多项大气污染治理措施，使北京空气质量连续七年得到改善。七年间北京实际蓝天数量每年增长2%~9%。在奥运会举办的8月期间，北京的空气质量达标的蓝天数为30天，其中空气质量优等的一级天气有13天。[1]单月13天一级天气，超过了北京十年来单月最高9天的记录，当然也远远超过夏季单月最好5天的纪录。许多外国运动员和媒体到京后打消了之前对于北京大气环境的一些疑虑，对空气质量表示满意。

北京奥运会和残奥会期间，86位外国主流媒体的负责人来京参加开闭幕式，50多个发展中国家的记者和新闻官员来华采访。奥运会结束之后，中国政府及时发布了中华人民共和国外国常驻新闻机构和外国记者采访条例，将奥运会期间给予境外媒体的一系列便利长久地固定下来，树立了我国信守承诺、开放、透明的良好形象。

重信、守诺是中华民族的传统，在北京奥运会筹办与举办过程中，中国以开放、透明的姿态认真履行对国际社会所做的各项承诺，向世界展示了良好的国家形象。

（二）北京奥运会展示了充满活力、改革创新的现代化国家形象

改革创新是举办一届有特色、高水平奥运会的动力和要求，在遵守奥

---

〔1〕 陶颖. 北京奥运会举办期间空气质量全部达标[EB/OL]. http://bjyouth.ynet.com/article.jsp? oid=42490940. 2008-10-25 15:35.

林匹克宪章、主办城市合同的基础上，结合中国国情，集中各方智慧，使北京奥运会筹办工作在体制创新、机制创新、管理创新等方面不断取得新的突破，创造性地建立了北京奥运会、残奥会运行指挥系统，充分发挥了我国的体制优势，统一了领导，充分整合了各方资源，为两个奥运会的成功举办发挥了重要作用。

在研究借鉴奥运会场馆运行的国际惯例和我国举办大型活动的经验和优势的基础上，建立了以竞赛为中心、以场馆为基础、以属地为保障的场馆运行体制，通过开展示范场馆运行计划，创造性地建立了包括工作内容、工作标准、工作方法、工作机制等在内的一整套场馆运行的工作体系，初步完成了奥运会场馆运行的相关通用政策、程序、预案，确保了赛事的成功举办，并为我国大型活动的组织工作提供了有益的经验。

在北京奥运会和残奥会会徽、口号、吉祥物、核心图形、体育图标等基础元素，以及奖牌、服装、颁奖台、圣火、火炬等赛事物品设计当中，中国的设计家们创造了丰富的极具中国文化特征的景观元素，创新了奥运会景观实施中的运行模式，打造了具有深厚中国文化底蕴的北京奥运会、残奥会形象景观。在奥运会门票工作中，以充分满足国内群众观赛需求为出发点，实行可为各界群众广泛接受的低票价政策，特别是面向广大青少年推出了以奥林匹克教育为目的的奥林匹克教育计划门票，在奥运史上开了先河。

可以说，北京奥运会又充分展示了中国充满活力、改革创新的现代化国家形象。

（三）北京奥运会全面提升了中国现代而开放的国家形象

1. 北京奥运会前世界如何看中国

北京奥运会前一项民意调查结果显示，86%的中国人对国家的发展方向感到满意——这在所有国家的民意调查中都是最高的。但是，世界是如何看中国的呢？各国民众对中国的世界角色看法各异，最担心中国的是韩国人和美国人，而英国人对中国的看法最积极。[1]

民调发现，46%的英国人认为中国是盟友，只有33%的英国人把这个崛起中的大国视为威胁。这项民调是在北京奥运会即将开幕之际由英

〔1〕 BBC民调：世界如何看中国[N]. 参考消息，2008-08-06(8).

国广播公司(BBC)新闻之夜节目委托进行的。

巴西人对中国在世界舞台上的力量壮大也持相对放松态度,42%的巴西人认为中国是盟友,只有31%的巴西人认为是威胁。

但韩国人和美国人比较忧虑:55%的韩国人认为,中国与其说是盟友不如说是威胁,持同样看法的美国人比例为48%,印度人为33%。在上述三个国家中认为中国是盟友的人分别占32%、37%和20%。

中国还被普遍认为对气候变化负有责任,持这种看法的韩国人占75%,然后是53%的巴西人、51%的印度人和40%的英国人,不过只有32%的美国人这样认为。[1]

2. 北京奥运会展示现代而开放的中国形象

在奥运筹办工作中,中国始终实践"绿色奥运、科技奥运、人文奥运"三大理念。为全面兑现申奥承诺,组织了1200余项科技攻关,在全球范围招聘了200多名外籍专业人士为奥运筹办工作服务,国际化的视野贯穿奥运会的方方面面;在奥运场馆及相关配套设施建设中,前后历时7年,共41个项目,总建筑面积53万平方米,总投资38亿元,投入了26万建设者[2],按时优质地完成了所有比赛场馆、训练场馆和相关设施的建设任务,运用了170余项自主创新成果,使奥运工程全部成为节水工程、节能工程和绿色、环保、人文工程;此外,奥运期间空气质量全部达标,7项绿化指标承诺全部兑现。

2008年8月8日的夜晚,2万多枚焰火点亮了北京城,9.1万观众和80多个国家的首脑齐聚在北京国家体育场,1.5万参演人员为全世界观众奉献了一场充满中国元素的开幕式表演,整场演出通过声、光、电等高新科技的手段和全体演员的精湛表演,令奥林匹克精神完美地绽放在中国这块古老的土地上。全球共计40多亿观众收看了开幕式直播,为北京赞叹,为中国喝彩。

北京奥运会期间,10万名赛会志愿者,20多万啦啦队志愿者,40万

---

〔1〕 BBC民调:世界如何看中国[N].参考消息,2008-08-06(8).

〔2〕 宋吉河.国家体育总局表彰奥运场馆建设者[EB/OL]. http://news.163.com/08/0512/15/4BOL7KMM000120GU.html. 2008-12-15.

城市志愿者，100 多万社会志愿者[1]，在不同的岗位奉献激情、力量和热忱，他们的微笑和服务成为北京最好的名片。

在北京奥运会申办成功之际，中国政府向全世界承诺要让外国媒体在中国完全自由地采访，北京奥运会吸引了全球 220 多家电视机构和 2 万多名境外记者采访报道，打破了“奥运会纪录”，全球媒体用各种语言，将北京奥运和真实的中国，传递到世界的各个角落。

3. 事实证明北京奥运会有利于改善中国形象

根据中国传媒大学柯惠新教授的研究，在奥运前后和奥运期间，共有来自美国、英国、新加坡等国的 2401 外国人接受了网络调查和面访调查。从三次调查的比较来看，奥运会后，包括政治形象、经济形象、文化形象在内的“中国形象”和“北京城市形象”都有不同程度的提高。[2]而对于此两者形象的提升，最佳传播渠道包括观看带有中国元素的电影、结交华人朋友、使用中国制造的商品、阅读有关中国的书籍，以及逛中国城和进中国餐馆等。调查结果显示，面访调查得到的各类数据明显高于网络在线调查。柯惠新说，由于网络调查对象均为境外的外国人，而面访调查对象为奥运期间在北京的外国人，由此可以看出，与中国直接接触和奥运参与程度高的外国人对中国的印象更好。对于中国整体形象的提升，美国哈佛大学费正清中国研究中心叶叙理·埃萨雷说：“在奥运会开始前，美国人还在因为人权、环境等问题对中国举办奥运会持反对态度，但媒体报道转变了这种看法。大多数人看了奥运会之后，通过比赛了解中国，并震惊于中国对于奥运会出色的组织管理，认为中国做了一件非常成功的事。同时，支持北京举办奥运会的人数也增加了 10%。”[3]

（四）北京奥运会展示了热情、好客的东道主形象

1. 中国人民热情参与北京奥运会各项工作

中国人民是奥运会、残奥会的东道主，北京奥运会从申办、筹办一直

---

〔1〕 柳丝. 借奥运东风促我国志愿行动走向常态. [EB/OL]. http://www.bj.xinhuanet.com/bjpd_sdzx/2008-12/03/content_15087784.htm 2008-12-3.17:13.

〔2〕 柯惠新. 北京奥运背景下国际公众眼中的中国形象——以对美国、英国、新加坡和在京外国人的调查为例[C]//2008 第六届亚洲传媒论坛——国家形象传播论文集. 北京：中国传媒大学亚洲传媒研究中心，2008.

〔3〕 白瀛，郭曼桐. 抽样调查显示：奥运会提升了中国的国际形象[EB/OL]. http://www.xinhuanet.com. 2008-11-12.

到举办,都得到13亿多中国人民的广泛支持。在筹办过程中,全国人民热情参与,无论是北京奥运会会徽、主题口号、开闭幕式设计方案的征集,还是奥林匹克文化节的各项活动,以及奥运会、残奥会火炬的传递活动,都得到了广大人民的广泛支持和积极参与。奥运会筹备期间,广泛开展了迎奥运、讲文明、树新风活动,普及文明礼仪,大力推进市民文明创建活动,提高窗口行业的服务意识和水平,以"我参与、我奉献、我快乐"为口号,实施礼仪、环境、服务、秩序、赛场五项的文明服务,大幅度提升市民文明素质和城市文明程度。筹办七年多来,民众支持率始终保持在90%以上[1],特别是在赛时广大群众积极参与到维护社会治安、交通秩序等工作中,争做文明观众、文明东道主,热情友好接待各国宾客,直接或者间接为奥运会服务。

纵观整个奥运会,中国民众的奥运热情令人难忘。观看比赛的中国观众充满善意、气氛热烈,为本国和外国参赛队伍的大声助威和喝彩,声音震动了整个奥运场馆,他们毫不吝啬地把掌声送给每一位参赛者,甚至是日本等传统对手。在中韩女子射箭团体决赛时,尽管金牌最后归属韩国,但现场观众还是一次次将掌声献给了实力超群、表现完美的韩国运动员。在中美篮球赛中,东道主的球迷们给两队以同样的热烈欢呼。当姚明投入一个三分球时,现场的中国球迷为他欢呼雀跃,而当美国队科比扣篮成功时,他们也掌声雷动。

中国观众的热情不仅限于有中国运动员参加的比赛,即便是一些没有中国运动员参加的比赛,中国观众也非常享受比赛,很有礼貌地鼓掌。

8月15日田径项目开赛。众所周知,中国在田径各项目上的实力与欧美强队相比较弱,中国运动员在这块场地"淘金"的机会并不多,但这并不影响中国观众为各国选手呐喊助威。当天虽然没有中国著名运动员参赛,比赛也只是预赛,但"鸟巢"的7万多名中国观众仍然群情激昂,大喊"加油",在获胜者的名字宣布时挥动中国国旗。以高分贝喝彩在奥运场馆制造出激昂气氛的中国体育迷几乎赢得了全世界的赞赏。

我国广大观众在观赛过程中为各国运动员加油,实现了国际奥运会

---

〔1〕 北京奥组委. 实现百年奥运梦想 传播奥林匹克精神. [EB/OL]. http://theory.people.com.cn/GB/49157/49165/8076753.html.

和国际残奥运会一再强调的满座计划。我国观众文明、热情，并具有专业水准的观赛形象给各国来宾和运动员留下了深刻印象。总之，中国观众文明热情的观赛形象给各国来宾和运动员留下了深刻印象，展示了热情、好客的东道主形象。

2. 北京奥运会志愿者得到广泛称赞

美国《纽约时报》评论认为，北京志愿者大军对全世界发出了中国形象的最强烈信息：年轻、有期望、自豪、爱国。[1]

奥运会志愿者（Olympic Volunteer）的历史可以追溯到1896年的希腊雅典奥运会，20世纪80年代后，奥运会志愿者活动被正式纳入组委会的工作计划，成为举办奥运会的重要组成部分。1992年巴塞罗那奥运会举办时首次对奥运会志愿者的内涵做出界定：奥运会志愿者是指在举办奥运会过程中，以自己个人的无私的参与，尽其所能，通力合作，完成交给自己的任务，而不接收报酬或其他任何回报的人（巴塞罗那奥运会组委会）。2008年北京奥运会期间，约10万名核心志愿者直接为各国朋友服务，帮他们排忧解难。

奥运志愿者是北京的"名片"，是中国的形象大使、北京的形象大使，是联系社会和奥运会的桥梁。为此，在全国志愿服务日3月5日，人民网联合唐楷调查共同推出了"北京08奥运志愿者社会形象"调查，借此了解民众对奥运志愿者的看法。

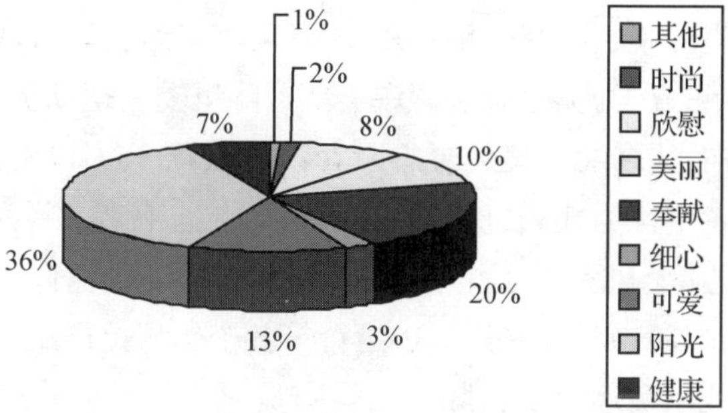

图4-1　当看到志愿者或志愿者活动时，受访者的直观感受

根据图4-1数据显示，36%的人选择了"阳光"一词，在有9个答案的选择中，这个比例可以说是压倒性的。为准确理解"阳光"一词的概念，

---

〔1〕 柳晓森. 志愿者的世界很阳光[N]. 人民日报，2008-12-15(4).

和人们对“阳光”一词的诠释，调查者特地在该题后面添加了一道主观叙述题——“用一句话解释并描述一下您的选择”。我们也许能从以下的描述中，看出人们对“阳光”一词的诠释和对志愿者的印象：“不计报酬，为他人提供需要的服务和帮助，给人心里一种暖洋洋的感受。”〔1〕

在奥运会开幕一周之后，北京市社情民意调查中心对3043名北京市民调查发现，近四分之一的人曾受到过来自志愿者的帮助。其中3%的受访者表示自己受到的帮助超过5次。事实上，志愿者的微笑，不仅惠及了普通市民，也温暖了远道而来的海外客人。“热情”、“阳光”、“充满活力”在每一个志愿者身上得到充分体现。中国志愿者的出色表现，令国际舆论赞叹不已。不少海外记者，在报道北京奥运会的赛事之余，丝毫不吝啬笔墨，给予志愿者极大的赞美。国际社会在青年志愿者身上，看到了一个充满活力的中国是如此的富有热情、尊重规则，还充满了人文情怀。一些擅长外语、擅长交际的青年志愿者，甚至被誉为“鸟巢的一代”。

志愿者促进了社会和谐与进步，增进了人与人之间、不同社会群体之间、社会阶层之间的了解和沟通，缓解了社会矛盾；补救或预防了某些社会问题的发生和恶化。因此，志愿者行动不仅直接提供社会服务，也是国家、政府与民众相互沟通的桥梁。北京奥运志愿者们用自己的热情和微笑为来自全世界的人们服务，也用真诚的微笑、出色的服务和友善的行为，向世界各国人民展示中国人民热情好客的国际形象。

值得一提的是，在2008年8月24日北京奥运会闭幕式上，国际奥委会有史以来第一次为奥运志愿者颁奖。国际奥委会运动员委员会新当选的3名委员向12名北京奥运会志愿者代表献花。这12位志愿者是100多万名志愿者中优秀代表，他们中有8名赛会志愿者、2名城市志愿者和2名社会志愿者。北京奥运会有志愿者100多万人，他们在赛事组织、安全保卫、交通保障、媒体服务、城市运行等各个领域提供服务，服务对象涉及前来参加北京奥运会的国际奥委会官员、全球运动员、随队官员、各国和各地区奥委会官员、媒体记者等奥林匹克大家庭成员，以及世界各地的观众等。

志愿者队伍的壮大是源于志愿精神的弘扬。志愿精神是基于人类的

---

〔1〕 北京奥运会志愿者形象调查[EB/OL]. http://news.people.com.cn. 2008-12-21.

道德和良知，以自愿和不图物质报酬的方式，为他人和社会提供服务的一种奉献精神。这种精神超越了地域、民族和文化的界限，为世界各个国家、各个民族、各种文化所广泛认同，体现了人类对美好生活的共同向往和追求。〔1〕大力弘扬志愿精神，对于促进社会公平和正义，激发人的主动性和创造力，营造平等友爱、融洽和谐的人际环境和社会氛围具有重要意义。奥运会之后，中国公民的志愿精神会得到进一步弘扬，并进一步推动中国和谐社会建设。

北京奥运会100多万志愿者，这可能是历届奥运会志愿者人数最多的一次。这表明了中国社会发生的巨大变化。

（五）北京奥运会展示了充满魅力的现代化城市

中国一个个现代化城市是北京奥运会展示国家新形象的窗口之一。2001年以来，北京根据城市发展总体战略和举办2008年奥运会的要求，在交通、信息、能源、城市用水等方面继续加大投资力度，为奥运会的成功举办创造优美的城市环境，提供了充分的物质条件。北京市用于奥运会的投资达2800亿元，其中1800亿元用于城市建设。地铁、轻轨、汽车等多种运输工具构成的交通网络，有效地改善了北京交通堵塞的问题。而绿地、公园和奥运场馆的兴建，信息网络通道建立，更使北京成了一个技术先进、功能配套、规模齐备的现代化城市。

北京市面对举办奥运会的历史机遇完成了公共交通行业的整体发展战略目标，即建立以轨道交通线路网和快速地面公共交通干线网为骨干，以地面常规公共交通网络为主体，稠密的支线公共交通线路为辅助的高效综合的环保型公共交通运输体系。〔2〕

在奥运筹办的七年间，北京市地铁建设是发展最快、成效最为显著的时期。地铁5号线、10号线、机场线等在奥运会前相继开通，四通八达的地铁路网，让市民切实感受到了出行的便利，北京地铁总里程从2001年的54公里增加到北京奥运会前的200公里，日客运量从之前的不足200万人次增加到350多万人次。七年来，一批高速公路、城市快速路和主干路建成通车，优先发展公共交通方案出台，优化调整了131条公交线路，

---

〔1〕 陈剑. 北京奥运会，中国现代化进程中里程碑——北京奥运会十大经典事件评述［C］//第六期中国现代化研究论坛论文集. 北京：中国科学院中国现代化研究中心，2008.

〔2〕 刘淇. 北京奥运经济研究［M］. 北京：北京出版社，2003：677.

更换和新增了16000多辆公交车，使北京市的公交车总数从2001年的17000多辆增加到2万多辆，2007年北京公交出行比例占出行总量的34.5%，首次超过了小汽车的出行比例；同时推进智能交通建设。奥运会期间，为满足赛事人员、北京市民以及大量来京旅游的游客出行的需要，北京规划了34条奥运专线公交线路，并将在已有的12条夜班公交线路基础上再增加7条，组成24小时公共交通网络。[1]这一系列的措施使城市交通环境得到很好的改善。

城市信息基础设施更加完善。在基础网络建设、电子政务、电子商务等方面，到2008年，北京市的宽带骨干网（10/40Mbps）覆盖率在市区达到100%，郊区已达到95%；宽带网接入家庭的普及率达到70%以上，中关村科技园区则为90%以上；有线电视网家庭接通率达到95%以上，高清晰度数字电视、数字广播向全市播出；国家机关行政管理实现电子化、网络化，全面开展网上交互式办公；北京成为全国电子商务、金融信息化的中心，95%以上的企业进入了电子商务。2008年，北京市的计算机普及率达到每百户70台（2001年为23.5台）；固定电话用户900万户（2001年为439万户），普及率达到80%；移动电话用户达到950万户（2001年为266万户），普及率达到85%；互联网网民800万人（2001年为308万），比例达到71%以上。[2]

2008年，北京的能源结构调整基本完成，天然气、电力成为北京的主要能源，太阳能、地热能、风能等可再生能源也成为北京的重要能源，城市环境和生活质量得到进一步改善。[3]另外，2008年北京的污水处理能力达到发达国家大城市20世纪90年代的水平，从而使北京更多的河道清澈，环境大为改观，并且缓解了北京水资源严重不足的问题。

根据“涵养山区、发展平原、优化市区”的原则，北京进一步加快了城市空间布局的战略性调整，发展建设的重点正在向郊区转移，将按照“平原城市化，山区城镇化”的方针推进郊区城市化进程。在布局上，按照“两轴、两带、多中心”的总体思路，重点在郊区建设“东部发展带”和“西部生态带”，加快推进产业、人口和城市功能向郊区的转移。在投资区域

[1] 奥运会期间北京建立24小时公共交通网络[EB/OL].http://internal.dbw.cn/system.

[2] 刘淇.北京奥运经济研究[M].北京:北京出版社,2003:408.

[3] 刘淇.北京奥运经济研究[M].北京:北京出版社,2003:213.

分布上，把占总投资80%的城区投资资金向远郊区县转移。

促进绿化隔离地区、边缘地区以及交通和生态绿化走廊沿线地区经济发展和建设，为未来城市布局结构调整创造必要条件。截至2007年年底，北京当初承诺的奥运绿化7项指标全部兑现[1]：全市的林木绿化率达到了51.6%；山区林木绿化率达到了70.5%；“五河十路”两侧建成了2.5万公顷的绿化带；城市绿化隔离地区建成1.26万公顷林木绿地；三道绿色生态屏障基本形成；城市中心区绿化覆盖率达到43%；自然保护区面积达到了全市面积的8.18%。[2]同时，奥运建设还增进了城市功能，为完善城市布局创造条件。[3]总之，2008年，北京以其特有的古典风韵和时代气息让世人惊艳。

另外，北京奥运会的六个协办城市——青岛、香港、天津、秦皇岛、沈阳和上海，其各具特色的人文景观和自然景观，令所有人心旷神怡。

北京奥运会留下的一个个现代化城市使中国以一个现代国家的面貌屹立于世界，也为中国社会现代化奠定了优越的物质基础条件。

（六）独具特色的奥运场馆也是展示国家新形象的窗口

伦敦市市长鲍里斯·约翰逊表示，一流的基础设施、杰出的组织能力、热情的中国人民，这就是北京奥运会留给世界的印象。其中一流的基础设施，包括奥运场馆既为北京奥运会的成功举办提供了坚实的物质保障，也为中国留下了各具特色的运动场馆遗产。

节俭办奥运是党中央、国务院对做好2008年奥运会筹备工作的重要指示，是北京市委、市政府和奥组委在申奥成功后就确定的方针。节省投资，注重经济效益，场馆建设既要符合比赛要求，又要考虑赛后利用，一些场馆安排在大学建设，一些综合体育设施规划在运动场馆比较少的地区，充分利用现有体育设施，能改造利用的就改造利用，能通过临时建筑满足比赛需求的就不搞永久性建筑，在满足赛事要求的前提下，进一步优化设计、科技攻关、科学管理，千方百计降低造价，统筹规划奥运工程的合理布局，与北京的城市功能充分结合。奥运场馆建设布局呈“一个中心加三个

〔1〕 奥运环保接力[EB/OL]. http://blog.sina.com.cn/s/blog_4a8452870100aj31.html.
〔2〕 奥运环保接力[EB/OL]. http://blog.sina.com.cn/s/blog_4a8452870100aj31.html.
〔3〕 刘淇.北京奥运经济研究[M].北京:北京出版社,2003:204.

区域”的格局,如图 4-2 所示。[1]

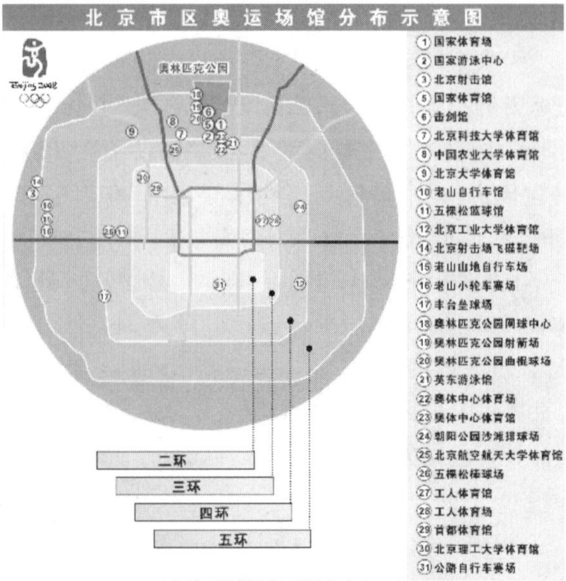

图 4-2 北京市区奥运场馆分布示意图

作为北京 2008 年奥运会的主会场,风格独树一帜的国家体育场“鸟巢”和充满浪漫色彩的国家游泳中心“水立方”相邻而建,吸引了来自全世界的惊叹目光。这两个奥运场馆就是显而易见的“奥运遗产”。[2]

为满足奥运会、残奥会赛事要求,北京市共建设 31 个比赛场馆,其中新建场馆 11 个,改扩建场馆 11 个,临建场馆 9 个。香港、上海、天津、秦皇岛、青岛、沈阳各协办一个分赛场馆。论名气“鸟巢”和“水立方”拔得头筹,论历史首都体育馆和工人体育场当仁不让,其余的场馆也同样各具特色。

国家体育场(“鸟巢”)是 2008 年北京奥运会主体育场。由 2001 年普利茨克奖获得者赫尔佐格、德梅隆与中国建筑师李兴刚等合作完成巨型体育场设计,形态如同孕育生命的“巢”,它更像一个摇篮,寄托着人类对未来的希望。设计者们对这个国家体育场没有做任何多余的处理,而

---

〔1〕 北京市奥运场观分布示意图[EB/OL]. http://image. baidu. com/i? tn = baiduimage&ct = 201326592&lm.

〔2〕 奥运遗产之物质篇:奥运场馆 永久的标志. [EB/OL]. http://www. 022net. com/2008/8 - 31/455049412936892 - 3. html. 2008 - 8 - 31 12:37:32.

是坦率地把结构暴露在外，因而自然形成了建筑的外观。

"鸟巢"是世界上跨度最大的钢结构建筑之一，共用钢材 4.2 万吨，外形结构主要由巨大的门式钢架组成，共有 24 根桁架柱。国家体育场建筑顶面呈鞍形，长轴为 332.3 米，短轴为 296.4 米，最高点高度为 68.5 米，最低点高度为 42.8 米。[1]"鸟巢"还拥有世界上最大的透明顶棚。它的顶棚由两层膜组成，其中外层膜由 884 块 ETFE 膜组成，面积最小的不超过 1 平方米，而面积最大的达到 250 平方米，整个铺设面积接近 4 万平方米。

许多建筑界专家都认为，"鸟巢"不仅为 2008 年奥运会树立了一座独特的历史性的标志建筑，而且在世界建筑发展史上也具有开创性意义，将为 21 世纪的中国和世界建筑发展提供历史见证。

国家游泳中心位于北京奥林匹克公园内，是北京为 2008 年夏季奥运会修建的主游泳馆，也是 2008 年北京奥运会标志性建筑物之一。它的设计方案是经全球设计竞赛产生的"水的立方"（$[H_2O]^3$）方案。其与国家体育场分列于北京城市中轴线北端的两侧，共同形成相对完整的北京历史文化名城形象。国家游泳中心规划建设用地 62950 平方米，总建筑面积 65000～80000 平方米，其中地下部分的建筑面积不少于 15000 平方米，长宽高分别为 177 米×177 米×30 米。[2]

水立方首次采用的 ETFE 膜材料，可以最恰当地表现"水立方"的特质。"水立方"的外形看上去就像一个蓝色的水盒子，而墙面就像一团无规则的泡泡。这个泡泡所用的材料 ETFE，也就是我们常说的聚氟乙烯。这种材料耐腐蚀性、保温性俱佳，自清洁能力强。国外的抗老化试验证明，它可以使用 15 至 20 年。

北京奥运会的筹备和举办，在客观上为中国提供了被世界关注和认识的机会，同时也将自身的不足和问题暴露在了聚光灯下。虽然，在北京奥运背景下，西方对中国的误读依然存在，但不可否认的是借助奥运契机，中国政府在政治、经济、文化和社会发展上的种种努力促进了中国综

---

〔1〕 国家体育场——"鸟巢"[EB/OL]. http://tieba.baidu.com/f? kz=95195378.2009-12-12 11:00.

〔2〕 国家游泳中心"水立方"（Water Cube）[EB/OL]. http://arch.m6699.com/content-1706.htm.

合国力的增强，而这些对国家形象的影响绝非是即时表现。北京奥运会的筹备和举办对中国国家形象的提升是有限的，但却加速了中国国家形象提升的进程。2008 年 8 月 8 日，在贯穿北京南北的中轴线上，在南望故宫的国家体育场里，中国画卷徐徐拉开，第 29 届奥运会史诗般开幕。那一刻，世界看到了一个开放的中国，记住了一个文明的中国，认识了一个现代的中国，一个强大、自信、充满历史、文化和智慧、全面展现其改革开放三十年进步成果并由此显示其体制优势的奥运中国。

第二节　促进东西方文化交流

一、北京奥运会提高中国文化全球化的应对能力

当今社会文化正在向着全球化的趋势发展，但在文化的全球化发展过程中，东西方文化的沟通以及全球化文化的普遍性与传统的、民族文化的个性之间存在冲突。

2008 年北京奥运会制定的文化发展战略，引起了社会各界的广泛关注。北京奥运会，是我们向世人展示传统文化的良机。中华民族具有悠久的历史，其传统文化博大精深，对世界文化发展有着很大的影响作用。我们有必要也有能力充分展示我们的传统文化，让北京奥运会带有鲜明的民族色彩。但奥运是世界人民的奥运，奥运中的文化战略也必须体现文化的世界性。我们要展示中国传统文化，让中国传统文化为世界所接受，就必须以世界文化为大的主题背景，进行交融与合作。

在目前形势下，东西方文化的沟通很难在一个平等的层面上展开。其原因是东西方国家对文化的价值取向存在很大差异。中国传统文化的价值取向的核心是“仁、义、礼、智、信”的道德理念原则，其具体表现为以“利他”为第一原则，“利我”为第二原则。“仁、义、礼、信”的对象都是他人，不是自己，这是一种纯粹的以他人为中心的做人做事原则。而西方文化价值取向的核心是“勇敢、竞争、自由、平等、节制和谨慎”的道德原则。“勇敢、竞争、自由、平等、节制和谨慎”的对象都是自己，没有他人的位置，是一种典型的以自我发展为中心的做人做事原则。中国传统文化价

值观主张天下一家，出门在外都是朋友，在外靠朋友，和为贵，大事化小，小事化了，主张抑强扶弱，非攻反战的行为教条。而西方传统文化价值观主张竞争为贵，物竞天择，适者生存的信条与德行，这种文化价值观上的差异带给了两种文化互相交融的可能。我们知道西方文化“人定胜天”的思想在现代社会追求和谐发展的时期，是存在很多的不足的，这就需要它从另一种文化中寻求可修正的思想。中国传统文化拥有的正好是西方文化里面缺少的，如果我们能找到两种文化的一个恰当的结合点，都把自己不顺应现代和将来社会发展的成分摒弃，把两种文化的精华融合到一起，形成一种崭新的世界性文化，则奥林匹克关于建设一个人类和平、美好社会的愿望才能得以实现。

北京实施奥运会文化发展战略，借鉴国外的先进经验，与国际接轨，引进和吸收外国先进文化来改造和促进本国的发展，全面提高公民素质和各项工作水平。同时，凭借北京奥运契机，我们也要以中国文化来丰富和发展奥林匹克文化，乃至世界文化，努力使中国走向世界。在中国与世界的相互交流、吸收、借鉴中实现中国各个领域全面融入世界的伟大战略，使中国的现代文化产生历史性的突破，对世界文化产生极大的影响。

二、北京奥运会是中国文化对外展示的窗口

（一）北京奥运会有利于东西方文化交流

各国对外进行的文化宣传与该国的世界开放程度有关，同时也与世界对该国的关注度有关。在北京申奥前期，中国与国际的文化交流大多是在发展中国家进行的，交流的内容大多也局限在政治层面，中国文化对外宣传的力度和范围是非常小的。这有两层意思，一是由于中国惧怕西方文化的强势入侵而形成文化颠覆，因此，并不是主动地与世界进行文化交流；二是西方国家对东方文化的轻视，认为东西方文化的差距是在时间上，而不是在内容上，西方国家的文化领先东方文化几百年，西方文化才是东方人看齐的标准。如今，中国把目光全面地投向了世界各个角落，世界也开始注意中国，“中国威胁论”时不时产生于西方的文化论坛。2008年北京奥运会正不断地将“西方吸引”变成“中国吸引”。如2004年第四季度，联合国秘书长安南、法国总统希拉克、俄罗斯总统普京、德国总理施罗德等国际友人接踵访华。国际会议和商务活动数量成几十倍增长，导

致2004年10月份北京的33家五星级酒店和大量四星级酒店房源紧张，出现一间220美金/天的年度最高价。由于北京奥运会的效应影响，北京俨然成了国际会展的旺铺，中外文化活动的中心。第11届国际图书博览会，培生集团、贝塔斯曼、麦格劳·希尔、斯普林格、安德鲁·纽伯格、DK等世界出版业大腕几乎悉数出席，并且以历史最高参展面积和显赫“特装”造足声势。“2004年北京世界魔术大师邀请赛”8位前冠军参与；“2004北京中国网球公开赛”荟萃温网、美网、法网等金牌选手；“2004中国国际建筑艺术双年展”集合50余位国际一流建筑师及其作品；“第七届北京国际音乐节”汇聚包括顶级钢琴大师等10位世界著名音乐家。全美最大的酒店投资集团德尔公司的CEO访问北京，欧洲著名足球俱乐部、世界知名出版社、国际权威项目管理认证机构等纷纷在北京开办代表处。这在以往是无法想象的。[1] 通过北京奥运会这个文化宣传的窗口，北京成了世界文化的大舞台，世界各国也成为北京各类文化展示的大舞台。

筹办2008年奥运会期间，中国加强了对外交流与开放。在更为开放的环境中，人们会有更多的机会接触国外的文化及其管理经营方式和手段。全球化视野将促进文化体制的改革，也将使更多的文化经营者有机会、有胆识走向文化市场。当对外文化交流成为大多数文化经营单位的自觉行为时，对外文化交流才能更为频繁和扩大。

北京的许多文化项目在国际上都是备受关注的，如京剧、民乐、杂技、歌舞等。还有很多传统艺术需要凭借北京奥运会的契机走出国门开辟国际市场，如木偶、皮影等。美国的大片在国际上的年销售额占全世界影片销售额的70%，美国的历史短、文化根底浅，但其尚能如此，中国有深厚的文化底蕴，中国文化走向世界应该更具优势。

（二）北京奥运会充分展示中国软实力

1.“软实力”概念

20世纪90年代初，哈佛大学肯尼迪政府学院院长约瑟夫·奈(Joseph S. Nye)教授首创“软实力”(Soft Power)概念。约瑟夫·奈认为，一个国家的综合国力，既包括由经济、科技、军事实力等表现出来的“硬实

〔1〕 朱明德.北京奥运文化挑战[M].北京：中国文联出版社，2005.

力”,也包括以文化、意识形态等表现出来的“软实力”。软实力是指“一种能够影响他人喜好的能力,是与文化、意识形态和制度等抽象资源相关并决定他人偏好的吸引同化力量”[1]。

当前的国际学术界还存在着几种对软实力含义的理解方式。英国诺丁汉大学中国政治研究所所长郑永年认为,软力量包括政治、文化、意识形态方面的力量,软实力的强弱,决定着一个国家的国际威望。[2]俄国学者阿列克谢·奥斯克连斯基认为,软实力是指有影响力的思想体系、开明的政治领导和发达的科学与文化。如果拥有强大的经济与军事,但是科学、文化不发达,那就不是完整意义上的大国。中国人民大学新闻学院喻国明教授认为:“一个国家是存在两种实力的,一种是硬实力,一种是软实力。硬实力通常是指国家的GDP、硬件设施等,而文化、制度、传媒等被称为软实力。”

综上,我们认为,软实力是相对于以经济实力、军事实力和科技实力为代表的硬实力而言的,它指的是一个国家文化的感召力、政治制度和意识形态的吸引力以及国民形象的亲和力。由此可见,软实力是一个国家综合国力的重要组成部分。

2. 北京奥运会集中展示中国“软实力”

首先,北京奥运会展示了中国的良好的国际形象。中国人通过奥运表达了对世界的善意。开幕式上那些精彩的画面,还有演员们喊出的“有朋自远方来,不亦乐乎”,反映了中国人开放的心态。自古以来中国人是愿意和世界和自然和睦相处的。所以把“和”作为一个主题词,放在画卷卷轴的中央,看懂了开幕式的人都知道这是中国人文精神的核心,也是中国人举办奥运会的中国元素。

其次,中国以51枚金牌位居金牌榜首,中国体育已是中国向世界展现的一张最闪亮的“软实力名片”。中国的举重、跳水、体操、乒乓球等强项让其他国家和地区望尘莫及。中国跳水队被外国人称为“梦之队”,伏明霞、田亮、郭晶晶等一代名将,他们都是中国体育的“软实力”,他们都是今日中国的形象代言人,还有具有世界级影响力的中国女排、羽毛球

[1] [美]约瑟夫·奈.软力量[M].北京:东方出版社,2004:5-10.
[2] 郑永年.中国软实力悄然崛起[N].参考消息:2005-01-13.

等。当我们的运动员在奥运会、在国际赛场上屡屡夺冠,当阵阵国歌声响遍整个赛场时,全世界都在领略中国体育强国的雄风。世界人民从他们身上读到了中国人吃苦耐劳、顽强拼搏、坚忍不拔的优秀品质,领略了中国体育的风采。中国体育向全世界展示了中国的"软实力",世界通过他们了解中国,佩服中国。

再次,北京奥运会体现了人文奥运、绿色奥运,鸟巢、水立方无不体现了人文奥运和绿色奥运的主题,也充分证明了中国的实力。同时,"更高、更快、更强"的奥运精神,凝聚了中国十几亿人,这更是中国不可多得的"软实力"。在北京奥运会和残奥会的会徽、口号、吉祥物、核心图形、体育图标等基础元素以及其他的设计当中,丰富多彩的中国文化元素打造了具有鲜明特色的北京奥运会的形象景观。比如奥运会的奖牌首次加入了非金属元素——玉。这一设计将中国源远流长的玉文化和奥林匹克精神完美统一在小小的奖牌上,为奥林匹克运动奉献了中国人民的文明和智慧。总之,中国软实力本质是和平与和谐,体现了尊重世界多样性、开放包容、友爱无界、慈悲扶困、不逞强、不欺弱、不畏强暴、崇尚礼仪和重义守信的特点,营造了文明间的对话、交流、互鉴、合作,具有共同推进人类文化和文明发展与繁荣的价值。

2008 年奥运会是世界文化的盛会,这一盛会为中国了解世界、世界了解中国提供了一个重要的窗口。同时它为中国和北京对外文化交流奠定了一个更为美好的前景。

三、北京奥运会使中国文化受到世界广泛关注

长期以来,西方有一些学者对以中国文化为主的东方文化采取一种"冷漠"或"忽视"态度。改革开放以来,随着中国的综合国力不断增强,尤其是中国筹办北京 2008 年奥运会以来,中国成了世界关注的焦点,世界的目光注视着中国的每一个行业和每一种行动。2004 年下半年间,西方三大通讯社美联社、法新社和路透社播发的关于中国报道稿件日均 38.5 条,占发稿总量的 2.1%。而据新华社新闻研究所 1996 年所做的抽样调查,当时三大通讯社日均播发中国报道的稿件 29 条,占发稿总量的

1.58%。[1] 另外,在2001—2005年,尤其是2003年后,加拿大主流媒体对中国报道也呈剧增态势。据调查,2004年10月23日周末版的《环球邮报》,推出中国专题报道,从大大小小总共180个版面中,有中国报道的版面占用了68个,其中有关中国报道的文章60篇。其他媒体也不落后,在当天,《国家邮报》用头版重点报道了中国,而《温哥华太阳报》也用了三个整版来报道中国。[2] 虽然西方关注度的增加与我国综合国力的逐渐增强有关系,但是我们也可以看出北京2008年奥运会的申办成功及中国筹办奥运会的过程无不吸引了西方人对东方文明古国的好奇及关注。借助2008年奥运会举办国的影响,借助海外对中国关注度的提高,西方人看到了中国在经历了十年"文革"动荡之后,短短30年间就取得了如此举世瞩目的成就。

同时,在奥运会前后,资本的跨国流动和信息手段的革命,使得西方商家和学者对以中国为主的东方文化产生兴趣,许多西方人到中国投资经商或学习中国文化,中国具有了强大吸引力。2007年,来我国学习的外国留学人员共计195503名,来自188个国家和地区,分布在全国31个省、自治区、直辖市(不含台湾省和香港、澳门特别行政区),共有544所高等学校、科研院所和其他教学机构接受来华留学生。与2006年相比,2007年来华留学生总人数增加了32808名,同比增长达20.17%。[3] 中国政府决定在"十一五"期间大幅扩大中国政府奖学金来华留学规模,即2008年、2009年、2010年每年增加3000名左右,主要鼓励接受高层次来华留学生。教育部公布了2007年度各类留学人员情况统计结果,2007年度各类出国留学人员总数为14.4万人。2007年度与2006年度的数据比较,出国留学人数表现出稳定的增长态势。出国留学人数增加1.06万人,增加了7.94%,中国境外有2500余所大学和大量的中小学校开设汉语课程,大约3000余万外国人学习中文。[4] 这些文化交流的使者将在东西方文化的对比中,看到中国文化的独特魅力,从而对中国文化产生浓厚

〔1〕 文建.西方三大通讯社中国报道[J].海外新闻界,2005(4).

〔2〕 廖卫民.热切关注下在崛起的中国[J].海外新闻界,2005(4).

〔3〕 教育部.2007年来华留学生突破19万人次[EB/OL]. http://news.xhby.net/system/2008/03/13/010219245.shtml. 2008-3-14.

〔4〕 教育部.2007年来华留学生突破19万人次[EB/OL]. http://news.xhby.net/system/2008/03/13/010219245.shtml. 2008-3-14.

兴趣。西方学者对东方文化的广泛关注从客观上说明,西方学者重新认识东方文化并为开展双向交流与对话提供了可能。

四、北京奥运会促进中国文化与世界交融

人文奥运是北京向世界提出的具有独特价值的创新理念,是奥运三大理念的核心和灵魂。它依托于有着五千年悠久历史的中国文化,重视“以人为本”的精神,提高人的文明程度,重视文化对人的启迪和制约,塑造现代和文明的城市性格,展示了北京对世界奥林匹克精神的开掘与发展。

北京奥运会迎来世界各国友人,中国改革开放30年成果突然展现在世界面前,展现在对中国陌生的西方人面前,肯定对西方人构成强大的冲击,新北京与他们想象中的中国、想象中的北京肯定很不一样。北京奥运会不仅是一届全球体育盛会,更是让世界各国了解中国的历史、文化和人民,开创一个中国与各国增进交流的双赢盛会。奥运属于中国,更属于世界。向世界介绍中国历史、文化,让世界了解中国、认识中国,这是一个中国文化与以奥林匹克文化为代表的西方文化双向选择的过程。

北京奥运会上,开幕式以“世界语言”讲述了中国故事,以中国特有的“绘画长卷”为线索,以中国美学的写意精神展现了东方文明的底蕴,用绚烂的色彩展示了当代中国的勃勃生机,用富有创造力的当代艺术表现形式,赋予了开幕式以现代性和国际性的风貌。人在画中走,画在手中绘,在声光电火的交相辉映下,各种中国文化元素艺术地呈现。生动变幻的文化意象中,人们充分领略了五千年中华文化艺术的瑰宝;缤纷绚烂的色彩声音里,人们强烈感受着当代中国的勃勃生机。整个开幕式表演始终围绕天人合一的主题,展现了中国人顺应自然、追求人与自然和谐的智慧,也展示了当代中国人广阔、和平、开放、包容的内在心境,很好地诠释了“同一个世界,同一个梦想”的北京奥运会主题。

北京奥运会开幕式表现了中国人民自强不息、奋发有为的崭新时代风貌,体现了中国人民与世界各国人民共建和谐世界、同享文明成果、携手创造未来的美好愿望。源远流长的中国历史文化成为北京奥运会开幕式上的重头戏,不仅是历史悠久的奥林匹克与源远流长的中华文明的一次伟大握手,更是世界文化与中国文化的一次雄伟交会。北京奥运会开

幕式上史诗般的中国文化展示，更让国际社会领略了中国文化刚健有为、天人合一、中道和谐的精神实质。

闭幕式则给世界带来了新的震撼，各国运动员欢聚一堂，展现给人们一个其乐融融的和谐世界。北京奥运会闭幕式仍体现了“同一个世界，同一个梦想”的主旨精神，体现“绿色奥运、科技奥运、人文奥运”三大理念，突出了“文明”、“和谐”两大主题，表达了“和谐”的核心思想，实现了中国文化元素与奥林匹克元素的完美结合。中国人崇尚和谐、以人为本的价值取向，北京奥运的人文理念贯穿始终，彰显着中国建设和谐社会、追求和平发展的决心与真诚。竞技的残酷与和谐谦逊的中国文化格格不入，因此，奥运注定是“非中国的”。然而事实证明，中国文化精髓并没有在现代竞技文化中黯然失色，相反，集体主义和个人价值表达得一样完美，“和合”与“竞争”一道，将奥林匹克精神推向了新的卓越。

国际奥委会主席罗格评价说：“中国对于世界上大部分国家的人民来讲还有一点神秘。北京奥运会可以让世界各国的人民看到一个非常出色的国家，看到中国五千年的传统和文化，这会改变世界对于中国的看法，这对于世界其他国家的人民来讲同样是非常重要的。”〔1〕

北京奥运会不断出现蕴涵丰富的中国文化符号，既彰显中国文化对奥林匹克运动发展格局的示范作用，也促进了国际社会对中国文化的巨大关注。北京奥运会用中国文化的精彩回应着奥林匹克精神的召唤，奥运也因而更加意蕴厚重。

第三节　倡导和谐世界理念

和谐犹如一个纽带，让中国传统人文精神和现代化发展理念在这里相连；令中国特色社会主义建设事业和世界人民的共同心愿在此处对接。和谐中国让中国更好地融入世界，和谐世界为中国和平发展创造更好的条件。

---

〔1〕　自信与和谐：中华民族凝聚力的展现与提升［N］. 北京日报. 2008 - 09 - 01. http://www. news. xinhuanet. com. /politics/2008 - 09/01.

一、和谐世界发展观

2005 年 4 月，胡锦涛主席在参加雅加达亚非峰会的讲话中提出，亚非国家应“推动不同文明友好相处、平等对话、发展繁荣，共同构建一个和谐世界”[1]。同年 7 月，胡锦涛出访俄罗斯，“和谐世界”被写入《中俄关于 21 世纪国际秩序的联合声明》。“和谐世界”第一次被确认为国与国之间的共识，标志着这一全新理念逐渐进入国际社会的视野。2005 年 9 月，胡锦涛在联合国总部发表演讲时全面阐述了“和谐世界”的深刻内涵。和谐世界的四个基本内涵：(1)坚持民主平等，实现协调合作；(2)坚持和睦互信，实现共同安全；(3)坚持公正互利，实现共同发展；(4)坚持包容开放，实现文明对话。[2]

和谐世界理念与中国的外交基本理念一脉相承，是迄今中国提出的外交战略思想的重要延伸，传承了中国优秀文化传统的深厚底蕴，初步勾画了有中国特色的新世界观体系，全面启动了中国建设软实力的进程。和谐世界理念是中国传统文化的宝贵遗产，身心和谐、人际关系和谐、天人和谐的思想自古有之，源远流长。而改革开放的现代化进程中以人为本、构建和谐社会的执政实践，在求同存异、相互尊重基础上建设持久和平、共同繁荣的和谐世界的不懈努力，为传统和谐理念注入了鲜明的时代特征和中国特色，得到越来越多国家和地区的认同与支持。

二、北京奥运会积极倡导和谐世界理念

(一) 北京奥运会主题口号反映和谐世界的理想

2008 年北京奥运会口号——同一个世界，同一个梦想——反映了中国人民追求和谐世界的理想。

中文口号“同一个世界，同一个梦想”中将“One”用“同一”表达，使“全人类同属一个世界，全人类共同追求美好梦想”的主题更加突出。英文口号“One World, One Dream”句法结构具有鲜明特色。两个“One”形

---

〔1〕 胡锦涛. 在省部级主要领导干部提高构建社会主义和谐社会能力专题研讨班上的讲话[N]. 人民日报，2005-06-27(1).

〔2〕 中国的和平发展道路白皮书[EB/OL]. http://news.qq.com/a/20051222/000790_4.htm.

成优美的排比,“World”和“Dream”前后呼应,整句口号简洁、响亮,寓意深远,既易记上口,又便于传播。〔1〕

“同一个世界,同一个梦想”,集中体现了奥林匹克精神实质和普遍价值观——团结、友谊、进步、和谐、参与和梦想,表达了全世界在奥林匹克精神的感召下,追求人类美好未来的共同愿望。尽管人类肤色不同、语言不同、种族不同,但我们共同分享奥林匹克魅力与欢乐,共同追求着“人类和平”的理想,我们同属一个世界,我们拥有同样的希望和梦想。

“同一个世界,同一个梦想”,深刻反映了北京奥运会的核心理念,体现了作为“绿色奥运、科技奥运、人文奥运”三大理念的核心和灵魂的人文奥运所蕴含的和谐的价值观。建设和谐社会、实现和谐发展是我们的梦想和追求。“天人合一”、“和为贵”是中国人民自古以来对人与自然,人与人关系的追求。我们相信,和平进步、和谐发展、和睦相处、合作共赢、和美生活是全世界的共同理想。

“同一个世界,同一个梦想”,文简意深,既是中国的,也是世界的。口号表达了北京人民和中国人民与世界各国人民共有美好家园、同享文明成果、携手共创未来的崇高理想;表达了一个拥有五千年文明,正在大步走向现代化的伟大民族致力于和平发展、社会和谐、人民幸福的坚定信念;表达了13亿中国人民为建立 个和平而更美好的世界做出贡献的心声。

“使体育为人的和谐发展服务,以促进维护个人尊严的和平社会的发展”是奥林匹克的精神实质。北京2008年奥运会的举办,是中国为实现自身和谐、促进世界和谐所做的一次重要努力。全球不同国家和地区、不同民族和种族、不同文化和语言的人们齐聚北京参与奥运,以包容的精神、共同的努力促进和谐世界理想逐步变为现实。北京奥运会的成功举办,成为见证人类追求美好未来的新标识,成为推动和谐世界建设的新起点。

(二)“和谐”促进北京奥运会成功举办

我国自1932年第一次正式派选手刘长春参加奥运会以来,经过70

〔1〕 北京奥组委. 同一个世界,同一个梦想[EB/OL]. http://baike.baidu.com/view/325549.htm.

多年的坎坷与拼搏，终于跻身世界体育强国之列。1984 年第 23 届奥运会在美国洛杉矶举行，中国射击运动员许海峰夺得本届奥运会的第一枚金牌；2004 年希腊雅典奥运会上，中国代表团取得 32 块金牌，列金牌数、奖牌总数第二名[1]；2001 年 7 月 13 日，北京终于成功取得了 2008 年奥运会的主办权。这是运动员的骄傲，也是中国的骄傲。

对于我国来说，举办奥运无疑是提升国际动员能力的一个机会。国际动员能力是指一个国家在国际社会中所表现出来的行为感染力和精神感召力。当一个国家的行为模式被国际社会肯定和认同的时候，国际动员能力自然也会得到提升。这实际上是国际地位和影响的另一种表达方式。1993 年，国际主流媒体指责我们所谓的人权问题和民主问题等，这就是对我国的不认同，2001 年再次申办的时候，这些问题也没有完全消失，部分有投票权的国际奥委会委员对中国仍然有偏见，只是弱化了很多。这表明国际社会在很大程度上认同了我国的改革开放，看到了他们事先预想不到的结果。

成功举办 2008 北京奥运会，也是让国际社会考察和重新认识一个强大中国的机会。中国的发展让国际社会对中国的偏见慢慢地得到矫正，申办奥运成功就是有力的证据。但是要彻底消除国际社会对我国的偏见，道路还很长。因此，我们必须要保证奥运的成功举办，让国际社会亲眼来见证这一辉煌，给中国一个公正的评断。

在我国举办奥运会的进程中，出现了一些不和谐的声音，也发生了一些不愉快的事件。在全国乃至世界人民共同呼吁下，抵制声音和活动基本没有了。当然，在百年奥运历史上，自 1956 年墨尔本奥运会开始，1968 年墨西哥奥运会、1976 年蒙特利尔奥运会、1980 年莫斯科奥运会、1984 年洛杉矶奥运会乃至 1988 年的汉城奥运会均在国家层面上遭到他国对东道主的抵制。从这一点来讲，北京奥运会进程在总体上还是顺利的，毕竟没有哪个国家站出来公开宣布抵制奥运会。中国北京奥运会成就了最和谐的一次和平盛会。

---

〔1〕 第二十八届奥运会成绩[EB/OL]. http://www2.tjutcm.edu.cn/tiyu/bencandy.php?fid=53&id=183.

三、北京奥运会为促进世界和平与发展做出新贡献

两千多年前，古希腊人创办奥林匹亚竞技会，神圣休战萌发了以体育为核心的和平传承。如今，“奥林匹克休战”已经进入联合国程序，2007年10月，第62届联大一致通过了由中国提出、186个会员国联署的《奥林匹克休战决议》，号召联合国成员国单独或集体地采取积极行动，在奥运会举行期间实现休战，并根据联合国宪章精神，和平地解决所有国际争端。在北京奥运会和残奥会期间，北京设立“和平友谊墙”，呼吁遵守《奥林匹克休战决议》。这是北京奥运会对奥林匹克运动和平宗旨的实践与贡献。

“奥林匹克之父”顾拜旦希望通过奥运会在全世界弘扬和平理念。尽管短短的奥运会赛期不可能在根本上改变世界，但它却深刻地影响着世界。弘扬和平的理念在各个不同的历史时期，感召着不同种族、信仰的人们，从而成为一种普世价值观，促使和平、友谊、进步成为人类共同的理想。相互理解和宽容，建立相互信任关系，这是实现和平的基础，而奥运会为理解与交流提供了机会。在北京奥运村，为基督教、佛教、伊斯兰教、犹太教和印度教五大宗教开辟了礼拜场所，其他宗教人群也可在奥运村宗教中心的静休室进行宗教活动，使各种宗教的信仰者能在同一屋檐下和谐共处。在北京奥运会期间，有204个国家和地区的青年代表参加北京奥运会青年营活动，奥林匹克文化节吸引了80多个国家的近2万名艺术家。

总之，北京奥运会前后提出并实践的“和谐世界”理念，对中国、对世界、对奥林匹克运动，都具有重要的现实意义，也具有重要的资源性价值。当今世界，人类面临着巨大的困境与冲突，主要表现为人与自然、人与社会、人与人、文明与文明以及人的灵魂与体魄之间的冲突。人文奥运的宗旨，在于推进人与自然、人与社会、人与人、文明与文明以及人的灵魂与体魄之间的和谐相处和发展。

第四节　北京奥运会的历史传承与创新

“奥运遗产”是指奥林匹克运动在其发展过程中所遗留下的物质遗产和精神遗产的总和。早在2001年北京申奥的时候，国际奥委会评估团

的评估报告中,有这样一句意味深长的话:"在北京举行的奥运会,将会给中国和世界体育留下独一无二的遗产。"从此以后,"遗产"就成为北京奥运会的关键词之一。实际上,"遗产"这个词对于奥林匹克运动来讲,并不新鲜。根据《奥林匹克宪章》,国际奥委会的任务之一就是要为举行城市和国家留下一笔有益的遗产,即留下丰富的物质遗产和精神遗产。

2008 年 8 月 24 号,国际奥委会主席罗格先生在北京奥运会闭幕式上致辞时称:"中国举办了一届无与伦比的奥运会。"罗格先生对北京奥运会的赞扬,标志着本届奥运会的圆满结束和中国人百年奥运梦想的完美实现。回首本届奥运会,除了向世界呈现了一台近乎完美的体育盛宴外,奥运会也给中国社会带来了方方面面的变化,从一流的体育场馆到白云蓝天,从文明自律到拥抱世界,北京奥运会不仅给中国社会留下了许多宝贵遗产,而且将在很长一段时间内对人类社会产生积极的、正向的、深远的影响。

一、弘扬团结、友谊、和平的奥林匹克精神

现代奥运会是一场国际性社会文化盛会,现代奥运会早已不再仅仅是一场简单的"运动会",不同的文化、价值观和意识形态在这里碰撞、交流和融合。北京奥运会是中国人加速与世界文明接轨的一个契机。通过体育的平台,中国人向世界展示自己的历史文化和友好热情,学习借鉴各国的文化特色和现代文明。奥运会在北京的举办无疑为中国国民提供了一个与世界多种文化、多种价值观对话的机会,同时也为中国国民提供了一个展现自己个性、精神的舞台。

北京奥运会是中国人在大国日渐崛起过程中心态逐步成熟的标志。北京奥运会举办前后,西方媒体针对中国的负面消息、抵制北京奥运的言论此起彼伏。这些不仅考验着中国官方的应对策略,也考验着中国普通民众的心理承受能力。中国人民在全球聚焦下日益自信从容,改革开放在带来物质富裕的同时,正塑造着大国的心态和风范。

随着北京奥运会的筹办和成功举办,以公平竞争、和平、友谊、追求卓越和全面发展为核心内容的奥运价值和理想得到了全世界越来越多人的认同。奥林匹克精神给竞技运动设置了一个理想主义的目标和方向,强调体育的人文价值,强调体育的真、善、美,强调体育应为人的和谐发展服

务，进而促进一个维护人的尊严的、和平的社会的建立。而奥林匹克运动会的本意也就是促进世界和平、社会进步、人类团结友爱和提倡公平、公正。奥林匹克理想和精神必将得到更广泛的普及和发展。

毫不夸张地说，北京奥运会再一次向全人类大力弘扬了团结、友谊、和平的奥林匹克精神。

二、实践绿色奥运、科技奥运、人文奥运理念

（一）北京奥运会“绿色奥运”实践

“绿色奥运”是2008年北京奥运会的三大主题之一。奥运会用严格的环境标准促进了城市环境改善和环境建设，更让环保理念融入每个中国国民的心中。据统计，北京奥运会实施了358个“绿色奥运”项目，包括69项新能源项目、168项建筑节能项目以及121项水资源项目。[1]自申奥成功以来，中国政府已经投入了约120亿美元用于北京环境治理并出台了一系列环保政策和措施。如北京采纳了世界最严格的尾气排放标准，而且从2008年7月20号开始，北京还本着公交优先的原则，对机动车按照单双号实行限行；一些高污染企业，或者搬迁，或者停产转型；引入可再生能源以及扩大公共交通系统等一系列长期措施。北京奥运会筹办的几年加大了环保先进技术的研发力度，重点开发了生态环境保护技术、节能技术以及大气、水体、固体废弃物、噪声等污染防治技术，使可再生资源在奥运会设施中得到了最大限度的开发利用。同时，北京通过筹办奥运会，建立了经济与环境相互促进、协调统一的新机制，确保了经济、社会、人口、资源、环境的协调发展。与此同时，中国还在全国范围内开展各种形式的环境保护教育和宣传活动，不断提高公众的环保意识。在这些措施的影响下，北京蓝天数由1998年的100天增加到了2007年246天，而2008年上半年北京蓝天数创纪录地达到了9年来的最多，这一切的努力和成果都在说明奥运会的举办唤起了人们的环保意识，这将是一笔弥足珍贵的精神财富。

（二）北京奥运会“科技奥运”实践

科技奥运是2008年北京奥运会三大理念之一。这是奥运史上首次

---

〔1〕 刘毅. 场馆见证绿色奥运：“鸟巢”从土壤中吸收能[EB/OL]. http://env.people.com.cn/GB/7510235.html.

明确地把科学技术与举办奥运会相结合。“科技奥运”的主要目的是通过奥林匹克精神与科学技术的融合,使奥运会成为传播科学知识、体验先进技术、提高公众科学素质、促进科技进步与经济社会发展并惠及人民大众的平台。它用科学思想统领奥运战略,有效集成满足奥运需求的科技资源,为北京奥运会的成功举办提供各种技术保障。

中国科技界的扎实工作为北京奥运会提供了坚实的科技支撑。申奥成功后,科技部会同北京市及相关部门,制订了“奥运科技(2008)行动计划”,以实践“科技奥运”理念、支撑“绿色奥运”建设为重点,围绕场馆建设、大型活动、赛事组织等方面的科技需求,攻克了一系列技术难题,一大批先进技术应用于奥运筹备,显著提高了北京奥运会的科技含量。据统计,7 年来,“行动计划”共组织和动员了全国近 200 家企业、170 多个科研院所和 50 多所高校的 35000 名科技人员参加科技奥运的各项工作。[1]国家体育场“鸟巢”的建设,采用大规模的计算机和辅助系统进行设计,采用先进的工艺进行加工,采用大量的高技术进行建设。国家游泳中心“水立方”,在系统设计、成形工艺、新材料的应用、环保的建设、空调节能和舒适度,以及使用半导体照明(LED)等方面,都体现了科技和艺术的完美结合,特别是在照明上采用空腔内透光的方式。这一技术的成功,实现了现今世界上最大的膜结构建筑的 LED 景观照明。由中国航天科工集团、中国科学院等共同组成的专业研发团队,合力开展珠峰火炬燃烧关键技术课题攻关,研制成功了火炬、火种灯、引火器、圣火台四大类产品。2008 年 5 月 8 日,中国国家登山队成功地登上珠穆朗玛峰,并在低压、缺氧等不利于燃烧的条件下,点燃奥运圣火火炬。这是中国对世界奥林匹克运动的独特贡献。

奥运科技不只是在北京奥运会赛场上的灵光闪现,更是新技术产业化的开端,也是大规模商业运用的开端。这些科技成果,在应用到奥运场馆之前,都经过了大量的科学试验,通过了各种各样严格的认证。性能、安全、耐久性和可靠性方面,都已经通过了国家测试,同时也经过了大量的示范运行。

---

〔1〕 科技之光照亮北京奥运[EB/OL]. http://www.china-b.com/hylt/hyzx/20090226/404924_1.html.

科技奥运建设已经明显推动了中国交通、建筑、气象等传统产业的整体提升，同时也促进了新能源汽车、能源环保和信息等新兴产业的跨越式发展。这些科技创新成果的推广应用和产业化发展，有力地提高了中国的科技水平和自主创新能力。

科技奥运和其所涉及的绝大多数科学技术都具有很大的适用范围，这些创新成果在奥运会后都会成为举办国的宝贵财富。奥运科技必将推动我国科技及产业化的发展，从而提高自主创新能力和促进生产方式的转变，成为经济、社会可持续发展和人民生活水平提高的动力和源泉。

（三）北京奥运会“人文奥运”实践

“人文奥运”的理念深入挖掘出奥林匹克运动的人文价值，促进个人身心全面发展，促进社会的和谐进步，建立和平、公正、友爱的国际社会。“人文奥运”是彰显中国文明、进步、和谐、向上的价值核心。中国举办奥运会，是社会主义中国坚持改革开放、遵守国际规则、履行国际义务、承担大国责任的一次大展示。中国 7 年筹备奥运会的历程已经告诉世界：中国履行申办承诺，严格遵守奥运会举办惯例，凡是与奥运会惯例相悖的规定都要被修改。为此中国承诺奥运会参加人员的注册卡可当作签证多次往返中国，修改了管理条例以使外国记者可以在中国境内自由采访，连向来神秘的奥运会兴奋剂检测中心届时也由一个国际团队来“接管”……国外的疑虑一点点在消除。世界上越来越多的人相信：中国是一个负责任、讲信义、值得信赖的合作伙伴。

三、北京奥运精神丰富人类精神文明

在北京奥运会筹备和举办过程中积累和提升了五种“奥运精神”：为国争光的爱国精神、艰苦奋斗的奉献精神、精益求精的敬业精神、勇攀高峰的创新精神和团结协作的团队精神，这五种奥运精神即“北京奥运精神”必将在改革开放建设事业中产生强大的精神推动力。[1]

中国举办奥运会，不仅仅是促进中国社会文明程度的提高。北京和 5 个境内协办城市于 2006 年 3 月倡议开展的“迎奥运、讲文明、树新风”

〔1〕 胡锦涛. 在北京奥运会、残奥会总结表彰大会上的讲话[N]. 人民日报 2008－09－29(1－2).

活动已深入人心，并且已经初见成效。中国许多城市大力推行“排队日”、“无烟奥运”等理念，并开展相关活动，提升了社会文明程度。在北京启动全国首个“排队日”的一年多中，已有600多万市民踊跃参与，北京市五环内1805个公交站台中，80%实现了排队候车，其中30%做到了无人监督也能自觉排队候车。[1]

中国举办奥运会，更是奥林匹克理想以及追求和平、平等、道德、进取、参与、责任感和公平竞争等奥林匹克普世价值观的一次大普及。国际奥委会在听取北京筹备汇报时，最觉得高兴的不是场馆的如期建设，也不是赞助商的踊跃投入，而是“奥林匹克课程”进入中国556所中小学，这在全球范围内都是难得一见的壮举。毫无疑问，经过北京奥运会的洗礼，经过“奥林匹克课程”的熏陶，中国年轻一代会更有社会正义、公平和责任感，会更有友爱、互助、参与、奉献精神，会更加在合乎法律和道德的框架内去竞争和拼搏，这将是北京奥运会留给当代中国并惠及子孙后代的最为宝贵的精神遗产之一。

第29届奥运会在北京举办，带来了超过200个国家和地区的1万多名运动员，加上教练员、裁判员、官员、新闻记者、观众、旅游者等，总人数达百万以上。在奥运村，人们用英语、法语、俄语、德语、日语交谈，200多面风采各异的旗帜迎风招展，报刊售卖处摆着最新出版的《纽约时报》《时代》《金融时报》《联合早报》，这让国人真实地感受到世界就在身边。

承办奥运会的过程本身，还是一次全方位互相学习、共同提高的过程。从100多年前的“开眼看世界”到今天与世界的“亲密接触”，中国在全球化浪潮中更加熟悉世界共通的规则，进一步明确了自己的定位，在尊重他国的同时也日益赢得他国的尊重。北京奥运也是世界接触、了解中国的一个绝好机会。参加北京奥运会是“一个告诉中国人民，我们尊重你们的传统、尊重你们的历史的机会”。在美国总统布什看来，奥运会也是这样一个交流的良好平台。中国对世界而言，将不再陌生而神秘，世界将越来越强烈地感受到，越是中国的，就越是世界的。

总之，北京奥运会不仅给中国社会留下了许多宝贵遗产，而且在很长

---

〔1〕 许基仁，苏会志，汪涌. 办好奥运 利民为本——北京奥运会倒计时200天记[EB/OL]. http://www.gov.cn/zmyw200801c/content_863549.htm.

一段时间内将对国际社会产生积极、正面、久远的影响。正如胡锦涛所指出的那样,北京奥运会的精神遗产更为持久、更为宝贵。最重要的是三个方面:一是弘扬团结、友谊、和平的奥林匹克精神;二是实践绿色奥运、科技奥运、人文奥运理念;三是促进世界各国文化的相互交流、相互借鉴。北京奥运精神不仅在建设中国特色社会主义现代化事业中产生强大的精神力量,而且丰富了人类精神文明,并将为人类社会发展提供强大的精神力量。

第五节　促进现代奥林匹克运动发展

一、北京奥运会广泛弘扬现代奥运精神

(一) 奥林匹克精神的现代内涵

百余年来,随着奥林匹克运动不断地发展壮大,奥林匹克精神的构建日渐完善,已经成为奥林匹克文化的重要组成部分。《奥林匹克宪章》指出,奥林匹克精神就是"相互了解、友谊、团结和公平竞争的精神"[1]。奥林匹克精神的内涵极为丰富,我们可以从三个方面来认识。[2]

一是更快、更高、更强的自强精神。现代奥林匹克运动创始人顾拜旦在《体育颂》中就表达了这一点:"你塑造的人体变得高尚还是卑鄙,要看它是被可耻的欲望引向堕落,还是由健康的力量悉心培育。"[3]奥运会不是单纯为了体育竞技而竞技,其真正意图在于推广崇尚健康体魄和高尚品行的理念。比赛中,运动员除了发挥勇往直前的大无畏精神,不畏强手、敢于斗争、敢于胜利外,更应该向着更高的目标不断战胜自我、超越自我、实现理想。更快、更高、更强的自强精神,教育着世人,对社会的发展进步有着积极的促进作用。所以,奥林匹克不仅要促进人的健康发展,而且要教育和培养人的德行品质;奥林匹克精神的培育对象不仅是体育运

[1] 国际奥林匹克委员会.奥林匹克宪章[M].北京:奥林匹克出版社,2001:9.

[2] 吴珺,何民捷.相互了解、友谊、团结和公平竞争[N].人民日报,2008-07-09.

[3] 顾拜旦.体育颂[C]//国际皮埃尔·德·顾拜旦委员会.奥林匹克主义——顾拜旦文选.刘汉全,邹丽,等,译.北京:人民体育出版社,2008:109.

动员，还包括普通民众。

二是公平公正竞争的伦理理念。公平竞争、公正竞赛是奥林匹克运动的一大特点，也是奥运宗旨最有价值的体现。在奥运赛场上，人们期望建立一个没有任何歧视和压迫的平等世界，强调在平等条件下所有人公平竞争，并企求通过奥林匹克运动规则，培育起公平竞争、和谐共处的世界秩序。随着现代科学技术的发展，奥运选手的选拔及奥运赛场的竞技，通过媒体特别是电视的直播，使奥林匹克运动的公平、公正竞争的精神，在公众面前无遮挡亮相，力量与力量的较量，智慧与智慧的角逐，让所有观众受到体育公平精神的熏陶。这种“相互了解、友谊、团结和公平竞争”的精神，倡导人们以宽广的胸怀相互理解、尊重差异、求同存异，共创和谐和平世界。

三是友爱和平的价值原则。奥林匹克的宗旨是：“使体育运动为人的和谐发展服务，以促进建立一个维护人的尊严的和平社会。”〔1〕此宗旨表达了人类期望远离战争、建立和谐和平世界秩序的追求。根据《奥林匹克宪章》的规定，国际奥委会是奥林匹克运动的最高权力机构，它是一个国际性的、非政府的、非营利的、超越各种国际纷争和利益因素的机构组织，其任务是依照《奥林匹克宪章》领导奥林匹克运动，用忠诚和公正保证奥林匹克的理想和原则的实现。这也说明奥林匹克精神完全独立于各种国际利益之上，不受任何政治、经济和其他社会因素的干扰。

可以说，奥林匹克运动的宗旨体现了人类对世界秩序的关怀和对真、善、美理念的追求。奥林匹克运动通过体育盛会实践美好理想、传播和平意愿，把和平的火种传遍世界每一个角落，让它化为一代又一代人的内心信念，最终把以自强、公正、和平为原则的价值理念推广到世界其他各个领域。

（二）北京奥运会弘扬和光大了现代奥林匹克精神

现代奥运会是全世界人民和平友谊的盛会，也是各个国家间的文化传播和交往的盛会。它承载着世界人民的共同希望和追求，寄托着国际社会向往和平、向往进步的情愫，是不同国家、不同信仰、不同肤色、不同种族的人们共享的文明成果和共有的人文财富。2008 年北京奥运会是

---

〔1〕 国际奥林匹克委员会. 奥林匹克宪章［M］. 北京：奥林匹克出版社，2001：8.

中华民族接触、容纳、吸收其他民族优秀文化成果的一次极好机会，也是中华民族厚德载物、海纳百川、有容乃大的包容精神向世界展示的一个机遇。

北京奥运会进一步弘扬和光大了现代奥林匹克精神。奥林匹克运动的生命力就在于世界人民的广泛参与、在于奥林匹克精神的广泛普及，占世界人口近1/5的中国人民正在亲历和实践着“参与比取胜更重要”的奥林匹克精神；北京奥运会提出的“绿色奥运、科技奥运、人文奥运”理念和“同一个世界，同一个梦想”口号，既体现了当今世界对和谐发展的共识，又对奥林匹克精神作了新的诠释和丰富；奥林匹克运动所倡导的沟通世界、尊重差异的功能，在北京奥运活动过程中正逐步显现着，“让世界了解中国，让中国走向世界”的初衷也在以更深层的方式实现着，奥运的教育功能更是在提升中国人民的自信、自强和文明素质方面起到了重要作用。北京奥运会的理念、实践、目的和成果，必将在奥林匹克精神发展历程中留下一笔宝贵的财富。[1]

北京奥运会，无论是对于奥林匹克运动的发展还是对于中国和世界的发展，都具有极其重要的价值，也必将在世界范围产生意义深远的影响。

二、北京奥运会促进奥林匹克运动在全球的普及

中国是世界上人口最多的国家，但从未举办过奥运会。北京奥运会在真正意义上做到了使奥林匹克运动在中国乃至在世界范围内得以更广泛地宣传、开展和普及。奥运会在人口数占世界五分之一的中国举办，这为奥林匹克运动在更大范围内得到普遍传播创造了极好的条件。

现代奥林匹克运动实际上是“高水平竞技体育与群众体育高度的结合”[2]。北京奥运会的“人文奥运”理念实际就是要推动奥林匹克运动的广泛性和普及性，这是现代奥林匹克运动发展的必然趋势。北京奥运会全民参与的特点将会促使奥林匹克运动在中国乃至在亚洲扎根，不仅体现在筹办、举办奥运会的过程中，还将体现在奥运会之后的时间里。实

---

〔1〕 吴珺，何民捷. 北京奥运会：弘扬奥林匹克精神的新机遇[EB/OL]. http://news.xinhuanet.com/politics/2008-07/09/content_8517182.htm.

〔2〕 卢元镇. 举办奥运会也应该收获群众体育[J]. 体育文化导刊，2003(12)：24.

现这一目标的关键在于广大群众对奥林匹克的理解和参与程度。早在2005年,教育部和北京奥组委就启动了《"北京2008"中小学生奥林匹克教育计划》。教育部基础教育司副司长高洪说,约2.3亿中小学生、4亿中国青少年接受了奥林匹克知识理念教育,这个数字超过以往任何一个举办过奥运会国家的人口总数。

历经112年的奥林匹克运动作为一种现代文明,奥运会作为一项全球盛会,五环旗作为一面全人类共同的旗帜,只有来到占世界人口五分之一的东方文明发源地,才具有更加完整的定义。经过中国人民、国际奥委会和全世界的共同努力,奥运圣火终于在古老而现代的中国熊熊燃烧,这使奥林匹克运动更加具有广泛性和全球性,也使这项源于西方的文明由于融合了东方中华文明的精髓而具有更加博大精深的内涵,具有更大的感召力、影响力。北京奥运会促进了奥林匹克运动的广泛参与性与普及性,这是中国为奥林匹克运动做出的巨大贡献。

三、为发展中国家开展奥林匹克运动提供借鉴

自从20世纪70年代改革开放以来,中国社会经历了翻天覆地的变化。政治上,中国在国际社会中树立了良好的形象,国际地位大幅提升;在经济上,中国是全世界GDP增长率最高的国家之一,初步实现了现代化,但是中国的整体水平仍处于发展中国家之列。

2008年奥运会在中国的举办,必然与在发达国家举办有所不同。因为在经济水平、文化认同以及体育发展等诸多方面发展中国家与发达国家存在着差异,因此不能一味地模仿发达国家的模式。作为主办国,我们必须认真考虑自身的实际情况,因地因时制宜,创造奥林匹克运动在发展中国家开展的合理模式。中国人民大学教授金元浦说:"这一切,以及它所积累的发展中国家举办奥运的经验教训,都将成为奥运史上弥足珍贵的文化遗产。"这为奥运会以及奥林匹克运动今后在发展中国家举行和开展提供经验与发展模式。

四、北京奥运会是现代奥林匹克运动的里程碑

正如国际奥委会主席罗格所言,奥运会来到中国,来到这个拥有全世界五分之一人口的国家,这一事实本身就已意义非凡,"这届奥运会已经

成为奥林匹克运动的里程碑”。

2008 年 8 月 9 日—8 月 24 日，来自世界各地的运动员不断超越人类极限，为北京奥运会赛场创造了难以磨灭的奇迹。

在“水立方”，23 岁的美国选手菲尔普斯共收获 8 枚奥运金牌，7 次刷新了世界纪录，打破了施皮茨在 1972 年慕尼黑奥运会中创造的“7 金纪录”；19 岁的英国运动员阿德灵顿打破了近半个世纪以来保持时间最久的女子 800 米自由泳世界纪录；18 岁的韩国选手朴泰桓和 19 岁的中国选手刘子歌引领亚洲选手在世界泳坛崛起。在“鸟巢”，22 岁的牙买加选手博尔特打破三项世界纪录，将人类极限推向新的起点；21 岁的古巴选手罗伯斯波澜不惊地将男子 110 米栏的金牌收入囊中；在女子撑竿跳的赛场上，俄罗斯选手伊辛巴耶娃撑杆奋力一跃，在空中划出一道美丽的弧形，第 24 次打破世界纪录……金牌已经不再是梦想的全部，运动员以追求卓越、超越自我的活力与勇气赞美生命的美丽。罗格说他们是世界青年的楷模，他们的成就和表现让我们感到骄傲。

在北京的奥运赛场上，人们不仅关注超越极限的奇迹，更领略了人性的芬芳绽放——4 年前在雅典奥运会上拿到过四人双桨赛艇银牌的英国选手丽贝卡，在 3 公里追逐赛赢得金牌；67 岁的法华津宽是本届奥运会年龄最大的参赛选手，22 岁时，他参加过东京奥运会，人们对他在香港的马术赛场上纵横驰骋钦佩不已；德国男子举重选手马蒂亚斯·施泰纳在领奖台上手持金牌、鲜花和妻子照片的一幕，在无数观众的心中定格为本届奥运会最动情的画面；41 岁的美国泳坛名将托雷斯在北京奥运会夺得了两枚银牌，这位唯一参加过 5 届奥运会的游泳选手只想证明“女人上了年纪仍可以做她想做的事”；德国女子体操选手丘索维金娜，为了给孩子治疗白血病，26 岁复出，33 岁出征北京奥运会并收获了体操女子跳马金牌，她那份超越日常生活磨难的热爱与执着感动了观众；荷兰选手范德韦登夺取第一次列入奥运会比赛项目的 10 公里游泳马拉松的冠军，他战胜癌症的传奇经历与这枚独具意义的“奥运首金”一道被载入了奥运史册……

“我们国家多年来饱受战争之苦，我希望这块铜牌给我的国家送去和平的信息，给我的同胞带来快乐。”阿富汗运动员胡拉·尼帕伊在赛后的慷慨陈词让人们再次重温了顾拜旦当年所倡导的精神——“在奥运会赛场上最重要的是参与，而不是取胜”。100 年后的北京，来自伊拉克、阿富汗的运动员，穿越战火，历经波折地站在了奥林匹克竞技场上，同五大洲的朋友们一起展示美丽、健康，传递友爱、和平。

从雅典到北京，中国代表团实现了新的突破，以 51 块金牌、100 块奖牌总数的骄人成绩成为奥运历史上成绩最好的东道主（如表 4-1 所示）。

表 4-1　北京奥运会金牌榜（部分）

名次	国家/地区	金牌	银牌	铜牌	总数
1	中国	51	21	28	100
2	美国	36	38	36	110
3	俄罗斯	23	21	28	72
4	英国	19	13	15	47
5	德国	16	10	15	41
6	澳大利亚	14	15	17	46
7	韩国	13	10	8	31
8	日本	9	6	10	25
9	意大利	8	10	10	28
10	法国	7	16	17	40
11	乌克兰	7	5	15	27
12	荷兰	7	5	4	16
13	牙买加	6	3	2	11
14	西班牙	5	10	3	18
15	肯尼亚	5	5	4	14
16	白俄罗斯	4	5	10	19
17	罗马尼亚	4	1	3	8
18	埃塞俄比亚	4	1	2	7

作为第一个荣登金牌榜首位的亚洲国家、发展中国家，中国竞技体育的整体实力又有了显著提高，不仅在跳水、乒乓球、女子举重、体操、射击、羽毛球等优势项目上保持着高水平，而且在击剑、射箭、赛艇、帆板、蹦床、拳击、曲棍球、艺术体操、沙滩排球、花样游泳等项目上取得突破。开放的

中国用微笑、宽容和自信展现礼仪之邦的雍容气度，13 亿中国人收获了对奥林匹克精神更广泛深入的理解与传承。

为举办一届最干净的奥运会，在奥运会开幕前，国际奥委会和世界反兴奋剂机构都在不同场合呼吁各国奥委会要选拔“干净”的运动员参赛，各国家的奥委会都对参加北京奥运会的运动员采取史无前例的大规模兴奋剂检测。在国际奥委会“零容忍”原则的指导下，主办方北京派出了强大的反兴奋剂队伍，使用世界一流的器械和检测手段，设立了 41 个反兴奋剂检查站，实际检查突破了 5000 例，检测结果证明，北京奥运会成功地恪守了公平竞争原则。[1]

北京奥运会创造了许多的“奥运纪录”——奥运火炬接力传递历时 130 天，总行程 15 万公里，火炬手 21880 名，为奥运史上传递距离最长、范围最广、参与人数最多的火炬接力，实现了奥运圣火登上世界最高峰的历史性创举。有 204 个国家和地区 11468 名运动员参加，开创了参赛代表团、参赛运动员总数和参赛女运动员总数最多的纪录。有 87 个代表团获得了奖牌，是获得奖牌代表团数量最多的一届奥运会，其中阿富汗、毛里求斯、塔吉克斯坦、多哥第一次获得奥运会奖牌，巴林、蒙古、巴拿马第一次获得奥运会金牌，印度第一次获得奥运会个人项目金牌。本届奥运会参赛运动员 132 次刷新了 85 项奥运会纪录和 43 次刷新了 38 项世界纪录，其中 25 次打破了 19 项游泳世界纪录，刷新 4 项田径世界纪录。

表 4-2　2008 年北京奥运会破世界纪录一览

项　目	世界纪录创造者	成绩	原世界纪录保持者	原成绩
游泳—男子 400 米个人混合泳决赛	菲尔普斯（美国）	04:03.84	菲尔普斯（美国）	04:05.25
游泳—女子 400 米个人混合泳决赛	斯蒂芬妮·赖斯（澳大利亚）	04:29.45	凯蒂·霍夫（美国）	04:31.12
射箭—女子团体 1/4 淘汰赛	朴成贤/尹玉姬/朱贤贞（韩国）	231 环	Lee Tuk Young/Yun Mi-Jin/尹玉姬（韩国）	228 环

〔1〕 中国新闻周刊编. 2008 中国的奥运记忆[M]. 北京：五洲传播出版社，2008.

续表

项　目	世界纪录创造者	成绩	原世界纪录保持者	原成绩
游泳—男子4×100米自由泳接力预赛第1组	*内森·阿德里安/马特·格雷弗斯/怀尔德曼·托布里/卡伦·琼斯(美国)*	*03:12.23*	Jones Cullen/贾森·莱扎克/菲尔普斯/Walker Neil(美国)	03:12.46
游泳—男子4×100米自由泳接力决赛	内森·阿德里安/马特·格雷弗斯/怀尔德曼·托布里/卡伦·琼斯(美国)	03:08.24	内森·阿德里安/马特·格雷弗斯/怀尔德曼·托布里/卡伦·琼斯(美国)	03:12.23
游泳—女子100米仰泳半决赛第2组	柯丝蒂·考文垂(津巴布韦)	00:58.77	纳塔莉·库格林(美国)	00:58.97
游泳—男子100米蛙泳决赛	北岛康介(日本)	00:58.91	布伦丹·汉森(美国)	00:59.13
游泳—女子200米自由泳预赛第6组	*费代丽卡·佩莱格里尼(意大利)*	*01:55.45*	马纳多(法国)	01:55.52
游泳—男子200米自由泳决赛	菲尔普斯(美国)	01:42.96	菲尔普斯(美国)	01:43.86
游泳—男子100米仰泳决赛	阿伦·佩尔索尔(美国)	00:52.54	阿伦·佩尔索尔(美国)	00:52.89
游泳—男子100米自由泳半决赛第1组	*阿兰·贝尔纳(法国)*	*00:47.20*	阿兰·贝尔纳(法国)	00:47.50
游泳—男子100米自由泳半决赛第2组	埃蒙·沙利文(澳大利亚)	00:47.05	阿兰·贝尔纳(法国)	00:47.20
游泳—女子200米自由泳决赛	费代丽卡·佩莱格里尼(意大利)	01:54.82	费代丽卡·佩莱格里尼(意大利)	01:55.45
游泳—男子200米蝶泳决赛	菲尔普斯(美国)	01:52.03	菲尔普斯(美国)	01:52.09
游泳—女子200米个人混合泳决赛	斯蒂芬妮·赖斯(澳大利亚)	02:08.45	斯蒂芬妮·赖斯(澳大利亚)	02:08.92
游泳—男子4×200米自由泳接力决赛	瑞安·洛赫特/菲尔普斯/彼得·范德尔卡伊/里基·贝伦斯(美国)	06:58.56	Keller Klete/瑞安·洛赫特/菲尔普斯/彼得·范德尔卡伊(美国)	07:03.24

续表

项　目	世界纪录创造者	成绩	原世界纪录保持者	原成绩
举重—女子 69 公斤级 A 组抓举	刘春红(中国)	128 公斤	奥克萨娜·斯利文科(俄罗斯)	123 公斤
举重—女子 69 公斤级 A 组挺举	刘春红(中国)	158 公斤	KASAEVA Zarema(俄罗斯)	157 公斤
举重—女子 69 公斤级 A 组总成绩	刘春红(中国)	286 公斤	奥克萨娜·斯利文科(俄罗斯)	276 公斤
游泳—女子 200 米蝶泳决赛	刘子歌(中国)	02:04.18	杰茜卡·席佩尔(澳大利亚)	02:05.40
游泳—女子 4×200 米自由泳接力决赛	琳达·麦肯齐/斯蒂芬妮·赖斯/勃朗特·巴勒特/凯莉·帕尔默(澳大利亚)	07:44.31	纳塔莉·库格林/凯蒂·霍夫/莱茜·尼梅耶/Vollmer Dana(美国)	07:50.09
游泳—女子 200 米蛙泳决赛	丽贝卡·索尼(美国)	02:20.22	莱塞尔·琼斯(澳大利亚)	02:20.54
游泳—男子 200 米仰泳决赛	瑞安·洛赫特(美国)	01:53.94	阿伦·佩尔索尔/瑞安·洛赫特(美国)	01:54.32
游泳—男子 200 米个人混合泳决赛	菲尔普斯(美国)	01:54.23	菲尔普斯(美国)	01:54.80
举重—男子 85 公斤级 A 组总成绩	安德烈·雷巴科夫(白俄罗斯)	394 公斤	安德烈·雷巴科夫(白俄罗斯)	393 公斤
游泳—女子 200 米仰泳决赛	柯丝蒂·考文垂(津巴布韦)	02:05.24	玛格丽特·赫尔策(美国)	02:06.09
游泳—女子 800 米自由泳决赛	丽贝卡·阿德林顿(英国)	08:14.10	Evans Janet(美国)	08:16.22
举重—女子 75 公斤级 A 组抓举	张美兰(韩国)	140 公斤	穆爽爽(中国)	139 公斤
举重—女子 75 公斤级 A 组挺举	张美兰(韩国)	186 公斤	唐功红(中国)	182 公斤
举重—女子 75 公斤级 A 组总成绩	张美兰(韩国)	326 公斤	穆爽爽(中国)	319 公斤

续表

项　目	世界纪录创造者	成绩	原世界纪录保持者	原成绩
田径—男子 100 米决赛	尤塞恩·博尔特(牙买加)	9.69	尤塞恩·博尔特(牙买加)	9.72
游泳—女子 4×100 米混合泳接力决赛	莱塞尔·琼斯/杰茜卡·席佩尔/埃米莉·西博姆/莉斯贝丝·特里克特(澳大利亚)	03:52.69	莱塞尔·琼斯/杰茜卡·席佩尔/埃米莉·西博姆/莉斯贝丝·特里克特(澳大利亚)	03:55.74
游泳—男子 4×100 米混合泳接力决赛	布伦丹·汉森/贾森·莱扎克/菲尔普斯/阿伦·佩尔索尔(美国)	03:29.34	伊恩·克罗克/布伦丹·汉森/贾森·莱扎克/阿伦·佩尔索尔(美国)	03:30.68
自行车—场地分项男子4 公里团体追逐赛第1 轮	*埃德·克兰西/保罗·曼宁/杰兰特·托马斯/布拉德利·威金斯(英国)*	*03:55.202*	Clancy Ed/Manning Paul/Thomas Geraint/Wiggins Bradley(英国)	03:56.322
田径—女子 3000 米障碍决赛	古利娜拉·加尔金娜·萨米托娃(俄罗斯)	8:58.81	古利娜拉·加尔金娜·萨米托娃(俄罗斯)	9:01.59
自行车—场地分项男子 4 公里团体追逐赛决赛	埃德·克兰西/保罗·曼宁/杰兰特·托马斯/布拉德利·威金斯(英国)	03:53.314	埃德·克兰西/保罗·曼宁/杰兰特·托马斯/布拉德利·威金斯(英国)	03:55.202
举重—男子 105 公斤级 A 组抓举	安德烈·阿拉姆诺夫(白俄罗斯)	200 公斤	马尔钦·多莱加(波兰)	199 公斤
举重—男子 105 公斤级 A 组挺举	安德烈·阿拉姆诺夫(白俄罗斯)	236 公斤	GOTFRID Denis(乌克兰)	235 公斤
举重—男子 105 公斤级 A 组总成绩	安德烈·阿拉姆诺夫(白俄罗斯)	436 公斤	GOTFRID Denis(乌克兰)	430 公斤
田径—女子撑竿跳高决赛	叶莲娜·伊辛巴耶娃(俄罗斯)	5.05	叶莲娜·伊辛巴耶娃(俄罗斯)	5.04
田径—男子 200 米决赛	尤塞恩·博尔特(牙买加)	19.30	迈克尔·约翰逊(美国)	19.32

续表

项　目	世界纪录创造者	成绩	原世界纪录保持者	原成绩
田径—男子 4×100 米接力决赛	迈克尔·弗雷特/阿萨法·鲍威尔/尤塞恩·博尔特/内丝塔·卡特(牙买加)	37.10	Burrell Leroy/Cason Andre/Drummond Jon/Mitchell Dennis/Burrell Leroy/Lewis Carl/Marsh Michael/Mitchell Dennis(美国)	37.40

注:本次北京奥运会共打破 38 项世界纪录,其中斜体为在北京奥运会上打破、但随后又被刷新的世界纪录。

资料来源:http://www.sport.gov.cn/n16.2008 年北京奥运会创造纪录情况.

伟大的运动员超越前辈,在奥林匹克运动史上留下了难以逾越的经典传奇。在北京奥运竞技场上一项项世界纪录被创造,一次次彰显了"更快、更高、更强"的奥林匹克格言。奥林匹克精神的弘扬是北京奥运会为奥林匹克运动做出的更大贡献。"同一个世界,同一个梦想"的主题,使发源于西方的奥林匹克运动更加具有世界性,表现了世界融合的概念。这是中华文明对世界文明、对奥林匹克的贡献。和谐世界、和谐奥运的人文精神是北京奥运会对奥林匹克主义的独特贡献。全民奥运、全民健身是北京奥运会对国际奥林匹克运动的巨大推动……

北京奥运会的成功举办,赢得了国际社会的普遍赞誉,更是为现代奥林匹克运动树立了典范。

首先,北京奥运会的完美组织工作赢得了奥林匹克大家庭的高度评价,国际奥委会主席罗格先生在北京奥运会闭幕式上致辞说:"这是一届真正的无与伦比的奥运会,16 个光辉的日子将在我们心中永远珍藏。"国际残奥委会主席在残奥会闭幕式上的讲话说:"开幕式美轮美奂,体育场馆完美无瑕,运动竞技表演令人叹为观止,残奥村条件优越史无前例,高清晰电视转播令人称奇,志愿者们出类拔萃,千千万万残奥体育迷在中国涌现,这是有史以来最伟大的一届残奥会。"曾经获得八块金牌的美国游泳名将菲尔普斯说:"北京是非常神奇的地方,我在这里度过了人生一段最美好的时光,奥运村的住宿和生活条件非常优越,比赛设施更是世界一流。"总之,奥林匹克大家庭大多数成员对北京奥运会给了高度的肯定和评价。

其次,北京奥运会赢得世界各国政要和朋友的高度肯定。奥运会期间有100多个国家首脑、政府成员、王室成员云集北京参加奥运会、残奥会的开闭幕式,他们亲身感受到了中国的发展变化和中国人民的美好热情。美国总统布什说参加北京奥运会是一次梦幻般的经历,他不会忘记这个非常令人振奋的经历,北京奥运会超出了他的预想,中国人民是奥运会非常棒的东道主。法国总统萨科齐认为北京奥运会的筹办,展现了当今中国形象,信心满怀,充满生机和活力,现代化而且意志坚定,他说如果把奥运会的组织工作比喻成一项体育运动的话,我相信所有人都会和我一样赞同把金牌发给中国。英国前首相布莱尔说,北京奥运会之壮观强有力地震撼了人民的心灵,北京奥运会标志着一个新纪元的到来,中国的改革开放进程将永远无法逆转。以色列总统佩雷斯说中国为成功举办奥运会付出了巨大努力,在奥运历史上前所未有,令世界印象深刻,中国人民在五千年历史的基础上正在创造一个全新的中国。他深信一个更加美好的中国将带来一个更加美好的世界,一个更强大的中国将增加全人类的和平力量。

最后,北京奥运会的盛况赢得了世界主流媒体积极的报道和良好的评价。奥运会期间共有32278名记者参与报道,其中注册记者26298人,非注册记者5980人。记者人数超过历届奥运会,这也是中国历史上接待记者人数最多,中外交流最深入,对外传播最广泛、最集中的一次盛会。北京奥运会共有225家实权转播商参加电视转播工作,第一次全部采用高清信号进行电视转播。200多个国家和地区的媒体进行了500多小时的报道和转播,转播规模是雅典奥运会的三倍。全球共有47亿人收听、收看了北京奥运会的转播,创造了奥运会新闻转播历史的新纪录。[1]不少国际主流媒体积极评价北京奥运会的筹办工作和中国新形象,美联社的文章称崛起的中国在很大程度上实现了自己的目标,几乎毫无差错的组织工作,世界级的场馆,热情的志愿者,最大规模的外国访问者。美国《纽约时报》文章说外国代表团和游客对北京的热情和高效率感到惊讶,中国向全世界展示了一个崛起的经济和政治实体的出色形象,奥运会的成功举办将给中国政府和人民更大鼓舞,激励他们向更远大的目标迈进。

---

〔1〕 蒋效愚.北京奥运成功提升中国国家形象[EB/OL]. http://www.chinapr.com.cn/News/Talk/30049.shtml. 2008-11-17. 17:11:12.

法新社报道说,本届奥运会在组织方面没有出现任何问题,这可能会使世界其他国家对中国的看法发生根本性改变。华文媒体《欧洲时报》评论说北京奥运会向世人昭示一个更强大、更繁荣、更开放、更透明、更自信、更宽容的中国,将对什么是盛事做出自己的诠释。《联合早报》评论说北京奥运获得巨大的成功已经是不争的事实,现在这个正在崛起的大国,通过人类都能读懂的奥运语言告诉世界,她不仅有实力,也很友善,尤其重要的是她愿意遵守国际规则,正积极融入世界文明发展的主流。

综上所述,从雅典(1896 年)到雅典(2004 年),现代奥林匹克运动已经为它的第一个百年画上了一个圆满的句号。21 世纪之初,世界奥林匹克运动经历着新的改革与转折,正在寻求新的发展道路。2008 年北京奥运会促进了这一转折的进程,为现代奥林匹克运动翻开了新的篇章,这将是奥林匹克历史上一座崭新的里程碑! 北京奥运会成功举办的事实再次向世人昭示:中国人民有能力为人类文明进步做出更大贡献。

小　结

作为现代奥运会的一个典型个案,北京奥运会除具有现代奥运会的普遍性社会价值外,也有其独特的社会价值。北京奥运会对国际社会产生意义深远的影响,其社会价值主要体现在:全面展示了中国国家新形象,促进了中国文化与世界文化的交流与融合,倡导了"和谐世界"理念,广泛弘扬奥林匹克精神,从而促进奥林匹克运动的发展。北京奥运会成为世界各国人民加深了解、增进友谊、加强团结协作的一座桥梁。北京奥运会成功举办的事实再次向世人昭示:中国人民有能力为人类文明进步做出更大贡献。

第五章　北京奥运会国内社会价值

举办北京奥运会，是实施我国新世纪初期国家发展战略的有机组成部分，对中国社会主义现代化的发展意义深远。它还是加速全面建设小康社会进程的重要手段与构建社会主义和谐社会的重要内容之一。

第一节　促进社会现代化与和谐社会建设

一、中国现代化发展需要奥林匹克运动

（一）现代化与社会现代化理论

1. 现代化理论

有关世界范围内现代化问题的讨论和研究，是从第二次世界大战以后开始的，许多殖民地国家相继获得了独立，迫切需要发展本国的经济、科学和文教卫生事业等，在对发展中国家如何发展、如何步入现代社会的综合研究中，逐渐形成了现代化理论。[1]1960年在日本箱根举行了“现代日本”国际学术会议。此次会议被认为是人类社会进入现代以来首次认真而系统地讨论现代化问题的国际会议。

现代化研究的又一权威人士亨廷顿于1976年对现代化的理解是：“现代化是将人类及这个世界的安全、发展和完善作为人类努力的目标和规范的尺度。现代化意指社会有能力发展起一种制度结构，它能适应不断变化的挑战和需求。现代化包括工业化、城市化以及识字率、教育水平、富裕程度、社会动员程度的提高和更复杂的、更多样化的职业结构。”

〔1〕 鲍宗豪. 当代社会发展导论[M]. 上海：华东师范大学出版社，1999.

1993 年，德赛认为："现代化的目的在于把握、评估和量化人类社会发生的巨大量变和深刻质变及其合理分界点的判断。这些巨大量变和深刻质变开创了人类历史的一个新时代。"同时期多数西方社会学者对现代化内涵的理解与亨廷顿相似，他们在此基础上设计现代化的指标体系，英格尔斯的现代社会 10 项标准即是其中的典型代表。

中国科学院可持续发展战略研究组（2000 年）的研究表明：现代化是指在"自然—社会—经济"复杂的巨系统中，朝向一组复杂的、具有时空边界约束的、具有时代内涵的相对目标集合的动态过程。

2. 社会现代化理论

社会现代化是指这样一种特殊的社会变迁过程，即社会在日益分化的基础上，进入一个能够自我维持增长和自我创新，以满足整个社会日益增长的需要的全面发展过程。

社会现代化的过程具有如下的基本特征：社会结构的日益分化和日益整合；整个社会的日益理性化，特别是"工具理性"占据了主导地位；科学技术在经济和社会发展中具有越来越重要的作用；经济持续而迅速的发展以及经济结构的持续变化；越来越多的人口由农村向城市集中的城市化过程；社会成员的心理和价值观的现代性特征的增长；物质产品、人口、符号、信息、交往以及权力实施在全球范围内的流动，即全球化过程。[1]

二、北京奥运会促进中国社会现代化进程

奥林匹克运动已经发展成为全球范围内影响最为广泛的国际性社会文化运动，奥运会对举办城市和举办国家所产生的社会影响也日益明显。奥运会在中国举办，必定会对中国社会产生深远的影响，显示出其重要的社会价值。

（一）北京奥运会符合中国现代化发展的特殊需要

经过近百年的沧桑巨变，奥林匹克运动的思想体系、组织体系和活动内容体系以其科学性和合理性渗透到中国体育中，给中国体育增添了无穷的活力并促使其走上了现代化道路。奥林匹克的介入，使得中国的传

---

[1] 郑杭生. 社会学概论[M]. 3 版. 北京：中国人民大学出版社，2003：352 – 353.

统文化与现代文化之间、东西方文化之间，形成了一种强大的黏合力，这也使得中国增强了对经济全球化、政治多极化、文化多元化的国际社会的适应能力。参与奥林匹克运动的过程，有助于中国走向世界，让世界了解中国。体育成了中国改革开放的窗口。伴随着北京申办2008年奥运会的活动，已将一个政治稳定、经济繁荣、社会开放、人民安居乐业的中国展示在世界人民面前。同时，奥林匹克运动有助于树立人的现代价值观、现代商品经济意识、公平竞争意识、审美意识和参与意识，对培养开放、民主、法治观念、独立思考和创新精神及现代人所需要的社会情感有极大的促进作用。因此，在改革开放和社会主义精神文明、物质文明的建设中，中国的奥林匹克运动会更快地发展。

同时，中国传统文化对于吸收奥林匹克和接纳奥林匹克运动具有一些有利条件。首先，中华民族对世界文化做贡献的强烈愿望，推动了中国文化与奥林匹克的结合。中国幅员辽阔、人口众多、文化悠久、实力日趋壮大，这些条件决定了中国必须对世界文化做出更多的贡献。在体育运动领域，我们不仅要参与奥运会，而且要承担更多的国际义务。其次，中国传统文化对外来文化具有良好的消化吸收能力，我们不恐惧外来异质文化的介入，具有较小的排他性。从中国传统文化良好的兼容性特质看，对奥林匹克是持欢迎态度的。再次，中国传统文化中的民本思想及和平思想，与奥林匹克主义一脉相承。

（二）北京奥运会促进我国社会现代化发展进程

筹办奥运会带来大规模的投资，直接拉动经济的增长。成功举办奥运，中国投巨资兴建体育设施、通信系统、机场与高速公路等基础设施。除了投资的拉动外，相关产业的发展以及消费需求的增强，给国内外投资商带来重大商机。增加就业岗位、增加居民收入，同样拉动经济的增长。北京奥运会促进了环境的改善和科技水平的提高，还给西部带来新的发展机遇。

北京筹办、举办奥运会的过程中，奥林匹克精神在中国得到空前普及与弘扬。中国人民热情参与、支持奥运，标志着奥林匹克精神在占世界人口五分之一的群体中得到了弘扬。团结、友谊、和平的奥林匹克精神，对精神文明的建设具有巨大的推动力。绿色奥运、科技奥运、人文奥运这三大理念的实践，不仅为北京奥运会的成功举办奠定了坚实基础，也极大地提升了中国人民的生态意识、科学精神和人文素养。

三、北京奥运会促进中国特色和谐社会建设

（一）中国特色“和谐社会”的提出

党的十六届六中全会做出了《关于构建社会主义和谐社会若干重大问题的决定》，要求“坚持最广泛、最充分地调动一切积极因素，不断提高构建社会主义和谐社会的能力……”中共中央总书记胡锦涛在省部级主要领导干部提高构建社会主义和谐社会能力专题研讨班上的讲话中，首次全面阐述了和谐社会的内涵，他说：“我们所要建设的社会主义和谐社会，应该是民主法治、公平正义、诚信友爱、充满活力、安定有序、人与自然和谐相处的社会。”[1]

当代中国社会发展的目标是要构建和谐社会，而奥林匹克运动是和谐社会的有机组成部分之一。奥林匹克运动是人类文化的重要组成部分。随着经济发展和社会进步，奥林匹克运动的地位越来越重要、作用越来越突出。奥林匹克运动的开展和奥林匹克精神的培育，对于促进人们身心健康和社会和谐发展具有不可替代的独特社会价值。[2]在构建社会主义和谐社会的进程中，奥林匹克运动承担着重要的历史使命。2008 年北京奥运会是中国全面建设小康社会和构建和谐社会的一个重要契机。

（二）北京奥运会促进中国社会和谐健康发展

1.“和谐”理念是奥林匹克精神与中华民族精神的结合点

“和谐”是北京奥运会三大理念的核心与灵魂，“和平奥运”是北京奥运会的前提与基础。也可以说“和平奥运—绿色奥运—科技奥运—人文奥运—和谐奥运”是北京奥运文化内涵、精神底蕴的五大支点。其中，“和平奥运”强调的是国与国之间的和谐关系，反对诉诸战争或冷战，这是奥林匹克精神的固有内容，也是北京奥运会特别彰显的当今时代人类共同理想。“和谐奥运”强调的是人际和谐关系，不同国家、不同文明、不同文化、不同价值观念之间的和谐关系——这是奥林匹克的精神内涵，更是北京奥运会的突出贡献与独特创新。

---

〔1〕 胡锦涛. 在省部级主要领导干部提高构建社会主义和谐社会能力专题研讨班上的讲话[N]. 人民日报，2005－06－27.

〔2〕 刘鹏：充分发挥体育在和谐社会建设中的作用[EB/OL]. http://sports. gov. cn.

“和谐”理念体现了奥林匹克精神与中华民族精神的最佳结合点,凝聚升华为“北京奥运精神”。“和谐”理念体现了“以和为贵”的价值观,不以一方压倒一方、一方吃掉一方为价值目标,而以多元共存、和谐共生、和平共处、共同发展为价值目标,把构建和谐世界作为人类共同理想,这是人类全新的价值目标。

2. 北京奥运会理念凸显了和谐社会的内涵

北京奥运会的理念是“人文奥运、绿色奥运、科技奥运”,其中“人文奥运”是核心和灵魂。“人文奥运”主要是指奥林匹克运动发展的目标为以人为本,由单纯追求政治、经济利益上升到追求人文、环保等综合指标,从而促进人口、资源、环境等统筹协调发展,讲求人自身、人与自然、人与社会的动态和谐。奥林匹克宪章这样提出:“奥林匹克的宗旨是使体育运动为人的和谐发展服务,以促进建立一个维护人的尊严的和平社会。”[1]可见,奥林匹克强调以人为本,强调人的全面发展、人的和谐发展。而北京奥运会的“人文奥运”理念则更好地体现了和谐社会的内涵,即“我们所要建设的社会主义和谐社会,应该是民主法治、公平正义、诚信友爱、充满活力、安定有序、人与自然和谐相处的社会”[2]。

北京奥运会的“人文奥运”理念是“以人为本”思想指导下的北京奥运会的组织实践,将为中国体育系统落实“以人为本”价值取向注入强有力的实践动力,通过提供绝佳的实践范例,为中国体育事业的发展提供了思路与模式。北京奥运会纲领性文件《北京奥运行动规划》指出:“人文奥运,突出‘以人为本’,以运动员为中心,提供优质服务,努力建设使奥运会参与者满意的自然、人文环境。”[3]如何以“以人为本”思想为指导开展北京奥运会筹备工作,已经列入了重要议题,成为全社会关注的焦点。“一方面,无论是奥运场馆建设、市政设施建设,还是城市文明氛围的营造、服务工作的开展都要突出以人为本的宗旨,体现出时时、事事、处处考虑人的实际需要,关心人、方便人这样一个基本指导思想。另一方面,就是要大力促进人的全面发展。不仅重视竞赛结果,也要重视竞赛风格

---

〔1〕 国际奥林匹克委员会. 奥林匹克宪章[M]. 北京:奥林匹克出版社,2001:8.

〔2〕 胡锦涛. 在省部级主要领导干部提高构建社会主义和谐社会能力专题研讨班上的讲话[N]. 人民日报,2005-06-27.

〔3〕 北京奥运行动规划[EB/OL]. http://baike.baidu.com/view/1098806.htm? fr=ala0_1.

和体育精神；不仅重视对强国选手的服务和喝彩，也要重视对弱国运动员的鼓励和支持。"[1]"人文奥运"理念既是兑现我国承办北京奥运会对世界做出的承诺，也有利于推动我国全面建设小康社会和社会主义和谐社会建设，凸显了和谐社会的内涵。

3. 北京奥运会开幕式彰显和谐社会理念

2008 名乐手，2008 面缶，组成宏大而庄严的缶阵。在中国古老的计时器"日晷"影像反射的光芒中，滚滚春雷声霎时席卷缶阵，响彻全场，响彻全世界。2008 年 8 月 8 日晚 8 时，北京奥运会开幕式正式拉开序幕。撼人心魄的缶乐声，"有朋自远方来，不亦乐乎"的豪迈高歌声，撞击着全世界观众的耳膜，展现了好客的中国人无比的热情和真诚。

北京奥运会开幕式短短一小时的文艺表演，让世界充分感受了中国文化的精华。在诸多文化奇观的视觉冲击中，在绚烂的色彩和声乐的震撼中，人们获得了中华文化的艺术与美的享受，更在诸多文化元素营造的中国意境中，领悟了中华文明的价值内核——和平与和谐。北京奥运会开幕式把当代中国对这一文明价值内核的坚持和发扬做了进一步的艺术表现，使人们惊异并忘情于中国人民追求的天人合一、人与自然和谐相处的诗的意境。

北京奥运会的开幕式不仅展现了中华民族上下五千年的文明，更体现了中国建设和谐社会的态度和决心。同时，北京奥运会的举办，也圆了中国的百年奥运梦，满足了国人对奥林匹克的期盼和需要，这种成就感也有利于我们构建社会主义和谐社会。

4. 通过奥林匹克教育，促进和谐社会建设

奥林匹克精神对和谐发展的价值追求与当今社会的主流价值是一致的。构建和谐社会不仅是当今中国社会的本质要求和主流价值，也是古往今来奥林匹克运动的精髓。《奥林匹克宪章》指出："奥林匹克精神是相互了解、友谊、团结和公平竞争的精神。通常包括参与原则、竞争原则、公正原则、友谊原则和奋斗原则。"[2]奥林匹克精神中所蕴涵的公平、平等、正义等内容，激励社会群体应该具有这种精神。通过奥林匹克精神的

---

〔1〕 北京奥运行动规划[EB/OL]. http://baike.baidu.com/view/1098806.htm? fr = ala0_1.

〔2〕 国际奥委会. 奥林匹克宪章[M]. 北京：奥林匹克出版社，2001.

宣传教育，能间接地促进社会群体更加理性、更加和谐地生活在一起。

北京奥运会的举办，让人们有了亲身经历奥林匹克的机会。经历奥林匹克，感受奥林匹克教育，对我们和谐社会的建设大有裨益。倡导公正、公平原则是奥林匹克宪章的要求，奥林匹克崇尚公正、公平、正义，公平与公正是和谐社会的核心价值观念，维护公平、公正是建设和谐社会的基础和前提，构建和谐社会的重要目标就是要形成良好的社会秩序，二者在价值追求和本质目标上有着一致性。

奥林匹克教育与构建社会主义和谐社会相互影响、相互促进。奥林匹克教育把体育运动与文化和教育融为一体，通过体育文化形态亲和人际关系和培养民族精神，实现人与社会、人与自然和谐相处的目标。奥林匹克运动倡导通过体育运动建立一个美好的社会，从它的活动内容到组织形式，从运行机制到具体管理，众多方面力图做到广泛适应。和谐社会的建设需要有健全的社会组织机制和完善的社会管理经验，而这些都可以在奥林匹克运动的发展模式中得到借鉴。因此，奥林匹克运动与构建社会主义和谐社会是相辅相成的，构建社会主义和谐社会需要奥林匹克运动理念的支持。〔1〕

北京奥运会为我们接受奥林匹克教育提供了一个机遇，这种机遇可以让我们在感受奥林匹克之时，用奥林匹克的标准来约束自己的行为，让公平、公正、规则意识迁移进人们的心灵之中，在奥运之后的生活中，这种意识会让我们社会变得更加的规范和有秩序，变得更加和谐。

总之，北京奥运会推动了中国社会现代化进程，有利于促进中国社会和谐健康发展，为中国全面走向世界、在世界事务中发挥更大的作用提供一个桥梁，为中国以一个现代国家的面貌屹立于世界提供一个平台。

〔1〕 陈彦. 试论奥林匹克运动对构建社会主义和谐社会的影响[J]. 浙江体育科学，2005，26(6).

第二节　增强中华民族凝聚力

中华民族凝聚力，指的是中华民族融合、内聚和凝结的一种社会力量，也是维系与推动中华民族生存与发展的内在动力，是团结全世界中华儿女的精神纽带，也是推动中华民族不断向前发展的力量源泉。[1]奥林匹克运动作为一种能够唤起民族自信心和归属感、增强民族凝聚力、唤醒民族意识、促人向上的国际性社会文化活动，在振奋民族精神、维系民族情感、增强民族凝聚力方面具有极大的作用。同时竞技体育对改善我国海外侨民的政治地位，加强他们对祖国的归属感也具有重要的价值，而这一点对我国尤为重要。因此可以说奥林匹克运动是激励民族自信心，增强民族凝聚力的重要载体。[2]

一、竞技体育与中华民族凝聚力表现

虽然在《奥林匹克宪章》中明确提出，奥运会是运动员之间的比赛而不是国家之间的比赛，但是现代奥运会自复兴之日起就在实际上与民族、国家或地区建立了紧密的联系，并且延续至今。无论是运动员还是国家政府都不约而同地把它看作是国家之间的较量。1894 年，在巴黎举行的恢复奥林匹克运动的大会上，在确定奥运会的指导原则时，顾拜旦提出“政府的支持”是奥运会取得成功的必要条件，并要求国家选择运动员参加奥运会的比赛，从而清楚地表明运动员所代表的是国家的利益，是一个国家的形象。比如在开幕式上运动员按国家或地区入场，颁奖仪式上会升起获胜者所代表国家或地区的旗帜，并奏响金牌运动员所在国家或地区的歌曲。一个运动员背后凝聚了整个国家和民族的力量，他也就成为国家、地区或者民族的事实上的代表。所以爱国主义是一个国家的重要精神支柱，而体育运动对于一个国家培养具有爱国主义的社会公民有着特殊的作用。

---

〔1〕 孔庆榕. 增强中华民族凝聚力首次学术讨论会论文集[C]. 香港:汉荣书局. 1991.
〔2〕 陆小聪, 张修枫, 董鹏:奥运会与社会凝聚力[J] 西安体育学院学报, 2005, 22(5).

在近代中国，现代体育自引进之初就与国家与民族的命运紧紧联系在一起，旧中国孱弱的国力本身就是旧中国体育事业发展迟滞的根本原因。体育的命运正是民族命运的写照，与奥运关系的一百年浓缩了整个20世纪中华民族的历史。

20世纪50年代，我国第一个世界冠军乒乓球运动员容国团喊出的“人生能有几回搏”的豪言壮语，激励和鼓舞着一代又一代中国运动健儿奋力拼搏，激励着中国社会各行各业的人们奋发向上，为新中国的社会主义建设注入了强大的精神动力和时代精神。

1959年举办的第一届全国运动会，1960年国家登山队成功攀登珠穆朗玛峰的壮举和20世纪60年代初国家乒乓球队在世界比赛中取得的胜利，极大地振奋了困难时期的中国人民克服困难的精神和勇气。

20世纪80年代初，中国女排连续5次夺得世界冠军，极大地鼓舞了全国人民进行社会主义建设的积极性。

1984年在美国举办的第23届洛杉矶奥运会上，中国体育健儿实现了在奥运会上金牌“零”的突破，不仅标志着中国体育走向世界，也向全世界展示了中国改革开放的新形象。

1990年的北京亚运会，是新中国成立以来，我国第一次举办的洲级综合性运动会，展示了中国社会稳定、经济繁荣和欣欣向荣的局面。

2000年，我国体育健儿在悉尼举办的第27届奥运会上，顽强拼搏，以良好的体育道德和精湛的运动技艺，为祖国赢得金牌总数和奖牌总数世界第三的优异成绩，实现了我国竞技体育在奥运会上的新突破，打破了世界竞技体育的旧格局。

2001年7月13日，北京成功地赢得了2008年第29届奥运会的举办权，举国欢庆。全球华人为之欢欣鼓舞，实现了炎黄子孙百年奥运的梦想。这表明中国历经百年屈辱、百年抗争，自改革、开放和发展取得巨大成就后，重新赢得世界广泛的信任和尊重，成为推动中国发展和崛起的巨大精神动力。

2002年在美国盐湖城第19届冬奥会上，中国运动员首次夺得冬奥会金牌，实现了几代中国运动员的历史夙愿，感动了中国，征服了世界。

在2004年雅典奥运会上，中国运动员以金牌总数第二名的优异成绩，再次取得历史性的突破，使世界对中国竞技体育的巨大进步刮目相看,成为中国“和平崛起”的重要象征。

中国竞技体育在国际大赛中取得的一个又一个胜利的事实,充分证明了竞技体育对激发民族精神、振奋民族精神、增强民族凝聚力和爱国主义精神等方面具有极大的作用,不仅展示了中国人民自强不息、奋发进取的精神风貌,而且体现了中华民族屹立于世界民族之林的信心和力量,大大增强了中华民族的凝聚力和向心力,中华体育精神已经成为全民族共同的宝贵精神财富。

2008 年北京奥运会是实现中华民族归属感的一次升华,开幕式上传统文化的展示和表演、中华人民共和国国旗的升起、国歌的奏响、亿万观众的欢呼,这些都极大地振奋了民族精神、提高了民族士气。

二、北京奥运会展示中华民族强大凝聚力

(一) 申办和筹办奥运会,展现了中华民族凝聚力

许多志士仁人企盼能在中国举办奥运会,但在旧中国这只能是美好梦想。历经近代坎坷,中华人民共和国的成立为奥林匹克运动在中国的发展提供了机遇。2001 年 7 月 13 日中国申办奥运成功,终于圆了中国人一个世纪的奥运梦,同时标志着奥林匹克运动在中国发展到一个新阶段。

从 1993 年申奥失利到 2001 年申奥成功,再到举办 2008 年奥运会,在北京申奥和筹办的过程中,中国政府采取了多种措施,全国人民、海外华人包括广大青年学生以多种感人的形式表达了愿望。当国际奥委会宣布北京取得 2008 年奥运会举办权时,中国大地一片欢腾,北京 40 万群众自发地来到天安门广场,上百万群众涌上街头,共同庆祝这一历史时刻。

北京筹办奥运会牵动着全国各族人民的心,实现“新北京、新奥运”(New Beijing, Great Olympic)的目标是全国人民包括港、澳、台同胞和海外华人热爱和向往奥林匹克运动的强烈愿望,也是党和政府与广大人民群众共同意志和行动的一致体现。[1] 申办和筹办奥运的过程极大地振奋了中华民族的自豪感和自信心,激发了爱国主义热情,增强了民族凝聚力。

(二) “志愿精神”、“全民参与”是中华民族凝聚力的重要体现方式

“志愿精神”是奥林匹克精神的重要组成部分。国际奥委会主席罗

---

〔1〕 任海,罗湘林. 论 2008 年奥运会对中国政治的影响[J]. 体育与科学,2005,26(2).

格曾说过:“奥林匹克运动会是运动员的盛会,也是志愿者的盛会。”奥林匹克之父顾拜旦虽然复兴了现代奥运会,但他一直反对肌肉凌驾于精神之上,倡导通过奥林匹克运动促进人的均衡发展,培养人们的集体主义精神、爱国热情和奉献精神。北京奥运会的赛会志愿者队伍非常庞大。这种没有任何强制政策,完全是民众自主报名参与活动的热情在奥林匹克史上也是罕见的。多年来,在全球化消费主义的背景下,我国部分青年曾经深受利己主义的影响,而在奥林匹克高尚理念的激励下,强大的民族凝聚力使他们重新燃起了高昂的精神之火,激发出利他主义、集体主义的奉献精神,大爱无疆的仁爱精神,乐于奉献的志愿服务精神,强烈自觉的爱国主义精神。

“全民参与”是中华民族凝聚力的又一种体现方式。奥运会在13亿人口的中国举行,面向这个世界最多人口的国家普及了奥林匹克理念,并将顾拜旦提出的“重在参与”理念与中国的实际结合起来,转化为以“全民参与,全民健身”为口号的世界上参与人数最多的文化体育活动。北京创造出“阳光工程”、“人文奥运进社区”、“人文奥运神州行”等普及方式,其广泛的群众性使奥林匹克运动焕发了新的光彩。这种能够吸引全民自觉参与的强大力量,正是中华民族的凝聚力。

(三) 火炬传递彰显中华民族凝聚力

2008年8月8日,奥运圣火如期点燃了北京奥运会主火炬塔。此前,北京奥运会的圣火传递创下了参与火炬手最多、传递时间最长和传递距离最远三项纪录。回望这一光辉历程,在奥运圣火的辉映下,火炬接力活动成为途经城市民众的盛大节日,这既是一次中西方文明的交流和融合,也是全球华人的爱国聚会。奥运圣火的“和谐之旅”,同时也是中华民族凝聚力的传递之旅。

1. 境外传递:爱国精神全球接力

金晶被称为“轮椅上的微笑天使”。4月7日,当这位27岁的上海残疾人运动员微笑着出现在法国塞纳河边时,“藏独”分子竟然毫无人性地冲过来,试图从她手中抢走火炬。面对突如其来的攻击,金晶毫不畏惧,用双手紧紧抱着火炬,同时脸上流露出坚定的神情,这个场面深深打动着人们的心。

金晶用自己的行动阐释了奥运火炬是神圣不可侵犯的。事后,这位瘦弱的女孩在接受采访的时候说："当时，我的心中只有一个信念，圣火不能在我手中灭，火炬也不能在我手中丢，所以，想从我手中抢走火炬，除非从我尸体上爬过去！"法国总统萨科齐在写给金晶的慰问信中称赞金晶："你当时表现出的非凡勇气使你赢得了敬重，也为你的祖国争得了荣誉。"

巴黎之后，类似的破坏干扰在圣火传递途中偶有发生，但这只是圣火传递的小插曲而已。"祥云"的到来给世界人民带来空前的欢乐，友善与热情始终陪伴着火炬前进的脚步。在东非，达累斯萨拉姆的数万群众走上街头迎接火炬，在火炬传递的全程，火炬手后面始终跟随着长长的人群。在阿拉伯国家阿曼，马斯喀特的一群孩子呼朋结伴步行 6 公里，赶到山里等候圣火。奥运圣火首次来到朝鲜，40 万平壤市民到现场观看火炬传递，男女老少载歌载舞。

极少数人的破坏干扰大大激发和凝聚了全球华人的理性爱国热情，火炬全球接力也成为华人爱国精神的全球接力。[1]

在旧金山传递终点赫尔曼广场，五六千华人华侨从各地赶来，广场上到处飘扬着五星红旗；在新德里，当地气温高达 35 摄氏度，但 400 多名华人华侨专程从加尔各答赶来舞狮助威；在吉隆坡，2000 多名中国留学生组成"圣火护送队"；在首尔，从忠清道赶来的韩瑞大学的 200 多名中国留学生打出了巨型横幅："告诉世界一个真实的中国。"

海外华人华侨理性而正义的行动，是对奥林匹克精神的维护，也是对爱国主义的最好诠释。他们尤其是青年人的爱国行为打乱了极少数国际反华势力的阵脚，在西方社会引起强烈震撼。美国《时代》周刊前驻北京首席记者弗尔奈发表评论说，中国青年属于"人们所能见到的世界上最爱国、最支持现政权"的群体，那些认为中国政府对受过教育的年青一代正在"失控论"的观点是"幼稚的"、不值得辩驳的。

2. 科技创新让圣火登上世界之巅

北京奥运火炬在澳门传递后抵达海南，开始境内 31 个省、自治区和直辖市的传递。传递路线涵盖我国的海洋、高原、盆地、山地、峡谷、平原、

---

〔1〕 吴冬梅，陈雪. 论当代爱国主义在增强民族凝聚力中的作用[J]. 茂名学院学报，2004，14(2).

沙漠等各种地貌。其中,值得所有人骄傲的是,2008 年 5 月 8 日,在中国登山健儿的努力下,奥运圣火登上了世界最高峰——珠穆朗玛峰。在珠峰皑皑白雪的掩映下,“祥云”橘红色的火焰,显得异常迷人与醒目。

圣火传递历史上,从此多了两个世界第一:奥运火炬第一次传到世界屋脊珠穆朗玛峰;奥运火炬的研制,第一次采用火箭技术。

众所周知,珠峰的空气稀薄,含氧量只相当于常态的 1/3。珠峰风力强悍,经常达到 10 级左右。珠峰气温恶劣,常年保持在零下三十几度,且珠峰天气变化无常。在这样的条件下,奥运火炬要保持正常并不容易。负责圣火传递的北京奥组委官员介绍,普通的奥运火炬燃料采用丙烷气体。丙烷在常温下是气体,遇低温会凝固成固体。所以,珠峰的圣火传递必须研制专门的火种、专门的燃料、专门的点火设备。中国工程师把火箭技术首次应用到奥运火炬的制作上,研制了特殊点火器、特殊燃料、特殊火种灯和特殊火炬。登顶珠峰的火炬,能抗 12 级大风,能抗雨雪,火焰高达 20 厘米,燃烧时间也达到了要求。

珠峰海拔高达 8844.43 米[1],成功登顶尚且不易,携带奥运圣火登上珠峰,难度更是可想而知。然而,中国登山队员最终成功地让奥运圣火在珠峰放出耀眼光芒。他们用顽强拼搏的精神,坚韧不拔的毅力,团结协作,奋勇向前,让更快、更高、更强的理念在珠峰之巅闪光。人们也注意到,在此次登山队人员构成中,有包括汉、藏、回、土家族等民族的队员参与,这本身就标志着中华民族的大团结,而这正是成功的重要保障。

此外,我国气象部门动用了最先进的设备和优秀团队为火炬登顶提供气象服务,中央电视台首次在世界屋脊全程直播,其间运用了多项先进的电视转播技术。这些都显示了中国科技的进步和综合国力的强大,也充分体现了北京科技奥运的创新理念。

3. 境内接力:传递温暖和力量

四川汶川 8.0 级强震发生后的第二天,北京奥组委负责人表示:“在火炬接力开始前,全体参与者将默哀 1 分钟,向在地震灾害中遇难的同胞表示哀悼,以爱国主义精神激励全国人民全力以赴做好抗震救灾工作。”

---

〔1〕 国家测绘局公布珠峰新高程为 8844.43 米[EB/OL]. http://tech.sina.com.cn/d/2005-10-09.

5月22日，三天全国哀悼日结束之后，当奥运圣火传递从宁波重新启程时，没有了欢庆的文艺表演，取而代之的是为遇难同胞默哀；数以万计的宁波市民用象征和平与新生的绿色丝带，表达对北京奥运的支持和对地震遇难同胞的哀思。

当奥运火炬跨过杭州湾跨海大桥来到上海"中共一大"会址时，"团结一致、众志成城"、"中国加油、四川加油"的呼喊声此起彼伏。奥运圣火在众人挥舞的党旗映衬下显得更加熠熠生辉。

参加宁波传递的火炬手徐赞说："过去我们观众在火炬接力途中都喊'中国加油'、'奥运加油'，现在他们在齐声高喊'四川加油！'、'汶川加油！'。那种力量震撼人心，让人感动。相信我们灾区受难同胞听到以后肯定会备受鼓舞。"

集体默哀，捐款，高呼"四川加油……"面对突如其来的自然灾害，中华民族所表现出来的团结互助、不屈不挠、顽强奋战的精神，与奥运精神交相辉映、相互激荡，从中我们看到了文明、进步与真善美的统一，看到了人类崇高精神的内在统一。

从"5·12"起，奥运圣火的传递，不仅传递奥林匹克运动的精神，还传递温暖和力量；不仅向灾区人民传递抗震救灾重建家园的信心和力量，还向全世界传递中国人民发扬抗震救灾精神，办好一届有特色、高水平奥运会的信心和决心。而这，正是中华民族凝聚力之所在。

4. 北京传递：梦想成真

北京城被称为地球表面人类最伟大的个体工程。中轴线体现了古都北京在空间组织上的重要特征，它北起钟鼓楼，南到永定门，长约7.8公里。著名建筑大师梁思成先生曾说过："北京城独有的壮美秩序就是由这条中轴的建立而产生的。"拥有3000年建城史和850年建都史的北京是东方文明的代表性城市，历史遗存丰富。这里拥有长城、故宫、天坛等6处世界文化遗产，141座博物馆，3500处不可移动的文物古迹，还有20平方公里的胡同四合院。1949年中华人民共和国成立，北京成为新中国的首都，同时也是中国的文化、教育中心。经过近60年的建设发展，北京已经成为一个世界级的现代化城市，每年接待450万海外游客，已开通200余条国际国内航线，可通往世界主要国家及地区和国内大部分城市。根据《北京城市总体规划(2004—2020年)》，北京未来的发展定位是"国家首都、世界城市、文化名城和宜居城市”。继日韩之后,奥运会是第三次来到有强大儒家思想传统的东亚地区。筹办奥运会,让北京变为非凡的奥运之城。

始于2008年3月的北京奥运会火炬接力是奥运盛会的序曲,是奥林匹克运动最为重要的仪式之一,是传播和弘扬奥林匹克精神的主要形式,把奥林匹克精神再一次传遍全球,充分体现中国人民对推动奥林匹克运动的热诚;能够充分展现途经各国、各地、各城市的秀美风光、文化传统和人民的精神风貌,增进世界各国人民的相互了解和友谊;能够进一步传播北京奥运会“同一个世界,同一个梦想”主题口号的丰富内涵,向各国人民发出参加北京奥运会的邀请,共享北京奥运会的欢乐和荣耀。圣火跨越五大洲13万多公里,带着世界人民的祝福和激情最终来到北京。2008年8月6日至8日,共有841名火炬手在北京市进行奥运火炬传递,传递总距离38.92公里,总用时8小时54分钟。

北京地区奥运火炬传递路线展示北京自然风光、人文特色、民族风情、建设成就,使火炬接力成为全市人民广泛参与的盛会,成为北京奥运会火炬传递的高潮。不管火炬在哪里出现或经过,总会获得英雄凯旋般的礼遇,人群中“中国加油”的呼喊声回荡在千年古都上空,成为中华民族崛起的世纪呐喊。火炬接力以一种纯洁而神圣的方式展现了奥林匹克运动的价值。不管你是手持火炬奔跑,还是站在旁边观看,你都会为火炬接力所代表的价值而着迷。

三、北京奥运会促进中华民族凝聚力的升华

(一)举办奥运会使中华民族凝聚力得到了空前的展示和提升

北京奥运会的成功举办,真正体现了中华民族同心协力、坚韧不拔、自强不息的精神品格,让全世界深刻感受到中华民族的强大凝聚力。可以说,中华民族强大的凝聚力是成就北京奥运会成为“无与伦比”奥运会的重要精神源泉!

北京奥运会是在相当困难的条件下举行的:2008年像是一个“多事之秋”:一月下冰雪,三月闹“藏独”,五月大地震,国际范围内质疑北京奥运的杂音、干扰不断,甚至一度甚嚣尘上……然而,生于忧患,多难兴邦——这恰恰是中华民族精神的鲜明特点与历史命运。因而,奥运会举

办前的种种困难、干扰反而成了激发13亿中国人弘扬民族精神、办好北京奥运会的契机动力。

中华民族凝聚力的空前增强充分表现在这样几个层面上：一是改革开放30年创造了现代化经济起飞的“中国奇迹”，空前强大的综合国力成为中华民族凝聚力空前高涨的强大物质技术基础。二是众志成城的中国军团。中国夺得了51块金牌，比居于第二位的美国还多15块。中国制胜之道是什么？最主要的是靠民族精神的强大凝聚力，使他们形成一个强大团队，形成一个主要靠集体力量取胜的强大军团。三是空前规模、空前热情的中国志愿者大军。[1]北京奥运会采取了三足鼎立的独特体制：中央主导—举国支持—全民参与。“我参与，我奉献，我快乐”，成了北京奥运会期间最流行的口头禅。56个民族，13亿中国人，都以不同方式支持奥运，参与奥运，“中国加油，奥运必胜”一时成了中国最流行的口号与祝福。

尤其应该提到的是，在北京奥运会火炬境外接力传递活动中，千千万万海外华侨华人踊跃参与，挺身维护奥运圣火的纯洁性，这是对奥林匹克精神的有力捍卫，也是爱国情怀的生动展现。来自100多个国家和地区的35万多香港同胞、澳门同胞、台湾同胞和海外华侨华人踊跃捐资建设“水立方”[2]，不仅再次见证了同胞们永不泯灭的赤子之心，而且充分彰显了中华民族的强大凝聚力和向心力。

（二）北京奥运精神升华了中华民族精神

从世界历史高度与哲学深度来看，北京奥运会的最大特色，是源远流长五千年的中华民族精神与富有时代气息的奥林匹克精神融为一体，升华出民族精神与时代精神相结合的现代新形态，或许可称之为“北京奥运精神”，简称“北京精神”，即为国争光的爱国精神、艰苦奋斗的奉献精神、精益求精的敬业精神、勇攀高峰的创新精神、团结协作的团队精神。[3]这是以爱国主义为核心的民族精神和以改革创新为核心的时代精神的生动

---

〔1〕 北京奥运会志愿者规模空前[OB/OL]. http://www.bjxxw.cn/www/zy.

〔2〕 胡锦涛. 在北京奥运会、残奥会总结表彰大会上的讲话[N]. 人民日报，2008-09-30(2).

〔3〕 胡锦涛. 在北京奥运会、残奥会总结表彰大会上的讲话[N]. 人民日报，2008-09-30(2).

体现,是伟大的中华民族精神在当代中国的生动体现。

“北京奥运精神”是中华民族精神与奥林匹克精神相结合的产物,是中华民族精神的现代升华,从而形成了前所未有的凝聚力、生命力、震撼力,最终走向经济全球化的世界历史大舞台,成为中华文明、中华民族精神融入世界文明主潮的伟大里程碑!正像何振梁、邓亚萍等许多人指出的那样,对于众多奥运参与者来说,体育竞技的精彩瞬间,体育明星的金牌纪录,固然首先吸引了人们的眼球,但印象最深的却是主办城市与国家的文化魅力、文明程度、志愿者的微笑、人们的精神状态、心灵对心灵的交流。

综上所述,在全面建设小康社会、加快推进社会主义现代化的进程中,北京奥运会展示并增强了中华民族凝聚力,我们要大力弘扬北京奥运会、残奥会培育的崇高精神,使之成为推动我国经济社会全面发展的强大精神动力。

第三节　淬炼成熟国民心态

国民心态是一个国家社会存在的心理反映,也对社会存在有着巨大的反作用。一般说来,国民心态的强弱,对于一个国家的气度、风格乃至成长经历、发展潜质和国际形象,都有着无形的巨大影响。北京奥运会作为一个大型的综合体育盛会,是观察一个国家经济、政治、精神、文化发展状况的重要窗口和绝佳机会,也透视了一个国家的国民心态,而且是非常可信的事件和时机。

近百年的屈辱记忆,中国人在感情上一直烙有受害者与落后者的印记。“办一届历史上最出色的奥运会”,一直是萦绕在国人心头的一个梦,一个做了百年的“强国梦”。北京奥运会对于中国来说,所承载的内涵远远超出体育本身。有评论指出:“当中国不得不被置于世界的放大镜之下时,这个国家的国民对待奥运的心态,成为比奥运会更重要的东西。”[1]

---

〔1〕 北京奥运见证中国大国民心态[EB/OL]. http://sports. sohu. com/20080829/n259267287. shtml.

北京奥运会在收获了成功举办的赞誉的同时，也见证了我国广大国民心态走向成熟的历程。

一、以平常之心筹备北京奥运会

由于特定的历史原因和特殊的心理作用，北京奥运会是中国社会经过近百年屈辱之后的一次快感释放，中国人将北京奥运会看得极重。自2001年7月13日北京赢得第29届国际奥林匹克运动会举办权之日起，中国就发出了“办一届历史上最出色的奥运会”的口号。“相当长的时间里，北京奥运会承载了许多的东西——包括强国的梦想、富强的渴望、崛起的自豪等等，这当然是可以理解和接受的。但我们的一些理念偏离了当代中国人在刚刚富裕起来后应有的理性。”〔1〕庆幸的是，经过改革开放洗礼的中国人，在经济建设中积攒起来的理性、冷静，战胜了短时间内的激情与盲目。“我们过于强调以举国之力办一届历史上最出色的奥运会，急于向全世界证明自己，是一种好大喜功、讲排场、好虚荣的不成熟心态，某种程度上也反映我们内心的不自信。”〔2〕2003年8月，温家宝总理在国务院办公会议上，提出了“节俭办奥运”的方针。随后，中共北京市委第九届七次全会上，正式确定了这一方针。自2004年开始，官方的宣传口号从“办一届历史上最出色的奥运会”变成了“办一届有特色、高水平的奥运会”。这反映了中国政府和民众在兴奋之后，开始趋于理性冷静。坚持中华民族“勤俭节约”的传统美德，以一种平常之心、务实精神筹备奥运会。

2007年7月17日，温家宝总理考察奥运场馆建设时强调“中国办奥运不讲排场”。“节俭办奥运”与“办成一届最出色的奥运会”的理念并不冲突，而是和谐相依的。举办奥运会是将西方文化迎接进来，但我们中华民族勤俭节约的美德不能丢掉，即使我们富裕了也要坚持。在北京奥运会的筹办、举办过程中，我们没有迷失自己，最终为世界奉献了一届“无与伦比”的精彩奥运。

---

〔1〕 中国奥运理念的成熟与进步 以理性拣拾经济贝壳[EB/OL]. http://2008.sohu.com/20080801/n258529538.shtml.

〔2〕 徐镛均. 以开放的国民心态迎接北京奥运会[J]. 今日中国论坛，2007(10)：84.

二、以友爱之心对待外国运动员

开幕式上,当一支仅由11人组成的代表团入场时,全场响起了经久不息的掌声。这不是东道主,也不是哪个体育大国,而是历尽周折、在最后时刻才参加北京奥运会的伊拉克代表团。当菲尔普斯实现奥运会八金的梦想,牙买加飞人博尔特再次刷新世界纪录时,中国观众的欢呼是对人类可以企及之超越乃至卓越的庆贺;当33岁的丘索维金娜为患病的儿子而战,身患癌症的美国选手埃里克·尚托出现在赛场,南非"独腿飞鱼"纳塔莉·杜托伊特开始她的女子10公里马拉松比赛时,中国观众的掌声是对人类不为形役、不断挑战自我的勇气与自信的敬意。中国人民通过这次盛会充分展示了自己和平善良、热情友爱的一面。

"中国民众都能具备真正的大国民风范——自信、宽容、雍雅、关怀"。从这个意义上来说,北京奥运所体现的中国观众的理性、开放与文明,实在是赛场之外中国人所获得的最大奖牌。经历了北京奥运会的洗礼,我们有理由相信,未来在构建和谐社会、实现中国崛起的过程中,中国国民心态一定会更加开放、理性与成熟。

三、以宽容之心对待比赛失利者

奥运会不仅是一场体育赛事,也是中外文化交流的舞台,展现国民心态的一扇窗口。从历史上看,"中国最初参加奥运会、退出奥运会、又加入奥运会,直至申奥,均为政治需要。20世纪的政治风云给竞技带来了太多的扭曲,金牌得失直接与民族兴衰画等号,以致体育界许多人认为这样畸形的状况就是竞技的正常态"[1]。但是,经历三十年改革开放的中国国民,对体育的理解也在不断与时俱进,北京奥运会上中国民众的心态可见一斑。当杜丽痛失奥运首金,泪洒赛场时,网络以及公共舆论四处响起的是"胜败皆英雄,杜丽不哭,中国加油!"等理解、宽容以及勉励的声音。当受到国人高度冀望的飞人刘翔因伤病复发不得不退出比赛时,他所得到的是国人的关注、祝福与期待,国人送出的是"你依然是英雄"的温情安慰。一个细节尤为令人感动:当刘翔返回奥运村,没有一个人去惊扰

[1] 胡小明.体育休闲论[M].成都:四川科学技术出版社,2008:209.

他，只让他静静地待着，只是，他的房间门口，摆满了大家自发送来的鲜花。而当曾经是中国女排精神的代表郎平率领的美国女排击败中国女排时，中国观众给予郎平的仍是“郎平郎平我爱你”的欢呼。而这一切，在十几年之前，是不可想象的。

24 年前的洛杉矶奥运会上，曾经三次打破世界纪录并被国人寄予厚望的朱建华金牌失手，家里玻璃被砸；20 年前的汉城（首尔）奥运会，国人心中的“体操王子”李宁因为失误而“败走麦城”后，收到了刀片和上吊绳。当时，外国媒体评价中国是个输不起的民族。同样，在对待郎平所代表的“海外兵团”的态度上，我们也曾经备受煎熬与折磨。就在 1994 年广岛亚运会上，中国乒乓球原国手何智丽代表日本出战，击败中国运动员邓亚萍一举夺冠后，被无数国人痛斥为“叛国贼”和“汉奸”。在北京，执教韩国羽毛球队的原中国国家队教练李矛同样“心情舒畅”，原因是他再也没碰到一个人说：“这是汉奸！”

从朱建华、李宁、何智丽，到杜丽、刘翔与郎平，我们终于在理性、公正、宽容、开放中找到了人类文明应有的立场与表达。当时间改变了一切，北京奥运也见证了一切：我们已经学会了宽容、文明与开放，学会了尽情享受比赛，享受运动之美、享受人性与人情之美，明白了奥林匹克精神的真正价值所在，体现了中国人对包括比赛失利者在内的所有奥运参与者的人文关怀。所有这些，“已不仅仅是奥林匹克精神的感召，对于中国这样一个历尽沧桑的古老国度来说，它是一种嬗变，更意味着一种国民心态和国家性格的涅槃”〔1〕。

一个人承载 13 亿人期望的现象或许值得商榷，但当期望变成失望后，13 亿人表现出的理性更加令人惊叹。从这个意义上说，刘翔因伤退赛客观上也是一次对国民素质的检验，他得到了大多数中国观众的理解。这种理解，实际是以人为本观念最真实的体现。因为尊重人性，首先是尊重一个人的身体健康，人类的极限是难以超越身体本身的。这表明，体育已在很大程度上回归到它本来的快乐与健康的意义，希望通过一个人或几个人来支撑一个民族尊严的时代已经结束。

---

〔1〕 北京奥运见证中国大国民心态［EB/OL］. http://sports. sohu. com/20080829/n259267287. shtml.

四、以理性之心面对奥运"杂音"

纵观奥运会的百年历史,在发展中国家、非西方国家举办的奥运会,比如墨西哥、韩国、苏联举办的奥运会,总在考验西方社会的文化容忍与理解能力。而东方大国承办的北京奥运会,还有着中国特色30年经济高速发展的大背景,它给西方政界及媒体带来的复杂心理感受,也大大超过以往。

"随着北京奥运会的临近,许多国内外时间都被贴上奥运的标签,并被用来质疑北京承办奥运会的道德正当性和能力。"[1]从2008年初开始,一些西方媒体开始"设置"议题,制造噪音,试图以各种"价值卡尺"定位中国话题。在北京奥运会大背景下的噪音可分为三类:第一类是涉及中国的人权、民族主义、新闻自由、宗教自由、知识产权等"传统项目"。比如一些国外媒体报道的"中国禁止外国运动员携带《圣经》到奥运村",以及在拉萨"3·14"打砸抢烧暴力犯罪事件中的扭曲报道等。第二类是中国与亚洲的缅甸、非洲的苏丹达尔富尔问题的关系。一些西方政客、媒体和演艺界人士就达尔富尔问题指责中国,并想通过抵制北京奥运会向中国施加压力。中国人民大学新闻学院副院长喻国明指出,这些议题与时事紧密联系,企图将北京奥运会政治化。第三类则是与北京奥运会直接相关的环境污染和空气质量、兴奋剂、食品安全及卫生防疫等多个领域。比如英国媒体报道的"中国从明星刘翔的金牌中揩油",7月21日,德国电视一台移花接木式剪接出的"中国医院提供基因兴奋剂"新闻专题片,等等。

外界一度担忧:北京奥运会期间可能出现中国民族主义情绪,以激烈报复西方某些政治势力破坏北京奥运会的言行。但事实证明,在奥林匹克大家庭的欢聚中,中国人对海外媒体的各种"挑刺儿"采取宽容的态度,并接受其中建设性的批评,保持自信自尊,保持宽广的胸襟,在坦然之中赢得了自信与尊重。

民族主义是指个人对民族或民族国家无上忠诚,把本民族的利益看得高于一切的感情。奥林匹克运动会本身就是以民族主义为核心的,也

---

〔1〕 杨清林."化解"奥运风波[J].南风窗,2008(6):28.

正是这样，才能激发民众对于奥运会的热情与关注，激励运动员在赛场拼搏，为国争光。北京奥运会的申办、筹备直至成功举办，大大增强了中国人的民族自豪感和责任感，但是，这绝不是狭隘的民族主义情绪。

对于中国主办的这一届奥运会来说，奥运会并不仅仅是“更高、更快、更强”的体育竞技。中国举办北京奥运会的口号是“同一个世界，同一个梦想”，体现了中国传统的和谐思想，喊出了全球华人和平共处、共享奥运、对外开放、共创未来的共同心声，展示了中国宽容、开放的心态。

奥运会虽然与国家和民族的荣誉如此紧密地联系在一起，但是它毕竟是一场有规则的竞赛，奥运会上不仅有民族精神，更有体育精神。奥林匹克精神给竞技运动设置了一个理想主义的目标和方向，强调体育的人文价值，强调体育的真、善、美，强调体育应为人的和谐发展服务，进而促进一个维护人的尊严的、和平的社会建立。而奥林匹克运动会的本意也就是促进世界和平、社会进步、人类团结友爱和提倡公平、公正。我们欣喜地看到，中国通过北京奥运会展现给世界的，不仅是一个日益富强、体育实力雄厚的大国形象，更有我们中国人作为一个发展中大国的国民风范。

五、北京奥运会见证国民心态走向成熟

从申奥成功到奥运会圆满结束，中国在7年筹办奥运的旅程中经历了种种磨砺和考验，中国人的社会心理从躁动逐渐走向沉稳，从情绪化日益走向理性化，从“金牌第一”到开始关注“人”本身，一个泱泱大国所应具备的自信与包容逐渐在中国人的心中生根、发芽、开花。

与此同时，中国人也不断地在进行“国民性格”的自我检视和反省。在北京奥运会赛场上，对于杜丽错失奥运首金、郎平带领美国女排打败中国队、飞人刘翔突然退赛……大多数中国人所表现出的包容理解态度赢得了世界的赞许和尊重。即使面对各种怀疑、责难和不友好，无论国家领导层还是普通民众都没有责怪和抱怨，而是始终以理解、宽容、平和的心态面对，以博大的胸怀包容，以一个个铁的事实将误解变为信任，让责难变为盛赞。对此，新加坡《联合早报》发表文章认为，“成功举办奥运会使中国人更加具备一个正常大国国民的心态。而这种心态对中国的真正崛起，在国际舞台上担负大国责任具有深刻的意义”。

第四节 彰显政府高超执政能力

一、北京奥运会促进政府更新执政理念

在党的十六届三中全会上，以胡锦涛为核心的新一届中央领导集体，明确提出要树立和落实科学发展观。科学发展观的本质与核心是以人为本。“人文奥运”在“以人为本”的核心问题上与政府所倡导的科学发展观是统一的，它是科学发展观这一执政理念在北京2008年奥运会筹办、举办过程中具体而集中的展现，是运用和落实科学发展观的生动实践。2001年12月13日，北京奥组委成立大会提出，2008年奥运会要坚持“五个方针”，其中之一就是贯彻“廉洁办奥运”的方针。为落实这一方针，北京市在奥运筹办期间专门成立了奥运场馆工程建设监督领导小组，负责全程监督奥运工程建设，确保奥运场馆建设的廉洁和节俭。同时还通过恰当的渠道，将监督的过程和结果，向社会和百姓进行如实、及时的发布，让舆论和百姓能够了解奥运工程建设的情况和监督小组的监督情况。这些措施充分体现了在以人为本执政观的指导下，政府角色由权力政府向责任政府转换，其公众形象由“神秘”向“透明”过渡，治理方式由“人治”向“法治”改变。

二、北京奥运会展现了政府的危机处理能力

北京举办2008年奥运会，是时代赋予中国人民和政府的巨大机遇和重任，其作用不仅仅局限于运动会本身，意义也远远超越了体育范畴。北京2008奥运会给北京乃至中国带来的影响是全方位的，特别是在申办、筹办与举办奥运会的过程中，其内在与外在规律和主客观的要求都是对政府执政能力的一次全面挑战。

在筹办与举办北京奥运会的过程中，中国政府努力实践“北京奥运会申办报告”中的有关承诺，倡导“人文奥运”，坚持以人为本，追求政治和谐。积极引导民众参与奥运会的各项工作，有力地提高了奥运会准备工作的质量，推进了奥运进程，创建了一个透明高效的服务性政府形象。在

筹备奥运会的七年间，尤其是2008年，中国政府沉着化解一次次危机，展现出大国风范，凸显了中国政府的智慧，彰显了中国政府的执政能力。

（一）“危机外交”展示中国政府的智慧

拉萨“3·14”打砸抢烧暴力犯罪事件发生后，西方一些媒体、反华势力、政客与境内外“藏独”势力沆瀣一气，公然歪曲事实、颠倒黑白，上演了一出反华大合唱的闹剧。中国的民族尊严和国家形象遭遇严峻考验。不少驻外使领馆遭到境外反华势力和“藏独”分子的暴力冲击。随后进行的奥运圣火境外传递在多个城市遭遇恶意干扰。面对突如其来的考验，中国政府临危不惧，沉着应对，有关部门特别是外交部及其驻外机构迅速做出反应，国内有关部门主动与外国驻华机构接触，驻外机构主动与驻在国政府和各界人士沟通，全面阐述中国政府的对藏政策，全面介绍西藏历史、现实以及“3·14”暴力犯罪事件真相，及时揭穿了达赖集团和西方一些媒体的谎言，暴露了西方反华非政府组织和“藏独”势力有计划有预谋地策划拉萨暴乱的事实，展现了中国政府智慧、成熟、大度、自信、稳健的风格。

（二）“救灾外交”开创中国外交新境界

四川汶川地震发生后，中国政府本着以人为本的理念，在极其困难的条件下，迅速动员人民解放军和武警部队，展开紧急救援。同时，果断实行信息公开，坦然开放接受外国救援，特别是接受外国军机救援，这在中国外交史上具有开创性，体现出了中国军事外交的自信与开放，展现出大国军事救援合作的广阔前景，博得了国际社会普遍赞誉，把中国与外部世界的良性互动提升到新高度。政府的快速反应和“外交为民”理念赢得世界赞誉。

（三）“奥运外交”凸显了中国政府对“和谐世界”的追求

北京奥运会既是体育界的一次盛宴，也是中国外交的一次盛宴，既是一次体育盛会，也是一次外交盛会。北京奥运会不仅吸引了世界204个国家和地区的11500多名运动员参加，很多国家的参加人数都创历史新高，而且，有近80名外国国家元首、政府首脑和王室代表参加了北京奥运会开幕式。北京奥运会使中国与世界的融合达到前所未有的水平。全球47亿观众通过电视屏幕，共同感受“同一个世界，同一个梦想”带来的快乐。奥运会大大加深了中国人民和世界人民的心灵沟通，增进了相互了解与友谊，扩大了中国与世界各国的友好合作。世界日益看好中国的发展前景，中国的国际地位和影响力进一步提高。

“政治奥运”没有在北京奥运会开幕式上出现。虽然在奥运火炬传递过程中，出现了许多不该发生的“政治奥运”事件，包括一些外国政要、组织、媒体在内，发表了许多与奥运精神格格不入的言论，但是一些曾经发表过“政治奥运”言论的外国政要也出现在了北京奥运会开幕式的现场，表现出了比较友好的一面。尽管外国政要参加北京奥运会，是由国际奥运会出面邀请的，但是他们来到中国以后，中国政府也给予了最大的诚意、最友好的接待。仅胡锦涛主席一人，就在五天时间内，先后会见了55位外国领导人，其他国家领导人也在不同的场合会见了外国领导人和王室代表，各种形式的高层会见超过了70场。如此众多的外国政要参加北京奥运会，也把北京奥运会变成了一次外交盛宴。在这一盛宴中，进一步扩大了中国与世界各国的交流与合作，加深了中国与世界各国的友谊与感情，对未来中国外交的发展，将发挥积极而重要的作用。

三、中国政府高超的执政能力成就“无与伦比”的奥运会

在闭幕式上，罗格用“这是一届真正的无与伦比的奥运会”，十分精当而生动地评价了北京奥运会。

为什么说“无与伦比”？原因有很多。第一，因为30年前中国还是世界上贫穷的国家之一，全球三分之一的贫困农村人口在中国。在25年的时间里，中国创造了历史上最大的经济奇迹，中国保持了快速的经济增长，同时大大减少了贫困人口的数量。北京奥运会就是庆祝这一成就的盛会，中国赢得51枚金牌的骄人战绩就是最好的证明。自第二次世界大战以来，继美国与苏联之后，中国成为第三个站上金牌排行榜的榜首的主办国。而整整100枚奖牌，圆了中国人的百年奥运梦。第二，本届奥运会的广度和深度也堪称“无与伦比”[1]。共有38项世界纪录和85项奥运会纪录被打破，美国泳坛名将菲尔普斯勇夺8金，并打破7项世界纪录的辉煌成绩，再加上世界上跑得最快的人、牙买加短跑天王博尔特勇夺三面金牌及三项比赛都打破世界纪录，成为全球媒体头版的题材。比赛项目

---

〔1〕［西班牙］拉斐尔・波奇．中国登上了领奖台［N］．参考消息，2008－08－27（16）．

和参与人员也超过以往，女运动员占参赛运动员的45%，创历史最高。5400小时的电视直播时间比雅典奥运会多出了2000小时。参与采访的中外媒体记者近4万人，是奥运会历史上记者最多的一届。北京奥运会还是全球化程度最高的一届奥运会，中国代表团成员中共有来自16个国家的38名外籍教练。在排球、田径、女子体操、乒乓球、跳水和射击等项目中，很多中国教练出现在外国代表团的队伍里，包括美国体育代表团。同时在北京奥运会期间，来自世界各地的国家元首、政府首脑或王室成员到访北京。第三，北京奥运会是在一个新兴强国举办。中国民众激情拥抱奥运会确保了这次盛会的成功，全世界近40亿观众都感受到了北京奥运会所传达出来的力量。

中华民族五千年的期盼，中国人民百年奥运梦所承载的希望，三十年改革开放成果在奥运会大舞台上的充分展示，让北京奥运会成为一届意义非凡的奥运会。从这个意义上说，北京奥运会是对中国政府执政能力的一次考验。中国政府紧紧围绕"有特色、高水平"目标定位，精心运筹。尤其是2008年的特大雪灾和特大地震，给奥运会的筹备工作带来了很大困难；国际上一些别有用心的政客围绕北京奥运会上演了一幕幕反华闹剧，让北京奥运会的筹备工作面临着巨大压力。但是每逢关键时刻，中国政府审时度势，沉着应对，极为有效地化解了一个个难题。北京奥运会的巨大成功，让一切欢乐成为永恒的记忆，而中国政府体现出的高超的执政能力，是中国人民能举办一届无与伦比的奥运会的根本原因之一。

第五节　推动中国体育事业发展

一、体育现代化理论

体育作为一种以身体练习为主要特征，承载着丰富文化积淀和精神财富的社会文化现象，它始终伴随着人类文明和社会进步而向前发展，它是现代文明生活中不可或缺的重要组成部分。

体育理论界部分学者敏锐地提出了体育现代化的问题。他们不仅对"体育现代化"做出了界定，还进行了将其付诸实践的努力。如我国最早提出体育现代化概念的熊斗寅研究员认为,体育现代化"是否可以说就是体育的科学化,也就是把现代最新的科技成就和理论知识在体育中广泛应用,从而使学校体育、竞技体育和群众体育几个方面都达到世界先进水平"[1]。

卢元镇教授认为,体育的现代化既是体育发展所达到的水平和状态,也是体育发展的理想目标和未来趋向,更是为实现这一理想目标所进行的高度理性、自觉的奋斗进程,是一种能动地加速体育发展的现实历史进程。[2]

吕树庭、张宏等认为,体育现代化是指在社会现代化的发展进程中,体育朝向一组复杂的、具有时空边界约束的、具有时代内涵的、与社会其他组成部分相协调的、相对目标集合的动态过程。体育现代化是以"生活质量为中心"的第二次现代化的重要组成部分,它包含了推进体育现代化持续发展的动力表征,衡量体育现代化发展程度的质量表征,以及判别体育现代化差异程度的公平表征三条基本主线。[3]

孔庆鹏、朱永新、王家宏等教授认为,体育现代化如同政治、经济、文化、教育等的现代化一样,是社会事业中体育领域发展的理想目标与未来趋势,它是指体育制度、物质和人在某一特定阶段的发展水平与状态,是一种为实现这一理想目标所进行的高度理性、自觉奋斗的过程,是一种能动地加进体育发展的现实历史进程。[4]

董新光教授认为在体育现代化过程中应具有以下特征:(1)现代体育占据主导地位并起主导作用;(2)具有现代性的传统体育得到继承、创新与发展;(3)体育在人的素质提高与全面发展中具有相当地位;(4)体育活动在平民中有很大普及;(5)体育社会组织化程度提高;(6)体育物质条件有相当规模。[5]

---

〔1〕 熊斗寅.现代体育与体育现代化问题初探[J].北京体育学院学报,1980(1):9.

〔2〕 卢元镇.现代化进程中的中国社会体育及其产业[J].社会体育国际论坛.广州:华南师范大学,2002.

〔3〕 吕树庭,张宏,等.广东省体育现代化指标体系的研究[J].广州体育学院学报,2004,24(4):1-5.

〔4〕 孔庆鹏,朱永新,王家宏,等.苏州市体育现代化研究[M].苏州:苏州大学出版社,2003:22-23.

〔5〕 董新光.社会体育现代化研究专题[R].苏州:苏州大学体育社会科学研究中心,2007,5.

原江苏省体委主任孔庆鹏等人提出了“关于在我国实施体育现代化工程的理论思考”；浙江省委提出到2020年在全省基本实现现代化的目标以后，厉丽玉等人以现阶段中等发达国家的体育现状作为参照系，构建了浙江省实现体育现代化的指标体系；江苏省统计局的《体育现代化指标体系的构建及进程评价》课题组，于2003年提出的体育现代化指标体系包含了涉及4个方面的15项指标，并以江苏省为例，确定了各项指标的预期标准值。

归纳社会学、体育学等学科学者们的认识，体育现代化是指在传统社会向现代社会转型过程中传统体育选择性接纳现代体育，使传统体育具有现代性，得到继承、创新、发展并成长为现代体育的过程；同时是现代科技、政治、经济等渗透到体育运动中的过程。体育现代化是衡量社会现代化水平的重要指标之一，相对于整个社会的发展来说，奥运会对体育现代化的影响更为具体，实践意义更强。2008年北京奥运会对中国体育现代化有着重要价值，对于中国体育现代化各层面产生了深远的积极作用。

二、北京奥运会促进现代体育大众化

（一）北京奥运会提升了大众的体育意识

奥林匹克主义强调以人为本，强调以体育运动促进人的和谐发展，强调重在参与，强调通过体育运动构建健康、文明的生活方式。在北京奥运会筹办和举办过程中，以奥林匹克主义为核心的奥林匹克理念在13亿中国人中大规模地普及。这些观念的普及有助于提高整个社会对体育的认识。不仅如此，奥运会也有助于我们更新关于大众体育的观念。[1]2008年北京奥运会的运动成绩会成为历史，但北京奥运会对推动我国群众体育的发展的影响意义非凡。

北京奥运会有力地促进了全民健身活动的广泛开展。在北京奥运会筹办与举办期间，各地积极响应“要求举办经常性群众体育活动，丰富群众文化生活”的号召，开展了丰富多彩的群众健身活动，大众广泛参与的体育运动项目如乒乓球、篮球、排球、游泳等；越来越普及的传统体育项目

〔1〕 任海.2008年北京奥运会与我国群众体育的发展[J].http://www.olic.cn/aspkkj/1645.htm.

如气功、太极拳、扭秧歌、跳绳、拔河等；还有近年来新兴的广场舞、保龄球、网球等时尚运动项目，越来越受到人民群众的欢迎。随着健身活动的红红火火进行，人民群众的健身热情也空前高涨。

奥运期间，人们在观看奥运比赛的同时，也自觉不自觉地开始投入健身的行列。运动开始成为普通百姓的一种生活习惯。“我运动，我快乐”已经成为人们时尚生活的一句口号。一项调查表明，北京奥运会后，关心体育的人增加了48%，愿意加强体育锻炼的人增加了57%。[1]借举办奥运的契机，促进全民体育事业发展，增强全民健身意识，这是北京奥运会带给我们的实实在在的收获。北京奥运会带给人们的体育知识、体育意识，以及由此产生的体育行为，将长留于人们的生活之中。从这个意义上讲，奥运会带给群众体育的影响是深远而长久的。

（二）北京奥运会开发扩大了大众体育资源

北京获得奥运会举办权后，我国体育得到社会各界前所未有的高度重视，来自政府和非政府的各种渠道投入体育的资源与日俱增，群众体育各项基础建设得到了较大改善。到2008年底，中央和地方投入超过26亿元资金，全国各地在“全民健身路径工程”建设中的资金投入达到30多亿元，全国公共体育场地增加了将近2000多万平方米；依托各级学校、体校、体育场馆、拥有固定场馆的单项运动协会和社区创建的青少年体育俱乐部2379所，每年参加俱乐部活动的学生达两亿人次。据不完全统计，三万余条“全民健身路径”遍布城市街巷，29个省市的499所学校体育场馆向公众开放，87000余个农民体育健身中心于2008年底建成，覆盖城乡、形式多样、亲民便民的全民健身场地设施服务体系初步形成；近21万个城乡体育指导站和健身站点、237个国家级社区体育健身俱乐部聚集了热火朝天的人气，45万人组成的社会体育指导员队伍成为广大健身者的贴心老师。[2]

北京奥运会促进了体育场馆和公共设施的建设，为人民群众提供了舒适现代的健身场馆，使群众体育活动在全国更加普及和深入人心，这对提高民族体质及全民健身活动的开展都将起到重要的推动作用。

---

〔1〕 程瑞辉. 奥运会对我国大众体育事业的促进作用[N]. 光明日报. 2008-11-05.

〔2〕 程瑞辉. 奥运会对我国大众体育事业的促进作用[N]. 光明日报. 2008-11-05.

（三）北京奥运会有利于群众体育的组织整合

群众体育所特有的种种性质，如参与者的异质性、需要的多重性、动机的多样性、活动时间的业余性及组织的分散性等，使得群众体育的组织跨越多个社会部门，需要全社会的合作。[1]由此看来，全民健身是社会共同的事业，绝非政府和体育管理部门的一己之力可以成功的，更需要宣传部门、卫生部门等行政单位和相关社团组织的合作和努力。因此，建立起有效的整合机制是我国群众体育发展的一个核心问题。奥运会的组织和管理包括建立优良的管理体制和运行机制，主要表现为组织机构的精干高效和与社会的广泛沟通。历届奥运会大都采用职能式结构或委员会制，以提高信息传递的效率和组织职能的弹性。群众体育组织也被纳入其中，建立起了与社会各部门和群众的广泛沟通渠道。北京奥运会的筹办和举办，需要全国上下各部门、各领域的频繁交流和互动，使以往未曾重视过群众体育或重视不足的单位和部门更新观念，改进对群众体育的态度和工作方法；利用新闻媒介的正式宣传和报道，发展群众会员组织；通过引进国外的先进管理经验和手段，改进群众体育管理的工作方式和办事效率，使得我国体育组织与中央和地方政府的财政、教育、卫生、建设、国土资源、通信、文化、信息、环境等各个部门及民间社团频繁接触，从而在政府各部门之间、民间团体之间、政府与社团之间、组织与个人之间建立起多种社会合作关系，形成高度整合的群众体育的社会网络，为奥运会结束后群众体育的快速发展提供组织管理的资源和条件。这种网络十分重要，因为它是一个可以提供不同层次体育活动的连贯的组织体系，以满足人们按照自己的需要参与从娱乐到竞技的各种体育活动，从而满足《奥林匹克宪章》指出的“参加体育运动是人的一项权利，每一个人都应具有按照自己的需要，从事体育活动的可能性”[2]。

三、北京奥运会促进竞技体育现代化

（一）北京奥运会促进竞技体育的快速发展

我国竞技体育作为展现国家综合实力、振奋民族精神的一个重要方

---

〔1〕 任海. 2008年北京奥运会与我国群众体育的发展［EB/OL］. http://www.olic.cn/asp-kkj/1645.htm

〔2〕 国际奥林匹克委员会. 奥林匹克宪章［M］. 北京：奥林匹克出版社，2001：9.

面，始终得到党中央、国务院的亲切关怀和高度重视，得到全国各级党委、政府、各个行业和全国各族人民的大力支持。特别是北京获得2008年奥运会的举办权后，党中央、国务院专门下发了《中共中央国务院关于进一步加强和改进新时期体育工作的意见》（中发［2002］8号），进一步明确了发展体育事业的指导思想、工作方针和总体要求，对新时期的体育工作进行了全面部署。为备战2008年北京奥运会，我国制订了《2001—2010新奥运争光行动计划》，并在此基础上制订了《2008年奥运争光行动计划》。《2008年奥运争光行动计划》明确提出："调动社会各方面积极性，优化资源配置，抓住北京举办2008年奥运会的历史性机遇，全面总结我国竞技体育的成功经验，通过准备和参加奥运会，全面提升我国竞技体育水平，为国争光。"为把2008年北京奥运会办成历史上有特色、高水平的一届奥运会，进一步加强了对2008年奥运会训练竞赛组织工作的领导，全面规划、统一部署、开拓创新、锻炼队伍，不断提高竞技运动水平和国际大型赛事组织能力。

为做好2008年奥运会参赛准备工作，中央拨专款加大了投入力度；扩充了国家队编制；加强了国家训练基地的建设，改善了国家队训练、科研、食宿等各方面条件；设立了国家队备战奥运会专项津贴，增加了国家队教练员、运动员的收入；有关部委制定了切实可行的政策，为优秀运动员、教练员升学就业创造条件，提高运动队伍的科学文化素质。财政、人事、劳动保障等部门制定了优秀运动员退役就业安置的政策措施，建立优秀运动员的激励机制和伤残保险制度，解除了后顾之忧。[1]这些得力措施，为完成2008年北京奥运会参赛任务提供了强有力的条件保证，极大地促进了我国竞技体育的快速发展。

（二）有利于整合我国以奥运会为导向的竞技运动体系

几十年来，我国已经形成了以备战奥运为核心的高水平竞技体育训练比赛体系，备战北京奥运会增加了我国高水平竞技体育人才的数量，这有助于从人才总量上缓解我国竞技体育发展不平衡的问题。近几届奥运会，中国参加运动员人数不断增长，已经表现出高速发展的态势。完善适

---

〔1〕 潘志琛.2008年奥运会我国参赛面临的形势和任务［C］.//国家体育总局政策法规司.2008年北京奥运会的理论与实践.北京：人民体育出版社，2005：295.

合我国竞技体育发展需要的国家队管理体系，强化国家队管理，扩大国家队集训规模，建立健全国家队竞争机制和激励机制，确保高水平竞技人才的数量和质量。扩大我国竞技体育的优势项目，形成优势项目的"人才群"和"人才链"。重点在部分传统优势项目和潜优势小项目中，加快培养运动员，扩大各项目适龄段优秀运动员的人数和规模，增加投入比例，形成合理结构。充分调动地方积极性，选择适当的运动项目，由国家和省、自治区、直辖市和解放军等单位共建国家队。对承担国家队任务的地方和解放军等单位，给予相应的政策扶持，鼓励地方利用地区优势为国家培养人才。贯彻中央关于西部大开发的重大决策，积极支持西部地区发展竞技体育，完善国家队运动员和教练员选拔、聘任办法和标准，坚持公平、公正、公开的原则，形成国家队进出有序、科学合理的竞争机制，充分调动运动员和教练员的积极性。

（三）促进非优势和潜优势项目的发展

备战北京奥运会可促进我国参加奥运会项目数量的增加，有效推动竞技体育系统奥运项目的普及发展，使竞技体育系统项目发展更为均衡。巩固和加强乒乓球、羽毛球、跳水、举重、射击、体操和女子柔道等优势项目，保证投入、挖掘潜力、扩大优势。认真总结和大力倡导优势项目在发展过程中的成功经验和做法，在继承的基础上不断创新，使其持续发展。对我国曾在奥运会取得奖牌或其他国际大赛上取得较好成绩的潜优势项目着眼长远、精心布局、科学规划、加大投入，以培养尖子选手为重点，促其尽快向金牌冲击，带动整个项目的发展，加速向优势项目的转化。选准金牌多，影响大的田径、游泳和水上项目（赛艇、皮划艇、帆船板）作为突破口。田径和游泳以适合我国开展和有较好群众基础的小项目为重点，水上项目侧重发展女子项目或轻量级项目。加强科研攻关、科学选材和科学训练，力争早日突破。认真抓好群众基础好，观赏性强的足球、篮球、排球等球类集体项目，以女排、女足、女垒、女篮、女曲、女手为重点。加强对奥运会新增加项目或有可能增加项目的研究，早抓新的"金牌增长点"。[1]

---

〔1〕 国家体育总局政策法规司. 2001—2010 年奥运争光计划纲要. [EB/OL]. http://www.lawyee.net/Act/Act_Display.asp? RID = 208009.

四、北京奥运会促进学校体育现代化

(一) 推动我国学校奥林匹克教育

北京举办2008年奥运会给我国学校体育带来新的机遇与挑战,推动我国学校体育向着以"健康第一"为指导思想,"以人为本"为基本理念,注重人的可持续发展的总体方向发展。[1]北京市政府投资280亿建设数字奥运,改进北京2008年奥运会体育场馆建设、道路交通和数字通信等,客观上提升了社会的总体体育锻炼环境。通过发展全民健身事业,增强了社会全体公民对体育的参与意识,促使越来越多的人自发参加体育活动、养成体育锻炼习惯。这就为学校体育培养人的终身体育锻炼观念、能力和习惯,使体育成为伴随人一生的健康的生活方式提供了良好的社会环境,为学校实现"终身体育"的教育、教养目标提供了积极的社会物质条件和文化氛围。

在奥运会筹办期间,北京奥组委制订了完备的奥运会教育计划。在学校中普及奥林匹克教育,为学校体育提供学理解释和价值说明,有助于强化全面发展的教育观,促进素质教育发展,进而推动学校体育教学的改革。现代奥林匹克文化的介入,为学校体育的发展提供了丰富的教育内容以及方法、手段等基础动力;与此同时,学校体育的自身发展也在客观上促进了奥林匹克文化的全球化传播和多样化发展。当今,作为中国体育文化传承主体的中国学校体育,正在经历着课程、教材、教学过程改革的探索阶段,现代奥林匹克文化的注入,为学校体育自身改革与发展问题的解决寻找到新的突破口。

(二) 志愿者服务为青年学生提供奥运经历

青年学生是北京奥运会志愿者活动的主体,他们从志愿者服务中得到最直接的奥林匹克教育,成为未来最好的奥林匹克宣传员。北京奥运会和残奥会期间,超过10万名赛会志愿者活跃在竞赛场馆、非竞赛场馆、独立训练场馆和服务场所的100多个业务口、5000多个工作岗位上,提供观众服务、交通服务、安全检查、竞赛组织支持、技术支持、医疗服务、语

---

〔1〕 刘鹏. 以筹备2008年奥运会为重大契机,促进我国体育事业全面、协调、可持续发展[J]. 中国体育教练员,2005(1).

言服务、场馆管理支持、新闻运行支持、体育展示、颁奖礼仪等志愿服务。同时，奥运场馆外，40 万城市志愿者和 100 万社会志愿者在更广阔的舞台上，以热情的微笑、专业的技能、周到的服务为奥运会、残奥会高效运行和城市有序运转发挥了不可或缺的作用。志愿者是北京奥运会真正的形象大使。他们既代表着奥林匹克理想、体现着奥林匹克文化、传承着奥林匹克精神，也向世界展示了中国的形象和风采，展示了改革开放时代中国人的精神与风貌。

（三）奥运明星是青少年的学习榜样

青少年善于模仿、学习榜样，崇拜明星。北京奥运会将为青年学生提供近距离接触奥运选手的机会，奥运选手的榜样作用将吸引青少年，从而提高他们参加体育锻炼的兴趣。正如萨马兰奇所说："奥运冠军，特别是 90 后的年轻奥运冠军为年轻人做出了榜样，他们代表国家的未来，也深刻地影响着年轻人，一个奥运冠军的示范作用可能带动更多的人参与体育运动和奥林匹克运动。"因为奥运明星在学生们心中很有影响力，他们形象健康、有公信力和亲和感，能够深入人心，具有榜样作用。

北京举办 2008 年奥运会，是一次中西文化交流的文化盛会，为中国传统体育文化与西方主流竞技运动文化的交流与融合提供了得天独厚的机遇和条件。奥林匹克文化的广泛传播，将为中国学校体育文化注入新的理念，2008 年北京奥运会留下的奥运文化遗产将为学校教育提供更加丰富的文化资源。

五、北京奥运会有利于构建和谐体育

构建和谐体育是在和谐社会构建背景下提出来的，和谐体育追求的是体育与社会政治、经济、文化的和谐，与人类发展的和谐以及体育自身的和谐，最终是为了实现体育的可持续发展。这与奥林匹克主义的宗旨是相一致的。奥运会思想体系具有强烈的"以人为本"的色彩，奥林匹克主义的宗旨就是使体育运动为人的和谐发展服务，以促进建立一个维护人尊严的、和平的社会，即以促进人的和谐发展与社会的和谐发展为最终目标。奥运和谐观念体现为体育发展模式的和谐，就是要坚持以人为本，坚持全面、协调、可持续的发展观，实现体育系统内子系统的协调发展，实现区域体育的协调发展，统筹体育与政治、经济、文化、环境的和谐发展。[1]这为中国体育系统提供了丰富的思想给养和实践范例，为中国体育事业的发展提供思路与模式。

从2008年奥运会发挥的积极的政治、经济、文化功能来看，它促进了我国政治、经济、文化的发展，为全面建设小康社会以及构建和谐社会提供增长力，进而为构建和谐体育创造和谐的社会环境。另外，2008年奥运会的举办，促进了我国体育观念的更新，深化了人们对体育价值与体育文化的认识，引导政府和社会增加了对体育的投入力度，促进了体育与社会的进一步融合，对我国体育事业发展产生了巨大的影响。因此，举办2008年奥运会，有利于落实奥运争光计划和全民健身计划，可以推动竞技体育、群众体育、学校体育的全面发展，从而促进体育的和谐发展。

总而言之，北京奥运会是一个独特而难得的机遇，它不仅对加快发展群众体育事业，推动《全民健身计划纲要》的实施，推动全民族健康素质提高和全民健身体系产生深远影响，而且有利于中国竞技体育与学校体育现代化发展。可以说北京奥运会有利于促进中国体育现代化与构建和谐体育，有利于发挥体育文化在推动社会主义和谐社会建设中所具有的不可替代的功能价值。

小 结

奥林匹克运动的发展需要中国，中国的发展需要奥林匹克运动，二者之间的交流和融合是历史发展的必然。2008年北京奥运会在中国成功举办，对中国社会现代化的发展意义非凡，具有重要的社会价值。其社会价值表现为：北京奥运会促进了中国现代化与和谐社会建设，增强了中华民族凝聚力，推动了中国体育现代化，加速了中国国民心态的成熟，彰显了中国政府高超的执政能力，为中国人民留下了丰富的物质财产和精神财产。北京奥运会对建设具有中国特色的社会主义现代化和和谐社会产生了不可低估的推动作用。

---

〔1〕 任海.北京奥运会后效应的思考[J].体育文化导刊，2005(4):26-26.

第六章　北京奥运会社会价值开发利用

所谓开发，是指发现或发掘人才、技术等供利用。[1] 由此推论，北京奥运会社会价值开发是指以北京奥运会社会价值为对象，进行发现或挖掘，以进一步满足中国现代化与世界和平发展的需要。

第一节　利用北京奥运经验，服务社会发展

一、弘扬奥林匹克精神，促进世界和平

奥运会被誉为“人类精神的展示”，奥运会以体育竞技为本，其实质是广泛参与基础上的选拔、竞争和对抗。它的价值观：一是“更快、更高、更强”，肯定竞争是体育的天性、人类发展的阶梯，提出赛场如人生，崇尚面对强手敢于争先和超越自我永不懈怠的拼搏精神；二是“参与比胜利更重要”，肯定参与是奥运会的基础，要求自我开放和超越，“其精髓不是为了获胜，而是使人类变得更勇敢、更健壮、更谨慎和更落落大方”。参与奥运就是参与进步，就是以昂扬奋发的态度，追求更美好的生活。正如现代奥林匹克运动创始者们所认识到的，必须使体育与教育、文化融为一体，以体育运动促进人类全面发展，实现改造社会的目的。因此，我们应在各级各类学校中普及奥林匹克教育、传播奥林匹克知识，在全社会弘扬奥林匹克精神，进一步发掘奥林匹克运动的社会价值，从根本上实现人的全面

〔1〕 中国社会科学院语言研究所词典编辑室. 现代汉语词典[M]. 5 版. 北京：商务印书馆，2008：755.

发展、社会和谐与人类和平。

《奥林匹克宪章》指出:“奥林匹克精神是相互了解、友谊、团结和公平竞争的精神。通常包括参与原则、竞争原则、公正原则、友谊原则和奋斗原则。”[1]互相理解、友谊、团结和公平竞争是奥林匹克精神的核心内容,其中所蕴涵的公平、平等、正义、参与合作、宽容理性、自律、卓越及真善美等价值,能间接地激励社会群体更加理性、更加和谐地生活在一起。它是人们对奥林匹克运动的内容实质的认识,也就是人们的世界观在奥林匹克运动中的反映,代表了人们对奥林匹克运动的理想、追求和价值观。它贯穿了奥林匹克宗旨,又融汇了奥林匹克的理想,还兼蓄了奥林匹克原则,是奥林匹克运动的旗帜。

奥林匹克运动是一种特别的有价值的实践活动,它可以促进人类卓越,以达成源源不绝的良善生活。我们当然不会因为学习规则而变得具有德行,而是通过培养特定的习惯来获得德行,从而做出对的决定。这恰恰符合麦肯泰尔(MacIntyre)的实践概念:“任何连贯且复杂的社会性建立之相互合作的人类活动,其内存的善的实现在于达成这些卓越标准,并且有关人类的目的及善等概念也因之得到系统的扩展。”[2]

和平与发展是人类社会的永恒主题。人类社会的发展是任何国家、民族、政党、政府所面临的首要问题。奥林匹克运动中所蕴藏的和平与团结、公平竞争与诚信、重在参与、合作互助、忍耐坚持与磨炼、身心和谐、全球视野、绅士风度,以及以人为本、可持续发展、人的全面发展和世界和谐发展等价值规范对于人类社会发展具有现实而深远的指导与借鉴意义。

《奥林匹克宪章》明确指出:“奥林匹克的宗旨是:通过开展没有任何形式的歧视并按照奥林匹克精神——以互相理解、友谊、团结和公平比赛精神的体育活动来教育青年,从而为建立一个和平而美好的世界做出贡献。”奥林匹克运动正是以奥运会为中介,使来自世界五大洲的人们,在这一全球盛会中面对面地进行平等、深入的对话,相互交流、相互理解、相互尊重、相互融合,从而实现人与人、民族与民族、文明与文明之间的和谐。

---

〔1〕 国际奥委会. 奥林匹克宪章[M]. 北京:奥林匹克出版社,2001.

〔2〕 [英]格吉诺夫·瓦西尔,董进霞. 奥运会的起源与发展——解读奥林匹克运动会[M]. 北京:北京体育大学出版社,2008:11.

二、践行绿色奥运理念，促进可持续发展

2005年，联合国环境规划署与北京奥组委签订绿色奥运协议时，其最重要的内容包括：北京要减少空气污染、水污染、噪音污染、改善交通环境、美化城市和处理废物。2008年8月，北京迎来了举世瞩目的奥运会，中国政府兑现了绿色奥运的郑重承诺。国际奥林匹克委员会主席罗格在谈到29届北京奥运会时，高度评价了北京奥组委对环境问题的重视。

北京市环保局进行的《绿色奥运专项调查项目研究报告》显示，六成北京市民希望继续实施机动车限行等环保措施。而在奥运期间，市民亲身感受到了蓝天白云的美好，并给环境整体质量打出88.5的高分。调查显示，"绿色奥运"理念在市民中有较为广泛的认知度，仅有0.5%的受访者表示没有听说"绿色奥运"。84.7%的北京市民认为，北京已经兑现了"绿色奥运"的承诺。[1] 同时89.4%的人表示"绿色奥运"对于自己环境意识的影响很明显，绿色出行、垃圾分类丢弃等环保行为已成为日常生活习惯。市民还通过此次调查给奥运期间的环境质量打分，其中环境整体质量打出了88.5的高分，生态绿化打出了88.2分，公众空气质量的评分达到了87.6分。除此之外，水环境、垃圾处理和声噪音的评分也分别达到84.6分、83.8分和82.5分。对于奥运临时空气质量保障措施，九成左右市民认为效果明显。在八项临时保障措施中，机动车单双号是市民认为最有效的临时保障措施，93.1%的市民感受到了单双号限行所带来的道路畅通以及因尾气排放减少而使空气质量明显改善。[2]

从公众对奥运会后环保和交通等走向的关注可以看出，北京奥运会成功举办带来的绿色奥运标准，使绿色理念、绿色制度深入人心，让绿色行动成为民众自觉自愿的行动。

所以，要开发绿色奥运的社会价值，应从政府、公民两个层次上着力。一方面，政府要发挥其提供公共服务产品的职能，以绿色奥运为契机，在对奥运会举办前的"绿色制度"修改和完善的基础上，以法律形式将其加以明确实施、严格执行；同时要从空气环境、食品安全、建筑环保等多方面

---

〔1〕 北京环保局研究报告显示六成市民希望限行[EB/OL]. http://news.qq.com/a/20080929/000071.htm.

〔2〕 绿色奥运专项调查项目研究报告[EB/OL]. http://www.china4auto.com.

着力，加强环境监管能力。此外，还应把绿色 GDP 作为权衡各地政府政绩的重要参考系数。另一方面，增强全民的绿色意识和环保意识，让绿色、环保观念在民众间心口相传并成为实际行动。“绿色奥运”之所以能取得明显成效，在很大程度上离不开民众的广泛关注与参与，要让更多的民众意识到环保并不只是政府或环保组织的事情，而是每个公民的责任。环保制度的形成必将推动“生态文明”建设，促进中国特色社会主义现代化建设。

三、推广科技奥运成果服务百姓生活

“科技奥运”是北京奥运会的三大理念之一，在这一理念的引导下，北京奥运会成了一届科技含量最高的体育盛会，同时成为展示中国高新技术和创新实力的窗口和舞台。科技奥运创造了一个清洁、优美、安全、便捷的奥运会环境，提高了我国运动员在 2008 年奥运会上的运动成绩和我国公众特别是广大青少年的科学素养，促进了我国高科技跨越式发展。推广应用科技奥运成果，服务百姓生活应从以下三个方面入手：

第一，做好成果梳理、总结和推广活动。深入了解和掌握现有成果在奥运会上的具体应用情况，以及成果的产权归属、技术诀窍、市场需求、预期效益、重点推广应用方向等方面的详细信息，研究确定成果的推广方式，建立科技奥运成果档案和数据库。与此同时，面向全国重点省市、重点行业和重点企业，计划举办科技奥运成果专场推介会。

第二，以奥运科技成果推广为契机，积极推进科技成果产业化。首都北京一直是全国技术商品的重要集散地，2007 年技术交易成交总额占全国技术市场的 40%。北京地区的科研机构是奥运科技项目的主要承担力量，同时北京作为奥运科技成果应用之地，具有重要的展示、示范作用。这些条件和优势给北京发展现代服务业，走高端、高效、高辐射之路带来了新的重大机遇。借着奥运科技成果推广的契机，要加快技术转移服务体系建设，进一步巩固首都的研发优势，形成独特的科技成果产业化服务业。

第三，推广应用奥运科技成果，惠及人民生活。按照科技奥运理念要求，收集整理项目成果情况，研究和部署奥运科技成果推广应用工作。以需求为导向，遵循市场经济规律，政府采取适当的支持方式，积极引导并有效调动企业、院所、高校等创新主体的积极性，迅速将奥运科技成果在更大范围内推广应用，为转变经济发展方式、惠及人民生活做出更大贡献。

四、传承“人文奥运”理念，提高社会文明程度

“人文奥运”是2008年北京奥运会的核心理念，基本内涵包括：传播现代奥林匹克思想，展示中华民族的灿烂文化，展现北京历史文化名城风貌和市民的良好精神风貌，推动中外文化的交流，加深各国人民之间的了解与友谊；促进人与自然、个人与社会、人的精神与体魄之间的和谐发展；突出“以人为本”的思想，以运动员为中心，提供优质服务，努力建设使奥运会参与者满意的自然和人文环境。[1]

“人文奥运”体现了东方文化特别是中华文明对奥林匹克精神的开拓与发展。和谐、和睦、和美的和谐观是对奥林匹克更高、更快、更强的竞技文化的生动补充。北京奥运会充分开发中国传统文化资源，展示了中华文明，尽显东方神韵，创造性地实现了奥林匹克文化与中国文化的交流和融合。“人文奥运”不仅是一种体育精神和文化理念，更是一个具有实践特性的中国社会可持续发展战略——以奥运为契机，以奥运促发展，推动经济社会的全面发展。实现“人文奥运”的社会价值可从以下三个方面入手：

第一，继续传播现代奥林匹克主义，弘扬奥运精神。顾拜旦倡导的奥林匹克主义是世界先进文化在体育领域的反映。在北京以至全中国传播奥林匹克主义，引导13亿人民特别是广大青少年更好地理解奥林匹克精神，积极地参与体育运动，追求人类社会的真、善、美，有利于推动奥林匹克运动新的发展，有利于社会主义精神文明建设，有利于更好地发挥奥林匹克运动在促进人类社会进步方面的社会价值。

第二，充分开发中国传统文化资源，展示中华文明。奥运会筹备阶段及举办期间，北京乃至全国以悠久厚重的中华民族文化为依托，充分利用首都和全国各地的优势文化资源，精心策划组织各种大型文化主题活动，推出了一系列具有中国传统文化特色的北京奥运会标志。如北京奥运会

[1] 冯惠玲：人文奥运——从理念阐释到实践推进[EB/OL]. http://news.ruc.edu.cn

会徽标志“中国印·舞动的北京”,它将中国传统的印章和书法等艺术形式与运动特征结合起来,传达和代表了三层含义:一是以中国传统文化汉字印章作为标识主体图案的表现形式,选用中国传统颜色——红色作为主体图案基准色,体现了中国文化的特点,代表着民族与国家,代表着喜庆与祥和。二是作品主体部分又似“京”字,又似舞动的“人”张开双臂,充分反映了古老而又充满现代气息的中国,传递着友好、真诚与热情。三是作品中巧妙地幻化成向前奔跑、迎接胜利的人形,充分体现了奥林匹克更快、更高、更强的宗旨,强调了以运动员为主体和健康向上的精神,充满动感与活力。这个标志把中国传统文化和奥运会的精神表达得淋漓尽致。

中国传统文化是中华文明历史长河的文化积淀,包括了中国历史发展各个时期的文化积累。它博大精深,其内容包括极其丰富的物质成就和无比深厚的思想内蕴,渗透着中国人的哲理和智慧。代代相传的爱国主义精神、自强不息的进取精神、求真务实的实践品格、贵和持中的和谐意识、追求完善的道德修养是中国传统文化的精髓。中华民族在自己发展的长河中,形成了优良的历史文化传统。这些传统,随着时代变迁和社会进步获得发展,不但对今天中国人的价值观念、生活方式和中国的发展道路具有深刻的影响,而且对世界文化的发展产生了重大的作用。我们应继承中华民族传统文化的精华,充分开发中国传统文化资源,弘扬中华民族的灿烂文化,彰显中华民族良好精神风貌,推动中国文化走向世界的历史舞台,创造性地实现奥林匹克文化与中国文化的交流和融合,从而实现北京奥运会“人文奥运”理念的社会价值。

第三,进一步促进东西方文化的交流与融合。奥林匹克运动渗透着深刻的文化精神,体现为丰富的文化形式,成为当今世界上规模最为盛大的文化交流活动,具有开放的跨国度、跨民族的世界性特点。在这里,古代与现代、东方与西方相会,为奥林匹克运动提供了取之不尽、用之不竭的文化源泉。但东方文化以中国传统文化为重心,其特点是重集体、和谐、伦理。西方文化源于希腊,其特点是重个体、竞争、法治。东西文化的差异又造成体育思想、价值以及活动方式、手段的不同。我们既要尊重不同民族国家文化的差异,同时要推动不同文化间的交流和融合。其实,东方文化与西方文化存在借鉴和融合的基础,以重视个体、竞争、开拓为核心的西方文化,与强调个人对于群体的义务、强调中庸和谐为核心的东方文化都需要不断地从对方汲取大量有益的养分，丰富自己的文化内涵。而伴随着经济全球化的日益普及，可能会加剧不同文化形态间的冲突与对立。所以应进一步促进世界先进文化的交流与融合，积极开展对外文化交流，广泛吸收外来优秀文化成果，促进东西方文化的交融，推动中国传统文化的发展及自我有机更新，从而为我国的现代化建设提供先进文化的支持，进而促进我国的物质文明建设和精神文明建设。

北京奥运会的实践经验，尤其是它以人为本，绿色、科技、人文融合的理念，科学、规范、高效的组织、管理、运行，全人类的分工合作与志愿奉献，将成为中国社会科学发展和人类社会和平与进步事业的宝贵资源。

第二节　以北京奥运会为契机，实施体育强国发展战略

2008 年 9 月 29 日，胡锦涛在北京奥运会、残奥会总结表彰大会上发表了重要讲话，对中国体育的优异成绩给予了充分肯定和高度评价，发出了“推动我国由体育大国向体育强国迈进”[1]的号召。这是新时期构建和谐社会、实现中华民族伟大复兴的历史重任在体育领域的具体化，为我国体育事业的未来发展明确了方向。

一、体育强国的概念及其内涵

田雨普在研究中指出：“体育强国则是该国体育发展的综合实力超群，总体水平明显领先于其他国家。”[2]徐本力认为：“体育强国是指以竞技体育和大众体育为主的体育事业的整体发展水平，是指在以社会体育为基础，竞技体育为先导的体育事业发展各个领域的总体发展水平在世界上处于一流和前列的国家。这些领域不仅包括竞技体育和大众体育，还包括体育科技、体育教育、体育文化、体育场地、体育产业等方面。”[3]

体育强国是一个相对的概念、比较的概念，是在与其他国家的比较中

---

〔1〕 胡锦涛. 在奥运会、残奥会总结表彰大会上的讲话[M]. 北京：人民出版社，2008.

〔2〕 田雨普. 努力实现由体育大国向体育强国的迈进[J]. 体育科学，2009，29(3)：3－8.

〔3〕 徐本力. 体育强国、竞技体育强国、大众体育强国内涵的诠释与评析[J]. 天津体育学院学报，2009，24(2)：93.

做出的判断，是对一个国家体育发展总体实力的定性化评价。[1] 由于其概念指向宽泛，没有一个公认的客观评价标准和公式化的定量指标体系。中国是体育大国，没有人进行总体评估，也没人明确提出量化指标，对于体育强国评定也是如此。但是，对于国家体育实力的强弱，总是要有一个基本的衡量体系和大致的量化体系指标。田雨普认为："竞技体育的国际竞争力和群众体育的发展水平应当是衡量和判别体育强国的两项基本标准。"[2] 我们认为，体育强国的判断应注意以下两个方面：一是在全球视野下比较一个国家的体育发展水平，就是指体育构成要素（即竞技体育、学校体育、全民健身和体育产业）和核心竞争力（国际大赛竞技成绩、国际体育组织的影响力、国际知名度）所构成的体育综合实力明显领先于其他国家；第二是一个国家的体育事业的发展应全面促进该国社会的发展，即一个国家的发展能否充分发挥体育在促进人的全面发展、促进经济社会发展中的重要作用，把体育的发展融入富国强民的伟大实践中。

由体育大国向体育强国迈进，是党中央根据我国的发展阶段和基本国情对新时期体育事业发展提出的新目标、新定位，为我国体育事业的发展指明了方向，是中国体育全面实现现代化的战略问题。体育强国的内涵应从三方面解读：首先，体育强国是以人为本的体育，坚持以增强人民体质、提高全民族身体素质和生活质量为目标，切实把最广大的人民的体育利益作为体育事业发展的出发点和最终的归宿。促进人的全面发展，一切为了人民，这也是党和政府以人为本的执政理念在体育事业中的展现。其次，体育强国是强国体育，即要高度重视并充分发挥体育在促进人的全面发展、促进经济社会发展中的重要作用，把体育的发展融入富国强民的伟大实践中。再次，体育强国是全面协调可持续发展的体育，即"实现竞技体育和群众体育协调发展"，"促进体育事业和体育产业协调发展"[3]。

二、建设体育强国的战略关键

一个国家体育事业的发展，不仅要从竞技体育方面考量，而且要考虑

〔1〕 田雨普. 努力实现由体育大国向体育强国的迈进[J]. 体育科学，2009，29(3)：3－8.
〔2〕 田雨普. 努力实现由体育大国向体育强国的迈进[J]. 体育科学，2009，29(3)：3－8.
〔3〕 刘鹏. 向体育强国迈进！[EB/OL]. Http://www.people.com.cn. 2009－09－30.

全民健身的发展。当然，有人认为体育事业的完整概念包括竞技体育、全民健身和体育产业三个重要组成部分。现阶段，“奥运争光计划”与“举国体制”促进了我国竞技体育的迅速发展，由于国家大部分体育资源都投放到竞技体育方面，使得我国竞技体育与群众体育发展失衡，群众体育发展较为缓慢；我国体育产业还未适应市场经济发展的需要，规模小，结构不够合理，发展很不平衡。因此，建设体育强国的战略关键是：在保持举国体制发展竞技体育制度优势的基础上，“着力建设全民健身公共体育服务体系”[1]，不断满足广大人民群众的体育文化需要，使我国体育事业达到中等发达国家水平。

（一）保持举国体制发展竞技体育制度优势

与发达国家相比，我国的竞技体育起步晚、发展迟、技术落后，但我国人力资源丰富、人力资本较低。举国体制能够通过政府的行政计划，集国家之力，整合国家资源，借鉴发达国家的运行机制与管理体制，选择符合自身发展的运行管理体制，发挥后发优势，以政府为主导、以市场为导向，集中社会力量，调动多方面的积极性，达到效率与效果的最佳化。

1．举国体制基本内涵

我国竞技体育举国体制的内涵主要是指在社会主义初级阶段这一基本国情条件下，在我国现有竞技体育水平基础之上，国家集中相对的人力、物力和财力，最大限度调动国家和社会等方面的积极性，有效配置竞技体育资源，在竞技体育领域中全国上下形成合力，努力提升我国竞技体育水平和国际竞争综合实力，力争在以现代奥运会为最高层次的各类国际竞技体育大赛中夺取优异运动成绩，为祖国、为人民赢得荣誉。[2] 社会主义制度能集中力量办大事的优越性和社会主义初级阶段的基本国情，是“举国体制”形成的基础，全国一盘棋，国内练兵、一致对外是“举国体制”的基本思想；以国家队为龙头的多级条块结合的训练体系是其主要措施和组织形式；各级各类体育竞赛是“举国体制”的重要杠杆；明确的国家目标和有力的政策调控是“举国体制”的重要保证；中国竞技体育取得举世瞩目的成绩，得益于“举国体制”的强大支撑。[3]

---

〔1〕 董新光. 下一个10年我国群众体育发展的战略选择[J]. 体育学刊，2009，16(6)：6.
〔2〕 梁晓龙. 举国体制——中国竞技体育的成功之路[M]. 北京：人民体育出版社，2005.
〔3〕 杨桦. 2008年奥运会提升中国国际地位和声望的研究[M]北京：中国法制出版社，2007：203.

2. 举国体制优势体现

20个世纪80年代末期和90年代初期,当时的国家体委调整战略,将竞技体育和国际接轨、和奥运会接轨。在举国体制的引领下,我国的体育事业发生了巨大的变化。奥运会是最高水平、最具代表性的世界性体育赛事,而一个国家或地区的竞技水平是通过竞争实力来体现的。表6-1为我国在奥运会获得奖牌的情况。[1]

表6-1 1984—2004年中国参加夏季奥林匹克运动会获奖牌简况

届次	时间	地点	金牌	银牌	铜牌	排名
第23届	1984	洛杉矶	15	8	9	4
第24届	1988	汉城	5	11	12	11
第25届	1992	巴塞罗那	16	22	16	4
第26届	1996	亚特兰大	16	22	12	4
第27届	2000	悉尼	28	16	15	3
第28届	2004	雅典	32	17	14	2

在2000年悉尼奥运会上,中国体育健儿获得28枚金牌,金牌和奖牌总数均列世界前三。在2004年雅典奥运会上,中国以金牌总数32枚,跃居金牌榜第二名。2008年北京奥运会上,中国代表团以51枚金牌、100枚奖牌高居金牌榜榜首,再创历史新高。表6-2为进入21世纪以来我国在奥运会获奖牌的情况。

表6-2 第27—29届奥运会第一集团金牌数比较

年度	届次	举办地	第一集团金牌数		
2000年	27届	悉尼	美39	俄32	中28
2004年	28届	雅典	美35	中32	俄27
2008年	29届	北京	中51	美36	俄23

近三届奥运会的金牌总数统计结果中,我国仍居第一,奖牌总数稳居世界前三强。不论是奖牌数量还是项目覆盖面,都说明中国体育代表团在众多的体育项目上拥有绝对竞争优势。我国现在已是竞技体育强国,这已成为国内外的共识。

从表6-1、6-2可看出,中国的竞技体育成绩斐然。"举国体制"对我国竞技体育发展具有积极作用,实践证明其比美国、日本等国所采用的分

〔1〕 梁晓龙.举国体制——中国竞技体育的成功之路[M].北京:人民体育出版社,2005.

散体制具有无法比拟的优越性。

3. 举国体制完善措施

北京奥运会完美谢幕，中国荣登金牌榜榜首。中国体育代表团取得了优异的成绩，赢得了世界的普遍赞誉。北京奥运会的成功举办和辉煌成绩的取得显示了“举国体制”优势，政府的宏观调控能力、有效的资源整合、良好的政策支持、有力的财政保障使北京奥运会成了“中国体育事业发展和‘举国体制’强大支撑的经典之作”。[1] 可以说2008年北京奥运会是对我国“举国体制”效能与优劣的一次全面检验。实践证明“举国体制”是我国发展竞技体育一种高效率、高效益的竞技体育体制，有助于振奋民族精神、促进竞技体育发展。

改革与完善举国体制的主要措施：针对中国现阶段国情的客观要求以国家利益至上、承认利益主体多元化；进一步加强中央与地方的关系，加快竞技体育资源的整合；做好政府部门与体育协会的职能分离，明确组织管理；发挥市场经济对体育的调节作用，强化科学管理，提高举国体制运行效率；加快实现群众体育与竞技体育的均衡发展的步伐，满足多元社会人们对体育的需求；重视发挥体育科技的先导性和基础性作用等。

随着我国社会主义市场经济体制的逐步建立，我国竞技体育举国体制的内涵及其基本框架与运行机制也会不断发展和发生新的变化，出现新的特征，使之与整个社会不同时代的不同利益主体、经济、政治和文化发展方向相适应。在一段相当长的历史时期，我们必须继续保持举国体制发展竞技体育的制度优势。

（二）构建完善的全民健身服务体系

构建完善的全民健身服务体系，既是国务院（全民健身计划纲要）确定的奋斗目标，也是党的十六大确定的全面建设小康社会奋斗目标[2]，同时也是北京奥运会社会价值开发的重要思路之一。

1. 确立群众体育是体育现代化的主体

第一，党的十六届三中全会提出的“五个统筹”和四中全会提出的“解放和发展文化生产力”、“构建和谐社会”要求，是科学指导和规划新

---

〔1〕 杨桦. 2008年奥运会提升中国国际地位和声望的研究［M］. 北京：中国法制出版社，2007：212.

〔2〕 裴立新，等. 全民健身若干问题的研究［J］. 体育与科学，2004(9).

时期体育工作的指导思想，是满足人民群众精神文化需求、促进人的全面发展与构建和谐社会对体育事业可持续发展的客观要求，也是对体育事业系统协调、整体发展理论在新时期完善和发展的具体要求。这就要求我们在工作中要树立大体育观。[1]

第二，从我国体育事业的实践来看，无论是体育参与者数目，还是体育项目内容；无论是表现体育功能，还是体现体育事业公益性质；无论是促进人的全面发展，还是维护人的健康；无论是解决体育事业主要矛盾，还是实现全面建设小康社会体育奋斗目标；无论是执行宪法体育规定，还是保障公民体育权利，群众体育都是体育事业的主体。[2]

第三，我国全民健身发展现状令人担忧。国家体育总局 2008 年 12 月 17 日公布了《2007 年中国城乡居民参加体育锻炼现状调查公报》。调查结果显示，全国“经常参加体育锻炼”的人数比例为 28.2%（含在校学生）。[3] 但是，与美国、加拿大、芬兰、日本、瑞典一些发达国家国民参加体育锻炼的情况相比，我国国民参加体育锻炼的情况“基本处于中等偏下的水平”。

实现体育现代化，是一个自然历史过程，是中国现代体育的基本走向。其中，群众体育是体育现代化的主体。因此，我们应该在工作中始终坚持群众体育主体地位的观点。

2. 构建完善的全民健身服务体系

党的十六大提出的全面建设小康社会，就是改变目前“低水平的、不全面的、发展很不平衡的小康状况”，“全面建设惠及十几亿人口的更高水平的小康社会”。今后 20 年的主题将是努力构建与小康社会相适应，面向全体国民，能够适应不同区域、不同人群的不同需求，亲民、便民、利民的全民体育体系，这是实现惠及十几亿人口享有基本体育服务的保证。从根本上来说，就是要把实现保障广大人民群众享有基本体育服务的基本目标任务，作为全面建设小康社会全民健身体系的第一要务，建设一个更高水平的、更全面的、惠及全体国民的全民健身体系。

我们所建设的全民健身体系，不应是“低水平的、不全面的、发展很不

[1] 杨晓生，陈长礼. 中国体育现代化探析[J]. 体育学刊，2005，11.

[2] 董新光. 论群众体育的主体地位[J]. 体育文化导刊，2006，12：7～9.

[3] 许立群. 全国经常参加体育锻炼人数不足 30%[N]. 人民日报，2008－12－19(12).

平衡的”，而应是一个“更高水平的、全面的、比较平衡的、能够惠及十几亿人口的”全民健身体系。把“全民健身体系”纳入全面建设小康社会的目标，意味着对构建全民健身体系提出了新的更高的要求。在对全面建设小康社会的进程实行监测或量化时，一是原有指标已不适应，即反映人民生活水平的统计指标的小康标准临界值需要提高，所以，应当制定新的标准；二是增加新的评价指标以体现全面性，即标准要全面科学地反映精神文明和政治文明的发展进程。“全民健身体系”作为和谐社会发展目标之一，未来国家必将对其实施情况实行监测或量化，所以，体系的构建不仅要体现科学性，而且还要体现全面性，特别是全面建设小康社会的“全民健身体系”，一定要体现与时俱进的新内涵。

到2000年，我国建立了具有中国特色的全民健身体系的基本框架，对于这一框架的基本构成也是众说不一，没有从官方的角度下一个定论。我们根据群众体育本质与功能的规律性和系统性原理的要求，根据我国群众体育的根本任务和人民群众的体育需求，参考我国群众体育的现实特点和实施全民健身计划的10年经验及全面建设小康社会的要求，构建了比较完善的全民健身体系的基本框架（如图6-1所示）。[1]

---

〔1〕 董新光．关于健康素质、全民健身体系和群众体育发展思路的讨论[C]//国家体育总局政策法规司．群众体育战略研究——2005年全国体育发展战略研讨会文集．北京：北京体育大学出版社，2005：106．

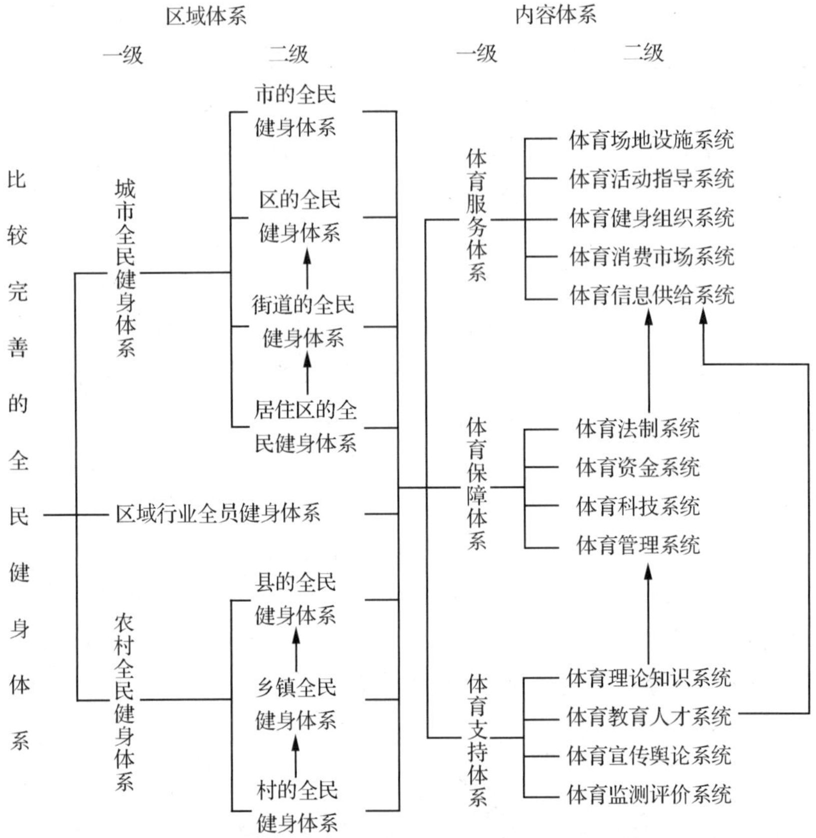

图 6-1　全民健身体系的基本框架

为了实现全民族健康素质明显提高的基本目标，我们所构建的全民健身体系，就是一个能够不断为全体国民供给和改善体育健身环境和条件，基本满足全体国民多样化的体育健身需求，使全体国民的健康素质得到明显提高的服务和保障系统。构建完善的全民健身体系就是坚持以人为本与构建和谐社会的要求，就是强调在群众体育的指导思想上必须坚持以人民群众为主体，以满足人民群众的健身需求为目的，以为群众提供服务为中心，充分体现群众体育社会化、多样化、科学化、生活化的更高要求和群众体育工作亲民、便民、利民的基本原则。

三、建设体育强国的实施路径

（一）坚持改革、开放、创新原则，为全面建设体育强国提供坚强有力的组织保障

推动体育大国向体育强国迈进是当前中国体育面临的重大战略任务，因此要进一步改革和完善政府主导与社会参与的体育管理体制，进一步探索和创新政府、社会、市场和公民个人共同参与的体育运行机制。各级政府体育、教育行政部门和各群众团体动员与引导全社会共同参与建设体育强国是带有全局性、根本性、长远性的关键环节，并为全面建设体育强国提供坚强有力的组织保障。

（二）保持举国体制发展竞技体育制度优势，确保运动成绩在奥运会上处于第一集团

为了实现体育强国战略目标，竞技体育发展在新时期仍然需要保持举国体制的制度优势。在改革与完善举国体制的基础上，确保中国竞技体育运动成绩在奥运会等重大世界体育竞赛中处于第一集团（前三名）。继续保持优势项目，强化潜优势项目，重点发展基础项目（如田径、游泳）和集体类项目（如篮球、排球、足球），尤其是为大幅提高足球运动水平，要强化“足球要从娃娃抓起”的意识与实践。

（三）大力推行《全民健身条例》，着力建设全民健身体育公共服务体系

大力发展全民健身事业是体育强国建设的重中之重。只有努力构建覆盖城乡的全民健身公共服务体系，优化公共资源向群众体育配置，才能保障全民族的基本体育权益，才能满足广大人民群众不断增长的身心需要，为不断提高民族自身健康水平奠定坚实的物质文化基础，并逐步实现全民健身基本体育公共服务均等化。

（四）大力发展体育产业，提升中国体育的产业化水平

随着市场全球化和中国的崛起，应充分利用国际国内两个市场，全面打造具有国际影响力的体育产业，激活体育消费，拓展体育市场，全力打造一批具有国际影响力的体育赛事品牌、体育企业品牌和体育产品品牌。继续深化改革，消除制约体育产业发展的体制与机制，提升中国体育的产业化水平。

(五) 要大力加强体育强国的科技保障和经费保障

全面建设拥有 13 亿人口的体育强国,必须实施科技兴体、人才强体的战略。建设国家层面的体育科技服务创新体系,贯彻尊重知识、尊重人才的原则。体育人才队伍建设的同时,为保障国民基本体育需求与差异化体育需求,坚持体育社会化、产业化与职业化协调发展,建立与完善公共财政与市场投资相结合的经费保障体系。

总之,从体育大国向体育强国迈进的实质是中国体育全面实现现代化战略的问题,也是新时期中国社会对体育工作提出的最根本的时代需求。在科学发展观指导下,体育强国建设是全面建设小康社会、社会主义和谐社会和实现中华民族伟大复兴的现实需要。

第三节　后奥运时代我国“体教结合”的发展

后奥运时代是我国体育发展的重要机遇期。“体教结合”是牵动中国体育体制与教育体制改革的战略性问题,是现阶段根据中国体育与教育行政机构分置的国情而构建的关于我国高水平竞技体育人才培养的新理念。本书所讨论的体育与教育相结合,主要是指竞技体育与学校体育相结合。从发展的视角探讨我国体教结合的理论与实践将为我国体育与教育下一步改革与发展提供理论参考。

一、实施“体教结合”的理论依据

1. 体育规律、教育规律的规定性,决定体育应与教育相结合

从泛义的教育上讲,体育活动也是教育活动,体育与教育有着内在的规律性联系。其中体教结合所依据的体育与教育规律是我们应该予以重视的。体育与教育均是培养人的社会活动,教育的最佳起始年龄与运动训练的黄金年龄高度重合,二者共同点是“体教”能够结合的基本依据。它们之间的差异则是选择“体教结合”模式所应尊重的准则。[1] 第一,体育主要开发的是人体的身体潜能,教育主要发展的是人的“智”能,二者

〔1〕 黄玉珍,等.“体教结合”的逻辑与模式选择[J].体育学刊,2006,15(3):55.

在手段、目标上具有差异性;第二,竞技体育人才的培养过程具有较强的实践性,理论知识传授则是教育培养人的主要手段;第三,体育人才培养具有早期专业化的特征,后期专业化则是教育的基本体现;第四,体育人才的培养具有连贯性特征,教育过程虽然具有整体的连贯性,但是存在着一个明显的“拐点”,即从中等教育到高等教育的转折点;另外,就是运动员运动寿命的有限性与教育的终身化趋势。

这些体育教育规律说明体育应与教育相结合。我们应该在一个更为广阔的时间和空间范围内考虑体育与教育的结合问题。

2. 体育实践发展的需要,决定体育应与教育相结合

竞技体育要想实现可持续发展,必须依靠学校体育的广泛开展。学校体育是构建竞技体育的基础,数以亿计的青少年是竞技体育人才发掘的唯一资源,广泛的学校体育活动和各种形式的课余训练为竞技人才的选拔提供了广阔的天地。那些富有天赋的可塑之才往往首先进入学校体育中的课余训练队伍接受培养,竞技体育人才培养如果不依靠学校体育中的课余训练,就丢失了最广泛的体育人才基础,也就丢失了尽可能早的竞技人才准备。著名运动训练学家马特维耶夫认为,未来运动成绩的提高,不能仅靠挖掘运动员的体能和机能,还要靠挖掘运动员的智能。[1]

奥林匹克运动的发展史告诫我们:竞技体育与教育相结合是历史发展的必然趋势。竞技体育只有与教育相结合才能真正地体现出竞技的魅力,表现出顽强的生命力,否则,竞技体育终将被时代抛弃。[2] 实践证明,高水平竞技运动的基础在学校。从战略的观点来看,“体教结合”是我国现在和将来发展竞技体育的必由之路。[3]

3. 教育离不开体育,体教结合有利于互利共赢

从历史的视角考察,无论古今中外,教育都离不开体育,体育是教育的的重要内容。中国古代,射御就是教育的重要形式和内容;成立于1942年的四川省立体育专科学校等体育院校是现代体教结合早期典型

---

〔1〕 周映春. 基于科学发展观的“体教结合”问题研究[J]. 北京体育大学学报,2008,31(1):86.

〔2〕 池建. 论竞技体育与高等教育的结合[J]. 北京体育大学学报,2003,26(2):149.

〔3〕 周爱光. 试论竞技运动在学校体育中的地位和作用[J]. 中国学校体育,1997(4):61-62.

形式，既有体育，又有教育。古希腊雅典教育制度中体育是培养全面发展公民不可缺少的重要内容；美国学校体育之所以能够成为竞技体育和大众体育的基础，就是因为它坚持“竞技与教育融为一体”的发展理念。再如，在英国的教育体制中，竞技运动担当重要角色。[1]

作为学校体育的一部分，竞技体育不仅有助于拓宽我国竞技体育后备人才的选拔范围和提高运动水平，在推动学校课余体育活动的开展、提高学校的声誉、丰富校园文化生活、获得经济效益等方面也有积极作用。体教结合有利于发挥体育部门与教育部门各自资源在培养优秀体育后备人才方面的优势互补作用。教育部门有文化教育、思想教育、学生来源、学校管理、体育设施和普及体育的优势；体育部门有技术、教练、组织训练和竞赛的优势。体教结合通过对运动员择校、特招升学、文化学习的保证，训练时间的保证，出路的保证，使运动员安心学训，以利于造就全面发展的优秀后备人才。

为了竞技体育全面、和谐、可持续的发展，为了“以人为本”地培养全面发展的高水平竞技体育人才，体育部门和教育部门应该以共同的目标为导向，发挥体育系统与教育系统各自资源优势。

4. 举国体制存在严重缺陷——“学训矛盾”

我国自1952年中华全国体育总会成立“中央体训班”开始，各省、市、自治区建立优秀运动队，大力发展竞技运动。进入20世纪60年代，政府凭借强有力的政策干预，建立了高度集中和封闭的“业余体校—省市体工队—国家队”运动员培养“三级训练体制”。到20世纪80年代，伴随着政治、经济体制改革的不断深化和计划经济向社会主义市场经济转轨，“三级训练体制”造成的学训矛盾、退役运动员就业安置等诸多问题日渐显现，主要表现在：忽视文化教育导致运动员片面发展、学历层次低、成材率低、出路不畅、后备人才短缺，等等。

显然，“学训矛盾”作为举国体制培养竞技体育人才过程中固有的一对矛盾，是“体教结合”应着力解决的问题；运动员专业化过程与职业化过程脱节问题同样也是“体教结合”应予以解决的重要论题：另外一个需要通过“体教结合”来化解的问题是运动员培养过程“专才”与“通才”的

---

〔1〕 池建. 论竞技体育与高等教育的结合[J]. 北京体育大学学报，2003，26(2)：149.

矛盾。[1] 基于此，国家提出了"体教结合"的方针政策，采取的主要措施：一是体工队学院化；二是高校办高水平运动队；三是加强体校与普通中学的合作和在普通中学试办二线运动队；四是加强体育传统项目学校建设。

二、我国"体教结合"的发展态势

1. "体教结合"的政策环境逐步改善

原国家体委在1986年7月召开的全国优秀运动队文化教育工作会议上提出优秀运动队的文化教育必须正规化、制度化、学校化以及体工队向院校化过渡的意见。同年，原国家教委和原国家体委联合颁布了《关于开展课余体育训练，提高学校体育运动技术水平的规划》，提出坚持普及与提高相结合的方针，重点抓好学校体育，积极开展课余体育训练，发现和培养优秀体育人才，并在普通高等学校开展高水平运动队试点工作。1990年，国务院批准、原国家教委令第八号、原国家体委令第十一号发布实施的《学校体育工作条例》第三条明确规定了学校体育工作的基本任务。[2] 1995年8月颁布的《中华人民共和国体育法》第20条明确规定："学校应当组织多种形式的课外体育活动，开展课外训练和体育竞赛……"2000年12月15日，国务院颁布的《2001—2010年体育改革与发展纲要》中明确指出："在体育事业重点的选择上，群众体育以青少年体育为重点"，"青少年体育要以学校为重点"。《中共中央、国务院关于进一步加强和改进新时期体育工作的意见》（中发[2002]8号）中再次强调青少年体育要以学校为重点，各类学校要培养学生德、智、体、美全面发展，把具有健康体魄作为青少年将来报效祖国和人民的基础条件；同时强调加强高水平运动队建设。[3] 教育部、国家体育总局关于进一步加强普通高等学校高水平运动队建设的意见（教体艺[2005]3号）明确提出："学校体育是国家全民健身计划和奥运争光计划的基础。学校是为国家培养高素质体育人才的重要基地。普通高等学校高水平运动队的建设是高等

[1] 黄玉珍，等. "体教结合"的逻辑与模式选择[J]. 体育学刊，2006，15(3)：56.

[2] 教育部体育卫生与艺术教育司. 学校体育工作重要法规文件选编[M]. 北京：人民体育出版社，2006：13.

[3] 教育部体育卫生与艺术教育司. 学校体育工作重要法规文件选编[M]. 北京：人民体育出版社，2006：26－27.

教育的有机组成部分,是普通高等学校创办高水平大学的重要方面,同时也是我国竞技体育健康、持续发展的重要途径。"[1] 可以说,从体教结合政策环境上来看,相关部门在不同时期下发的文件中从来没有放松过对学校开展课余训练培养竞技体育人才的要求。

2. "体教结合"实践模式呈现多样化

随着我国教育事业的不断发展,教育系统为开展课余训练创造了良好的环境,这为"体教结合"的顺利实施提供了有力的保证。[2] 尤其是当前高等教育从"精英教育"向"大众教育"的转换,拥有自主招生权的高校数量的逐年增加(2003 年教育部批准全国 22 所高校有 5% 的自主招生权,2007 年增加至 59 所),国内大学生、中学生单项锦标赛和综合性运动会等竞赛体系的建立和完善,以及国家对学生参赛资格的严格界定等,都为我国实施"体教结合"提供了良好的发展机遇,教育系统也主动承担起培养竞技体育人才的重任。

从我国高等教育体系与高水平竞技运动相结合的组织形式上来看,"体教结合"主要分为以下四种类型:(1)国家体育总局直属的一所体育大学,即北京体育大学和全国 15 所地方性的体育学院,以及由军队管理的解放军体育学院,从性质上与前面提到的基本相似,只是管辖系统不同;(2)全国范围内近百所师范院校办的体育系(科)及少数综合性大学办的体育院系;(3)教育系统的高等院校;(4)由体育部门主办的成人教育,包括"运动技术学院"和"进修学院"两种形式,属大专层次的教育。[3]

从普通高等学校高水平运动队运动员来源来看,"体教结合"模式可分为以下六种类型[4]:(1)直接引进退役的优秀运动员模式。(2)联合办队或直接招收现役的优秀运动员模式。(3)自主招生培养模式。如 2005 年教育部确定了 235 所普通高等学校(不含独立设置的高等体育院校)具备招收高水平运动员的资格。(4)高校与中小学互相衔接的"一条

〔1〕 教育部体育卫生与艺术教育司. 学校体育工作重要法规文件选编[M]. 北京:人民体育出版社,2006:141.

〔2〕 丁永玺. "体教结合"与"教体结合"思辨[J]. 体育与科学,2008,29(3).

〔3〕 池建. 论竞技体育与高等教育的结合[J]. 北京体育大学学报,2003,26(2):150.

〔4〕 胡剑波,汪珞琪. 高校"体教结合"模式存在的问题与对策研究[J]. 成都体育学院学报,2008,34(4):76-77.

龙”培养模式。这种模式又有三种类型:一是清华模式。清华大学率先实行的“以大学为基地,横向与体育系统合作,纵向与清华附中和清华附小衔接的‘一条龙’培养模式”。清华大学从 1994 年起开始探索“体教结合”、高校办竞技体育的道路,并且逐步建立了小学—中学—大学“一条龙”的培养模式。经过 20 多年的发展,清华大学田径、射击、跳水三个项目已经在国际和国内的竞技体育赛场达到较高水平。二是上海模式。即以教育系统为主体,以普通大、中、小学为依托,根据项目布局,以大学办一线运动队为龙头,以中学办二线运动队、小学办三线运动队为梯队,以各青少年体育俱乐部为补充的模式。三是北大方正俱乐部模式。北京大学方正乒乓球俱乐部由北京大学和北大方正集团共建,采取股份制建制、企业化管理、规范化运作的形式,是体育、名校与企业合作培养全面发展的高水平竞技人才的一种俱乐部模式。这种自下而上建立的“一条龙”培养模式强调“三在”,即在校、在读、在训,是“体教结合”的发展方向。(5)体育院校中竞技运动学校模式。(6)体育教育、训练、科研三结合模式等。

从以上分析可以看出,体教结合日益成为各主体的内在需要,开始着眼于体教结合体系的创新,并且体教结合形式呈现多样化发展趋势。

三、当前“体教结合”存在的主要问题

1. 定位不准确问题

就定位本身而言,定位是指把事物放在适当的位置并做出某种评价。目前我国将体教结合定位于“培养高水平体育人才的补充形式”。这样就带来了一些问题,一是体育部门往往把体教结合仅仅看作是解决运动员退役就业问题的一个渠道,而学校方面则易将接受体育明星进校学习,建设高水平运动队,作为扩大学校影响的一种方式;二是在举国体制影响下,人们普遍认为培养优秀运动员只是体育部门的事情;三是既然是补充形式,而不是主渠道之一,就是可有可无,在没有利益支持的情况下,学校又何必耗费大量的人力、物力和财力来做这种吃力不讨好的事呢?同样道理,我们应该反思体教结合的定位问题:体教结合是什么?体教结合具有哪些功能?体教结合应该怎样合理高效地发挥功能?这些相关理论与实践问题需要我们达成某些共识。

2. 管理体制与运行机制问题

实行体教结合20多年来,我国形成了两套相对独立的高水平体育人才培养体系,一套体系是体育部门的“举国体制”,另一套体系则是教育部门的“体教结合体制”。这两套系统并行至今,但仍没有找到一个理想高效的运行机制和结合方式。由于当前中国体育与教育行政机构分置的现实国情,我国大多数省、市、自治区都存在着两套相对独立的高水平体育人才培养体系,而且在某些省甚至三套相对独立的培养体系并存,即一套是省体育局,另一套是教育部门,第三套则是省会城市或财力雄厚的计划单列城市体育局。此外,在一些省的范围内,还存在着几所高校建设同一个项目高水平运动队的现象。[1] 这也必然带来重复建设甚至是低水平重复建设的问题,无谓地耗费了大量的人力、物力和财力。因此,体教结合面临着长期而复杂的管理体制与运行机制改革和完善问题。

3. 竞技水平不高问题

高校培养全面发展的高水平体育人才虽然有着生源优势、教育优势和科研优势等,但机制不畅、定位不准、经费紧缺,高水平教练员匮乏、运动训练经验不足、学训矛盾依然严重等因素制约着体教结合在高校的发展。大学生运动员长期游离于体育竞技比赛的主战场之外,既有体制限制了他们获得更多的参赛机会的原因,更主要的是因为他们当中的绝大多数人的竞技水平确实比不上专业运动员。因此,由于竞赛制度、教练员水平等原因,教育体系培养出的“学生运动员”竞技水平不高,是个不争的事实。

此外,有的学者认为普通高校办高水平运动队存在五个方面的问题:一是管理体制统得过死,没有发挥大学生体协的社团管理作用;二是生源渠道不畅;三是高校系统的教练员的专业素质亟待提高;四是缺乏办队经费;五是学习和训练之间的矛盾难以调和。[2]

---

〔1〕 胡剑波,汪珞琪.高校“体教结合”模式存在的问题与对策研究[J].成都体育学院学报,2008,34(4):76-77.

〔2〕 于振峰,伍勰.我国普通高校办高水平运动队的现状与发展对策[J].体育科学,1998,18(3):26-27.

四、后奥运时代“体教结合”发展对策

1. 科学定位体教结合的人才培养目标

体教结合的重要意义不应拘泥于解决优秀运动员的文化课学习问题,而应从我国竞技体育又好又快发展、从教育系统依靠自己的资源优势培养出高水平运动队和高水平运动员的战略高度来思考体教结合的定位问题。正确科学地定位体教结合的人才培养目标,关系到体教结合的发展方向、发展目标及发展格局,也是建立体教结合人才培养具体模式的基本依据。更重要的是,普通高等学校应当把“体教结合”作为学校工作的重要组成部分,成为体教结合的排头兵。科学定位人才培养目标是个案成功变成全国学校竞技体育发展主流模式,是体教结合走向成功的关键。体教结合不能停留在培养高水平竞技体育人才补充形式的定位,而应当成为21世纪我国培养高水平竞技体育人才的重要途径或主渠道。

2. 坚持管办分离,理顺体教结合管理体制

“体教结合”是一项社会系统工程,涉及体育部门和教育部门的各个层次、各个方面,体育部门和教育部门应该在统一思想、形成共识的条件下,建立“体教结合”领导协调小组,具体指导“体教结合”的工作。体育事业是国家的事情,也是国家综合实力的一部分。国家竞技体育的职业化、运动员最高水平的培养,无疑是体育部门的事。但是,体育在学生培养过程中是不可或缺的部分,教育部门应义不容辞担当起重任。体育部门与教育部门要找出自己的不足,打破条块分割,互相配合、互相协作,为“体教结合”注入新的活力。“体教结合”最终要落实到学校,具有先进教育理念的大、中学校长在推进“体教结合”工作中担负着至为关键的责任。

3. 更新观念,构建符合科学发展观的体教结合运行体系

现代社会中,体育是教育的有机组成部分,体育理应成为教育的内核,是培养全面、协调发展的现代人的重要手段。只有转变观念、提高认识,各部门和各级各类学校才能进一步增强实施体教结合的自觉性和积极性,体育部门才会像抓“举国体制”一样来支持体教结合,教育部门才会像抓教育事业一样来重视体教结合,高等学校才会像发展重点学科那样培育体育、像引进教授那样引进教练员。

我们还应当借鉴国际奥林匹克运动体系、中国特色举国体制的成功经验,结合系统论与我国教育国情,构建符合科学发展观与时代发展的体教结合体系。体教结合,既遵循体育训练规律,保证系统的业余训练,又遵循教育规律,保证学生系统的文化教育。

4. 完善竞赛制度,提高教练员水平

加强竞技体育体制改革,对竞赛制度进行补充和完善,充分发挥体育竞赛的杠杆和导向作用,使竞赛为训练服务,为出人才服务。体育和教育行政部门应该联手举办一些比赛,打破系统之间的藩篱,共同交流,共同提高。例如,大学生体协单独组队参加全国性单项或综合运动会,同时完善各级各类学生联赛制度。另一方面,教练员是保证训练质量的关键环节,应加强教练员岗位培训,促进教练员专职化,不断提高教练员执教能力。当前,提高教练员水平的有效途径是直接聘请高水平教练员来校任教。

总之,体教结合是建设有中国特色社会主义过程中体育领域和教育领域培养人才的一种特殊模式,正成为受到体育部门和教育部门的日益重视和大力推进的带有方向性的一项事业,也是后奥运时代一项重大的社会系统改造工程。为了体育和教育事业的发展与进步,我们要以科学发展观为指导,长期坚持和不断完善体教结合制度,培养全面、协调发展的竞技体育人才,在全社会传播体育文化,塑造体育精神,实现我国竞技体育的可持续发展,为构建社会主义和谐社会做出贡献。

第四节　北京奥运场馆设施社会价值开发

一、北京奥运场馆设施开发的优势和劣势

北京奥运会共有 37 个比赛场馆,其中北京地区有 31 个,包括 12 个新建场馆、11 个改扩建场馆和 8 个临建场馆,京外比赛场馆为 6 个。

北京奥运场馆的优势是:北京奥运主要体育场馆群可按市场规则进行联动开发,形成了重量级的规模效应,有利于规模效益的发挥;体育场馆群处于北京四环、五环之间,中轴线之侧,具有四通八达而且高效便捷

的交通，从而使之处于十分优越的地理区位，蕴藏着极大的商业开发潜力；体育场馆群周边尚存有待规划开发区域，形成了更大的与体育产业相关的建筑群体，从而进一步增进了体育场馆群的聚集效应和扩散效应。

然而，其面临的挑战和劣势则是：体育文化市场的开拓，体育场馆的企业化管理，在我国仍然是一个全新的课题，可供借鉴的经验很少；体育消费市场有个逐步形成的过程，而北京奥运会场馆建设后，形成了彻底的体育消费的买方市场，一段时期内会造成体育消费需求相对不足；体育馆建成后高额的维护运作费用、折旧费用、贷款利息及较高的资产负债率，会形成巨大的经济压力从而形成巨大的经营压力等。

二、借鉴国外奥运场馆价值开发成功经验

1. 现代奥运会场馆赛后利用的基本模式

总体而言，现代奥运场馆的赛后利用有以下四种模式：第一种模式，继续用于组织体育活动。奥运会结束以后，奥运场馆区域尤其是奥林匹克公园通常都成为主办城市乃至一个地区的大型体育活动中心。这些体育活动主要包括：职业体育竞赛活动、大学体育竞赛活动、国家级高水平运动训练中心、居民健身活动、社区体育俱乐部活动等。第二种模式，交替使用模式。许多奥运会主办城市都在奥运会期间为了节省开支，将大型商贸展览中心、大型会议中心临时改作奥运比赛场馆，在奥运会结束以后恢复原来的功能。而奥运村在奥运会结束以后往往成为城市住宅新区、大学生宿舍、办公用房等。第三种模式，多用途使用模式。奥运场馆在建设过程中就充分地考虑了赛后的利用，进行了多功能设计，使得奥运场馆在奥运会结束以后能够开展体育、商贸展览、音乐会、演唱会、娱乐等多种大型活动。第四种模式，搭建临时场馆设施，奥运会结束后直接拆除。一些体育项目不被主办城市居民所喜爱或者比赛项目适宜在户外进行，因此举办这些比赛项目的场馆设施通常属于临时搭建的设施，奥运会结束以后则直接拆除。例如 1996 年亚特兰大奥运会的自行车、射箭和赛艇设施均是搭建的临时场馆，奥运会结束以后被拆除。随着现代科学技术的发展，许多大型国际体育赛事的场馆建设都采用现代建筑工艺、建筑材料和建筑技术来建设临时场馆和设施，一方面降低了建设成本，另一方面也满足了比赛需要。例如悉尼奥运会主体育场采用现代建筑工艺在奥

运会期间增加了3万个座席，在奥运会结束以后则拆除这些座席。许多大型赛事的主办城市在场馆建设过程中使用气膜体育建筑，在比赛结束以后则拆除这些建筑。

表6-3 现代奥运会场馆资源赛后利用的基本情况[1]

奥运场馆类型	赛后使用模式	赛后利用情况
主体育场	3 4	新建主体育场在赛后主要服务于国际和国内体育、文化、商贸、政治、宗教等大型活动。奥运会主体育场的存在本身就可以吸引国内外大型活动
体育馆	3	室内体育、文化、娱乐、会展和商贸活动。目前存在的主要问题是许多主办城市都建成若干体育馆，除体育活动外这些室内体育馆往往难以吸引足够多的其他活动
多用途体育馆	2	主办城市往往将商贸展览中心、会议中心等临时用作比赛场馆，由于奥运会的影响，奥运会结束以后这些设施往往成为促进主办城市会展业的生力军
中小型体育馆	1 4	除主体育馆外，主办城市还需建设一些规模稍小的体育馆，这些体育馆往往主要用于组织体育比赛。这些场馆的赛后利用难度也很大，一方面其规模不大难以组织除体育以外的其他大型活动，另一方面又没有足够的体育赛事。这些体育馆大多数都用于大学和学校体育活动以及居民体育活动，但必须有足够的体育健身人口规模
户外场地及绿地	1 2 4	户外场地设施通常使用搭建的临时体育设施，奥运会结束后，许多区域变成了居民休闲娱乐区域，一些设施搭建在奥林匹克公园之中，奥运会结束后成为公园景观或娱乐区域的组成部分
奥运村	2	奥运村在赛后有以下使用模式：1. 用于解决城市居民的住房问题（包括1952年、1956年、1960年、1968年、1980年奥运会）；2. 住宅区（1972年和1976年奥运会）；3. 高级豪华住宅（1988年和1992年奥运会）；4. 大学生公寓（1984年和1996年奥运会）
自行车馆	1 4	奥运会前大多数主办城市都没有建设自行车馆，奥运会结束后大多用于高水平训练基地

〔1〕 林显鹏. 奥运会场馆建设及赛后利用研究[C]. //国家体育总局政策法规司. 2008年北京奥运会的理论与实践. 北京：人民体育出版社，2005：232.

续表

奥运场馆类型	赛后使用模式	赛后利用情况
游泳馆/户外	1　4	奥运会结束以后,大多数奥运会主办城市都把游泳场馆向普通居民开放,成为促进城市大众体育发展的有效手段。蒙特利尔奥运会结束后,1988 年蒙特利尔将游泳馆改建游泳池成为水上惊险体育公园。亚特兰大奥运会则把游泳馆移交给佐治亚理工大学。然而由于奥运会游泳场馆的规格高,游泳门票费用往往满足不了场馆的运营维护费用

注:赛后使用模式即本文论述的四个模式。

2. 采用政府和企业相结合的建设与运营模式

体育场馆的建设和运营是密切相关的,目前国内外奥运会场馆及其他大型场馆的设计、建设和赛后运营的趋势是采用 PPP(Public Private Partnership)模式,即政府和企业相互协作相互支持的模式。

采用 PPP 模式由企业参与体育场馆的建设和运营可以有效地降低政府风险,尤其是可以有力地提高奥运会场馆及其他大型场馆的运营管理水平,提高经营效益。根据建设项目的不同,PPP 模式可以细分为:BOT 模式(建造—运营—移交)、BTO 模式(建造—移交—运营)、BT 模式(建造—移交)、TOT 模式(移交—运营—移交)、BOL 模式(建造—运营—出租)和 DBFO 模式(设计—建造—融资—运营)。悉尼奥运会场馆建设就成功地采用了 PPP 模式。澳大利亚新南威尔士州政府在奥运会场馆建设方面进行法人招标,最终悉尼奥运会的主体育场、主体育馆和奥运村招标成功。澳大利亚多丛公司(Multiplex)和汉姆布鲁司银行(Hambros)组成的联合体中标,负责主体育场的设计、施工、融资和运营。场馆建设支出为4.63 亿澳元,其中新南威尔士州政府出资 1.35 亿澳元,其余 3.28 亿澳元主要通过股票上市、银行借贷、冠名权和出售会员等方式筹集。悉尼奥运会主体育馆建筑面积 70420 平方米,21000 个座席,总造价 1.97 亿澳元(1.23 亿美元),其中新南威尔士州政府出资 1.42 亿澳元[1],其余由澳大利亚一家名为“Abigroup”的开发公司承担。奥运会结束以后由这家

〔1〕 林显鹏.奥运会场馆建设及赛后利用研究[C].//国家体育总局政策法规司.2008 年北京奥运会的理论与实践.北京:人民体育出版社,2005:233.

公司承担场馆的运营,30年以后移交给新南威尔士州政府。奥运村则由房地产开发商建设和销售,在奥运会开幕之前就已经全部售出。新建的奥运村是太阳能公寓,包括2000个单元,可以居住5000人。每套公寓售价为42万~49万澳元,单元房售价为52万~68万澳元。亚特兰大奥运会主体育场由亚特兰大奥运会组委会出资2.89亿美元建造。在建设之初奥运会组委会与亚特兰大英雄队(Atlanta Braves)和亚特兰大市政府签订了一个协议,主要内容包括:奥运会主体育场由组委会出资兴建,奥运会结束以后运营管理权力移交给亚特兰大英雄队,由其运营30年以后将产权移交给亚特兰大富尔顿县政府。奥运会结束以后,主体育场的2/3被拆除,仅留1/3作为亚特兰大英雄队的比赛场馆。[1]

3. 采取多元化运营模式,提高场馆利用效率

奥运会场馆大多集中于奥林匹克公园,奥运场馆的运营主要以组织大型体育、文化、商贸、政治、宗教活动为主。主要通过三种方法提高体育场馆的利用效率:第一是改建奥运场馆附属设施,例如设计高级写字楼、主题餐厅、特色酒吧等,为发展经济提供服务。第二是最大限度地利用场馆建筑在非比赛日的功能和面积。这种功能就是会议设施、零售、博物馆、康体中心、电影院等。当这些设施可以在比赛或非比赛日得到双重利用的时候,额外的优势和作用就能够显现出来。第三是在场馆内开展各种非体育活动,比如音乐会或公司活动等。

三、北京奥运场馆社会价值主要开发途径

1. 结合中华特色,首都文化环境氛围,打造特色品牌

长久以来,中国的文化标志深入人心,特别是近些年,中国对外经济贸易规模大幅增加,使得中国的文化、艺术等远播海内外。长城、故宫、天安门等极具中国和北京特色的历史古迹、建筑等,作为首都的标志,迎来了八方游客,促进了经济的发展,文化的传播。奥运场馆的运营,应加大文化效应和品牌效应的构建,对奥运公园或者大型场馆周边地区进行更深层次的综合性开发,采取以地段养场馆的原则。逐步丰富场馆所在地

---

〔1〕 林显鹏.奥运会场馆建设及赛后利用研究[C].//国家体育总局政策法规司.2008年北京奥运会的理论与实践.北京:人民体育出版社,2005:233.

区的多样性功能，安排一定量的住宅区和服务设施、必要的办公建筑、酒店宾馆和休闲娱乐设施等，吸引更多人流的聚集和进入，同时增加附近居民在日常活动当中能够利用这些场馆和设施的机会，最终使得这些场馆真正地融入城市空间和居民的生活当中，让奥运场地接续体育精神，并在每一段时间里都能够充满活力和生机。

2. 根据公益性与经营性相结合原则让奥运场馆服务大众

北京奥运场馆主要集中在城市的北部和西部，共分为四个区域，包括一个中心区和三个分区。中心区位于奥林匹克公园内，三个分区分别是大学区、西部社区、北部风景旅游区。该规划布局可方便广大市民就近到奥运场馆健身锻炼。北京奥运中心区作为场馆和设施最集中的区域，奥运会后将成为一个集展览、体育、休闲、商业等活动于一体的大型高品质区域。大学区的场馆赛后主要为学生的教学、训练、比赛等使用。

奥运场馆是大型公共设施，政府进行了大量投入，它具有公益性质。根据公益性与经营性相结合原则让奥运场馆服务大众，可以制定一个合理的票价体系，能让大家买得起票，提高北京奥运会场馆的社会价值。

北京奥运会社会价值开发需要树立科学的可持续的发展观，重视并处理好举办奥运会与城市建设的关系、硬件与软件建设的关系、当前与长远建设的关系。北京奥组委副主席蒋效愚提出："北京已经确定了'新北京、新奥运'战略构想，'建设新北京、办好新奥运'，目的就是既要举办一届高水平的奥运会，为中国和世界体育留下遗产；同时又要抓住举办奥运会的难得历史机遇，促进北京率先基本实现现代化。北京的城市基础设施建设，既要满足举办奥运会的需要，但更重要的是着眼于建设现代化国际大都市的长远发展。在奥运场馆建设上，其布局、功能以及运作方式、机制上，都充分考虑了赛后利用，将其与城市未来发展、社区规划以及市民生活需求紧密联系在一起。"

小　结

北京奥运会对当今国际与国内具有深远的影响，产生了巨大的社会价值。合理有效地对北京奥运会的社会价值加以开发利用，对于发挥北京奥运会的社会价值有着十分重要的意义。北京奥运会社会价值开发理念主要有:继续倡导北京奥运会“绿色奥运”、“科技奥运”、“人文奥运”三大理念,促进物质文明与精神文明建设;继续保持举国体制发展竞技体育制度优势,同时构建完善的全民健身体系,努力从体育大国向体育强国迈进。

第七章 结 论

运用辩证唯物主义和历史唯物主义的观点及方法，从东西方文化交流和中国现代化进程这一特定历史时空的视角来研究北京奥运会社会价值问题，得出以下结论：

1. 现代奥运会具有促进个体全面发展、社会进步及世界和平的价值

该价值结构具有从微观到宏观，由个体到社会的相互作用的逻辑关系。个体层面的社会价值包括：生命价值、人的全面发展价值、审美价值、道德规范价值和公平竞争；社会整体层面的社会价值包括：和平价值、文化传播价值、激励价值和可持续发展价值等。

2. 北京奥运会对于中国社会与国际社会的互动具有战略性价值

中国社会现代化发展需要奥林匹克运动，奥林匹克运动的发展需要中国。中国的改革开放和社会现代化成就需要获得国际社会的认可和尊重，国际社会同样需要进一步了解中国。

3. 北京奥运会有力提升中国的国际地位和彰显现代而开放的国家形象

北京奥运会是中国在全球舞台上迅速崛起的一个最明显的标志性事件之一，有力地提升了中国的国际地位，彰显了中国现代而开放的国家形象。

4. 北京奥运会促进了东西方文化的交流与融合

北京奥运会是世界各国人民加深了解、增进友谊、团结协作的载体，同时促进了东西方文化的交流与融合。

5. 北京奥运会为国际奥林匹克运动做出了独特贡献

北京奥运会以中国文化元素丰富和完善了国际奥林匹克运动。北京奥运会的实践经验，尤其是它以人为本，绿色、科技、人文融合的理念，科学、规范、高效的组织、管理、运行，全人类的分工合作与志愿奉献，书写了

国际奥运史上独特的中国篇章。

6. 北京奥运会为人类社会的和平、友谊和进步做出了重大贡献

北京奥运会对国际社会产生意义深远的影响，主要体现在：进一步弘扬了奥林匹克精神，促进了中国文化与世界文化的交流与融合，倡导了"和谐世界"理念，促进了奥林匹克运动的发展，为人类社会的和平、友谊和进步做出了重大贡献。

7. 北京奥运会有利于中国社会和谐健康发展和中国社会现代化进程

北京奥运会在中国的成功举办，对中国社会现代化的发展意义深远：北京奥运会促进了中国现代化与和谐社会建设，增强了中华民族凝聚力，加速了中国国民心态的成熟，彰显了中国政府高超的执政能力，推动了中国体育现代化。

8. 北京奥运会的成功再次证明中华民族凝聚力和当代中国社会制度优势

北京奥运会推动了中国社会现代化进程，有利于促进中国社会和谐健康发展，为中国全面走向世界，在世界事务中发挥更大的作用提供一个桥梁，为中国以一个现代而开放的面貌屹立于世界提供一个平台。研究表明，北京奥运会具有展示国家形象、增强社会凝聚力、促进社会和谐的价值；同时证明奥林匹克运动与中国社会发展具有互相促进的关系特征。

北京奥运会，必将对中国社会主义现代化建设、对国际奥林匹克运动产生极其深远的影响，这也就是北京奥运会社会价值长久的、全方位的体现。

参考文献

[1] 任海. 奥林匹克运动[M]. 北京:人民体育出版社,2005.
[2] 杨桦. 2008年奥运会提升中国国际地位和声望的研究[M]. 北京:中国法制出版社,2007.
[3] 张永恒. 奥运中国——中外名人解读北京奥运[M]. 北京:人民出版社,2007.
[4] 南京师范大学《教育学》编写组. 教育学[M]. 北京:人民教育出版社,1984.
[5] 颜天民. 竞技体育的意义——价值理论研究探微[M]. 北京:北京体育大学出版社,2003.
[6] [日]作田启一. 价值社会学[M]. 宋金文,边静,译. 北京:商务印书馆,2004.
[7] 李连科. 世界的意义——价值论[M]. 北京:人民出版社,1985.
[8] 王玉樑. 价值哲学[M]. 西安:陕西人民出版社,1989.
[9] 王锐生. 社会哲学导论[M]. 北京:人民出版社,1994.
[10] 石云霞. 当代中国价值观论纲[M]. 武汉:武汉大学出版社,1996.
[11] 夏甄陶. 认识的主—客体相关原理[M]. 武汉:湖北教育出版社,1996.
[12] 程继隆. 社会学大辞典[M]. 北京:中国人事出版社,1995.
[13] 张军. 价值与存在[M]. 北京:中国社会科学出版社,2004.
[14] 国家体育总局政策法规司. 体育社会科学研究成果汇编(2006年)[M]. 北京:人民体育出版社,2006.
[15] 国际奥林匹克委员会. 奥林匹克宪章[M]. 北京:奥林匹克出版社,2001.
[16] 田麦久. 体育发展战略研究与学科建设[M]. 北京:北京体育大学出

版社,2003.

[17] 马克思恩格斯全集(第19卷)[M]. 北京:人民出版社,1963.

[18] 教育部社会研究与思想政治司. 马克思主义哲学原理[M]. 北京:高等教育出版社,2003.

[19] 袁仁贵. 价值学引论 [M]. 北京:北京师范大学出版社,1961.

[20] 罗时铭. 奥林匹克学[M]. 北京:高等教育出版社,2007.

[21] 陈立基. 论奥林匹克运动发展观[M]. 北京:北京体育大学出版社,2007.

[22] 毛泽东选集第一卷 [M]. 北京:人民出版社,1991.

[23] 颜天民. 竞技体育的意义—价值理论研讨探微 [M]. 北京:北京体育大学出版社,2003.

[24] 卢元镇. 体育人文社会科学高级教程 [M]. 北京:高等教育出版社,2003.

[25] [法]顾拜旦."巴黎代表大会"奥林匹克理想[M]. 北京:奥林匹克出版社,1993.

[26] [西班牙]萨马兰奇. 奥林匹克回忆[M]. 孟宪臣,译. 北京:世界知识出版社,2003.

[27] 刘登阁. 文化全球风暴[M]. 北京:中国社会科学出版社,2000.

[28] 彭永捷,张志伟,韩东晖. 人文奥运[M]. 北京:东方出版社,2003.

[29] 徐新. 发展社会学[M]. 上海:上海大学出版社,2005.

[30] 国际奥委会体育与环境委员会. 奥林匹克运动21世纪发展议程——以体育促进可持续发展[M]. 北京:奥林匹克出版社,2000.

[31] [韩]朴世直. 我策划了汉城奥运会[M]. 姜镕哲,译. 北京:中信出版社,2005.

[32] 刘继南,周积华,段鹏. 国际传播与国家形象——国际关系的新视角[M]. 北京:北京广播学院出版社,2002.

[33] 管文虎. 国家形象论[M]. 成都:成都科技大学出版社,2000.

[34] [美]罗伯特·福特纳. 国际传播:"地球都市"的历史、冲突及控制[M]. 刘利群,译. 北京:华夏出版社,2000.

[35] 刘淇. 北京奥运经济研究[M]. 北京:北京出版社,2003.

[36] 朱明德. 北京奥运文化挑战[M]. 北京:中国文联出版社,2005.

[37] [美]约瑟夫·奈. 软力量[M]. 北京:东方出版社,2004.
[38] 中国新闻周刊编. 2008 中国的奥运记忆[M]. 北京:五洲传播出版社,2008.
[39] 鲍宗豪. 当代社会发展导论[M]. 上海:华东师范大学出版社,1999.
[40] 郑杭生. 社会学概论[M]. 3 版. 北京:中国人民大学出版社,2003.
[41] 孔庆榕. 增强中华民族凝聚力首次学术讨论会论文集[M]. 香港:汉荣书局,1991.
[42] 孔庆鹏,朱永新,王家宏,等. 苏州市体育现代化研究[M]. 苏州:苏州大学出版社,2003.
[43] 胡小明. 体育休闲论[M]. 成都:四川科学技术出版社,2008.
[44] [英]格吉诺夫·瓦西尔,董进霞. 奥运会的起源与发展——解读奥林匹克运动会[M]. 北京:北京体育大学出版社,2008.
[45] 梁晓龙. 举国体制——中国竞技体育的成功之路[M]. 北京:人民体育出版社,2005.
[46] Minky Worden. *China's Great Leap: the Beijing Games and Olympian Human Rights Challenges*[M]. New York: Seven Stories Press, 2008.
[47] Grant Jarvie, Dong-Jhy Hwang & Mel Brennan. *Sport, Revolution and the Beijing Olympics*[M]. Oxford: Berg Publishers, 2008.
[48] Susan Brownell. *Beijing's Games: What the Olympics Mean to China*[M]. Lanham: Rowman & Littlefield, 2008.
[49] Paul Close, David Askew & Xu Xin. *The Beijing Olympiad: the Political Economy of a Sporting Mega-Event*[M]. New York: Routledge, 2007.
[50] Ying Yu, Francisco Klauser & Gerald Chan. "Governing security at the 2008 Beijing Olympics". *International Journal of the History of Sport*[J]. Vol. 26, 2009(3):390 – 405.
[51] Lovell, J. "Beijing 2008: the mixed messages of contemporary Chinese nationalism". *International Journal of the History of Sport*[J], Vol. 25, 2008(7):758 – 778.
[52] Caffrey, K. "Olympian politics in Beijing: games but not just games". *International Journal of the History of Sport*[J], Vol. 25, 2008(7):

807 - 825.

[53] 顾拜旦. 体育颂[C]//国际皮埃尔. 德. 顾拜旦委员会. 奥林匹克主义——顾拜旦文选. 刘汉全,邹丽,等,译. 北京:人民体育出版社,2008.

[54] 董新光. 关于健康素质、全民健身体系和群众体育发展思路的讨论[C]//国家体育总局政策法规司. 群众体育战略研究——2005 年全国体育发展战略研讨会文集. 北京:北京体育大学出版社,2005.

[55] 柯惠新. 北京奥运背景下国际公众眼中的中国形象——以对美国、英国、新加坡和在京外国人的调查为例[C]//2008 第六届亚洲传媒论坛——国家形象传播论文集. 北京:中国传媒大学亚洲传媒研究中心,2008.

[56] 陈剑. 2008 年奥运会对提升北京现代化水平和向国际大都市迈进的影响及推动分析[C]//刘淇. 北京奥运经济研究. 北京:北京出版社,2003.

[57] 胡笑寒,吕康娟,吴怡,等. 奥运会后效应研究——以悉尼奥运会为借鉴[C]//国家体育总局政策法规司. 体育社会科学研究成果汇编(2006). 北京:人民体育出版社,2006.

[58] 潘志琛. 2008 年奥运会我国参赛面临的形势和任务[C]//国家体育总局政策法规司. 2008 年北京奥运会的理论与实践. 北京:人民体育出版社,2005.

[59] 任海. 国际奥委会改革对国际体育发展的影响[C]//第八届全国体育科学大会论文摘要汇编(一). 北京:北京体育大学出版社,2007.

[60] 丁玉兰,古柏. 全面认识和理解奥林匹克运动——解读《奥林匹克宪章》[J]. 成都体育学院学报,2005,31(5).

[61] 向勇,周西宽. 体育社会功能的哲学话语[J]. 体育文化导刊,2004,12.

[62] 朱林,兰自力,王联聪. 体育在社会主义和谐社会构建中的作用[J]. 北京体育大学学报,2007,30(10).

[63] 刘江丽. 体育事业在构建和谐社会中的作用[J]. 武汉体育学院学报,2005,39(9).

[64] 郭英帝. 发展体育事业构建和谐社会[J]. 体育文化导刊,2005,11.

[65] 陈文纲. 体育在促进和谐社会建设中的作用与实现途径初探[J]. 广州体育学院学报,2006,26(4).
[66] 戴俊,李旭天,张兵. 论和谐社会构建中体育的价值[J]. 山东体育学院学报,2006,22(6).
[67] 董新光. 群众体育在和谐社会建设中的作用和责任[J]. 体育文化导刊,2007,9.
[68] 肖伟君,何建华. 论全民健身与和谐社会的构建[J]. 体育与科学,2006,27(4).
[69] 周结友,裴立新. 试论和谐社会与全民健身[J]. 西安体育学院学报,2006,23(3).
[70] 张玉生. 体育文化在构建和谐社会中的价值探析[J]. 沈阳体育学院学报,2006,25(4).
[71] 曲京寅. 浅析人文体育的精神与和谐社会[J]. 吉林体育学院学报,2005,21(3).
[72] 徐成立,杨柳,王健. 构建和谐社会中的弱势群体健身问题[J]. 体育学刊,2005,12(6).
[73] 何振梁. 北京奥运会对中国发展的影响[J]. 体育文化导刊,2004,3.
[74] 李益群,丁玲娣,詹建国. 成功申办与举办第29届奥运会对中国社会环境的影响[J]. 中国体育科技,2001,37(7).
[75] 陆小聪,张修枫,董鹏. 奥运会与社会凝聚力——从社会学看奥运会的社会效益[J]. 西安体育学院学报,2005,22(5).
[76] 任海. 北京奥运的真正价值在于完善社会运作机制[J]. 体育博览,2002,5.
[77] 熊斗寅. 北京奥运会与中国体育发展[J]. 体育与科学,2002,23(6).
[78] 孙葆丽. 北京2008年奥运会"人义奥运"理念初探[J]. 北京体育大学学报,2001,24(4).
[79] 肖焕禹,陈玉忠. 奥林匹克运动与人类社会和谐发展的新理念探析——解读北京奥运三大主题[J]. 上海体育学院学报,2003,27(1).
[80] 宋玉芳. 奥运会志愿者管理研究[J]. 体育科学,2005,25(2).
[81] 崔乐泉. 奥林匹克运动面临的问题与中国当代体育面临的机遇

[J]. 山西师大体育学院学报,1999,14(2) .
[82] 胡小明,周爱光,任海,等. 奥运会与中国体育的未来——中西体育理念比较座谈会发言纪实[J]. 体育学刊,2003,10(6).
[83] 陈彦. 试论奥林匹克运动对21世纪中国体育思想的影响[J]. 体育与科学,2000,21(4).
[84] 孙葆丽. 奥林匹克运动三大支柱之间的关系[J]. 体育文史,1994,3.
[85] 茹秀英. 国际奥委会组织变革与发展的研究[J]. 体育科学,2005,25(9).
[86] 文建. 西方三大通讯社中国报道[J]. 海外新闻界,2005(4).
[87] 廖卫民. 热切关注正在崛起的中国[J]. 海外新闻界,2005(4).
[88] 卢元镇. 举办奥运会也应该收获群众体育[J]. 体育文化导刊,2003(12).
[89] 陈彦. 试论奥林匹克运动对构建社会主义和谐社会的影响[J]. 浙江体育科学,2005,26(6).
[990] 陆小聪, 张修枫, 董鹏:奥运会与社会凝聚力[J] . 西安体育学院学报,2005,22(5).
[91] 任海,罗湘林. 论2008年奥运会对中国政治的影响[J]. 体育与科学,2005,26(2).
[92] 吴冬梅,陈雪. 论当代爱国主义在增强民族凝聚力中的作用[J]. 茂名学院学报,2004,14(2).
[93] 熊斗寅. 现代体育与体育现代化问题初探[J]. 北京体育学院学报,1980(1).
[94] 卢元镇. 现代化进程中的中国社会体育及其产业[J]. 社会体育国际论坛,广州:华南师范大学,2002.
[95] 吕树庭,张宏,等. 广东省体育现代化指标体系的研究[J]. 广州体育学院学报,2004,24(4).
[96] 刘鹏. 以筹备2008年奥运会为重大契机,促进我国体育事业全面、协调、可持续发展[J]. 中国体育教练员,2005(1).
[97] 任海. 北京奥运会后效应的思考[J]. 体育文化导刊,2005(4).
[98] 徐镛均. 以开放的国民心态迎接北京奥运会[J]. 今日中国论坛,

2007(10).
[99] 杨清林."化解"奥运风波[J].南风窗,2008(6).
[100] 田雨普.努力实现由体育大国向体育强国的迈进[J].体育科学,2009,29(3).
[101] 徐本力.体育强国、竞技体育强国、大众体育强国内涵的诠释与评析[J].天津体育学院学报,2009,24(2).
[102] 董新光.下一个10年我国群众体育发展的战略选择[J].体育学刊,2009,16(6).
[103] 裴立新,等.全民健身若干问题的研究[J].体育与科学,2004,9.
[104] 杨晓生,陈长礼.中国体育现代化探析[J].体育学刊,2005,11.
[105] 董新光.论群众体育的主体地位[J].体育文化导刊,2006,12.
[106] 董新光.社会体育现代化研究专题[R].苏州:苏州大学体育社会科学研究中心,2007.
[107] BBC民调:世界如何看中国[N].参考消息,2008-08-06(8).
[108] 柳晓森.志愿者的世界很阳光[N].人民日报,2008-12-15(4).
[109] 郑永年.中国软实力悄然崛起[N].参考消息:2005-01-13.
[110] 自信与和谐:中华民族凝聚力的展现与提升[N].北京日报,2008-06-27.
[111] 胡锦涛.在省部级主要领导干部提高构建社会主义和谐社会能力专题研讨班上的讲话[N].人民日报,2005-06-27(1).
[112] 胡锦涛.在北京奥运会、残奥会总结表彰大会上的讲话[N].人民日报,2008-09-29:(1-2).
[113] 吴珺,何民捷.相互了解、友谊、团结和公平竞争[N].人民日报,2008-07-09.
[114] 程瑞辉.奥运会对我国大众体育事业的促进作用[N].光明日报.2008-11-05.
[115] [西班牙]拉斐尔·波奇.中国登上了领奖台[N].参考消息,2008-08-27(16).
[116] 许立群.全国经常参加体育锻炼人数不足30%[N].人民日报,2008-12-19(12).
[117] 陶颖.北京奥运会举办期间空气质量全部达标[EB/OL].http://

bjyouth. ynet. com/article. jsp? oid = 42490940. 2008 - 10 - 25. 15:35.

[118] 宋吉河. 国家体育总局表彰奥运场馆建设者[EB/OL]. http://news. 163. com/08/0512/15/4BOL7KMM000120GU. html. 2008 - 12 - 15.

[119] 柳丝. 借奥运东风促我国志愿行动走向常态[EB/OL]. http://www. bj. xinhuanet. com/bjpd _ sdzx/2008 - 12/03/content _ 15087784. htm 2008 - 12 - 3. 17:13.

[120] 北京奥组委. 实现百年奥运梦想 传播奥林匹克精神[EB/OL]. http://theory. people. com. cn/GB/49157/49165/8076753. html.

[121] 北京奥运会志愿者形象调查[EB/OL]. http://news. people. com. cn. 2008 - 12 - 21.

[122] 奥运会期间北京建立 24 小时公共交通网络[EB/OL]. http://internal. dbw. cn/system.

[123] 奥运环保接力[EB/OL]. http://blog. sina. com. cn/s/blog _ 4a8452870100aj31. html.

[124] 北京市奥运场观分布示意图[EB/OL]. http://image. baidu. com/i? tn = baiduimage&ct = 201326592&lm.

[125] 奥运遗产之物质篇:奥运场馆 永久的标志[EB/OL]. http://www. 022net. com/2008/8 - 31/455049412936892 - 3. html. 2008 - 08 - 31. 12:37:32

[126] 国家体育场——"鸟巢"[EB/OL]. http://tieba. baidu. com/f? kz = 95195378. 2009 - 12 - 12. 11:00.

[127] 国家游泳中心"水立方"(Water Cube)[EB/OL]. http://arch. m6699. com/content - 1706. htm.

[128] 教育部. 2007 年来华留学生突破 19 万人次 [EB/OL]. http://news. xhby. net/system/2008/03/13/010219245. shtml. 2008 - 03 - 14.

[129]《中国的和平发展道路》白皮书[EB/OL]. http://news. qq. com/a/20051222/000790_4. htm.

[130] 北京奥组委. 同一个世界,同一个梦想[EB/OL]. http://baike.

baidu. com/view/325549. htm.

[131] 第二十八届奥运会成绩[EB/OL]. http://www2. tjutcm. edu. cn/tiyu/bencandy. php? fid = 53&id = 183.

[132] 刘毅. 场馆见证绿色奥运:“鸟巢”从土壤中吸收[EB/OL]. http://env. people. com. cn/GB/7510235. html.

[133] 科技之光照亮北京奥运[EB/OL]. http://www. china - b. com/hylt/hyzx/20090226/404924_1. html.

[134] 许基仁,苏会志,汪涌. 办好奥运,利民为本——北京奥运会倒计时200 天记[EB/OL]. http://www. gov. cn/zmyw200801c/content_863549. htm.

[135] 吴珺,何民捷. 北京奥运会:弘扬奥林匹克精神的新机遇[EB/OL]. http://news. xinhuanet. com/politics/2008 - 07/09/content_8517182. htm.

[136] 蒋效愚. 北京奥运成功提升中国国家形象[EB/OL]. http://www. chinapr. com. cn/News/Talk/30049. shtml. 2008 - 11 - 17. 17:11:12.

[137] 刘鹏. 充分发挥体育在和谐社会建设中的作用[EB/OL]. http://sports. gov. cn.

[138] 北京奥运行动规划[EB/OL]. http://baike. baidu. com/view/1098806. htm? fr = ala0_1.

[139] 北京奥运会志愿者规模空前[EB/OL]. http://www. bjxxw. cn/www/zy.

[140] 任海. 2008 年北京奥运会与我国群众体育的发展[EB/OL]. http://www. olic. cn/aspkkj/1645. htm.

[141] 国家体育总局政策法规司. 2001—2010 年奥运争光计划纲要[EB/OL]. http://www. lawyee. net/Act/Act_Display. asp? RID = 208009.

[142] 北京奥运见证中国大国民心态[EB/OL]. http://sports. sohu. com/20080829/n259267287. shtml.

[143] 中国奥运理念的成熟与进步,以理性拣拾经济贝壳[EB/OL]. http://2008. sohu. com/20080801/n258529538. shtml.

[144] 北京奥组会方针:开放办奥运、创新办奥运、节俭办奥运、廉洁办奥

运、全民办奥运[EB/OL]. http://www.beijing2008.cn/bocog/concepts.
[145] 北京环保局研究报告显示六成市民希望限行[EB/OL]. http://news.qq.com/a/20080929/000071.htm.
[146] 绿色奥运专项调查项目研究报告[EB/OL]. http://www.china4auto.com.
[147] 冯惠玲:人文奥运——从理念阐释到实践推进[EB/OL]. http://news.ruc.edu.cn.
[148] 刘鹏.向体育强国迈进![EB/OL]. Http://www.people.com.cn. 2009-09-30.

攻读博士学位期间科研情况

1. 发表论文

[1] 第一作者. 论奥林匹克运动的教育逻辑[J]. 西安体育学院学报,2009,26(1):39.
[2] 第一作者. 论北京奥运会与中华民族凝聚力[J]. 当代教育科学,2008,17:12.
[3] 第一作者. 高校体育社团发展现状与对策研究[J]. 吉林体育学院学报,2009,1:10.
[4] 独立作者. 论群众体育是体育现代化的主体[J]. 山西师大体育学院学报,2007,22(4):8.
[5] 独立作者. 论篮球文化对青少年社会化的影响[J]. 搏击·武术科学,2008,5:91.
[6] 独立作者. 论高校体育与大学生的社会化[J]. 中国轻工教育,2008,2:20.
[7] 独立作者. 社会转型期体育失衡现象社会学考察[J]. 淮阴工学院学报,2009,4.

2. 参编专著

[1] 我国职业篮球法律规范问题的研究[M]. 北京:北京体育大学出版社,2008. 参与完成3万字.

3. 参与课题

[1] 2007年度江苏省体育局局管科研课题. TY7402 体育在构建和谐社会中的功能价值与开发. 主要完成人,参与完成8万字.
[2] 2007年度国家社科基金重大项目. 07ATY002 2008年北京奥运会社会、经济、文化、教育价值的深度开发研究的子课题:北京奥运会社会价值研究. 参与人 ,参与完成15万字.

[3] 2008 年淮阴工学院高教研究所立项课题:高校体育与大学生社会化研究. 主持人,完成字数 4 万字.

4. 获奖情况

[1] 2007 年 12 月. 独立作者. 新时期高校体育发展现状与对策研究[J]. 在江苏省高校第二十三届体育科学论文报告会上获得二等奖.
[2] 2008 年 6 月. 第一作者. 高校体育社团发展现状与对策研究[J]. 在江苏省高校第二十四届体育科学论文报告会上获得三等奖.
[3] 2008 年 11 月. 独立作者. 论奥林匹克运动与社会经济的双向驱动关系[J]. 在中国体育科学学会主办的第二届体育科学博士论坛上获得三等奖.
[4] 2009 年 6 月. 独立作者. 论后奥运时代我国体教结合的发展[J]. 在江苏省高校第二十五届体育科学论文报告会上获得二等奖.

附　录

附录1　北京奥运会社会价值研究专家访谈提纲

尊敬的＿＿＿＿＿＿＿先生：

您好！

值此北京奥运会举办之际，为了调查北京奥运会的社会价值，特设计本访谈提纲，请您根据自己的认识谈一谈您的看法。

谢谢您在百忙之中接受访问！

一、今年中国发生了一些事件和自然灾害，这些会影响到奥运会吗？

二、您如何看待奥运火炬传递过程中发生的抗议事件？

三、您认为北京的环境治理符合绿色奥运的要求吗？

四、您如何看待奥运会期间的管制措施与限行政策？

五、您认为北京奥运会具有哪些社会影响或价值？

六、您对《北京奥运会社会价值研究》的研究方法和理论框架有何建议。

再次感谢您的帮助与建议！

附录2　访谈专家一览表

序号	专家姓名	专业	职称/学历	工作单位	地点	时间
1	孙民治	体育学	教授	首都体育学院	苏州大学体育学院会议室	2008－01－10
2	田麦久	体育学	教授	北京体育大学	苏州大学体育学院会议室	2008－01－10
3	于振峰	体育学	教授	首都体育学院	首都体育学院办公室	2007－12－08
4	李颖川	体育学	教授	首都体育学院	首都体育学院办公室	2007－12－09
5	颜天民	体育学	教授	首都体育学院	首都体育学院办公室	2007－12－09
6	程志理	体育学	教授	江苏省体育科学研究所	江苏省体育科学研究所	2008－03－15、09－24
7	王家宏	体育学	教授	苏州大学	苏州大学体育学院会议室	2008－01－05、12－23 等
8	罗时铭	体育学	教授	苏州大学	苏州大学体育学院会议室	2008－01－10
9	董新光	体育学	教授	苏州大学	苏州大学体育学院会议室	2008－01－10、12－23 等
10	王　岗	体育学	教授	苏州大学	苏州大学体育学院会议室	2008－01－10
11	刘远伟	管理学	教授	淮阴工学院	淮阴工学院办公室	2008－01－21、09－02 等
12	王正中	社会学	教授	淮阴工学院	淮阴工学院办公室	2009－01－01、01－08 等
13	李　翔	体育学	博士	苏州大学	苏州大学体育学院会议室	2008－05－11
14	刘　涛	体育学	博士	苏州大学	苏州大学体育学院会议室	2008－05－12
15	陶玉流	体育学	博士	苏州大学	苏州大学体育学院会议室	2008－09－10

附录3 历届夏季奥运会中国代表团金牌榜(1984—2012)

1984 年美国洛杉矶奥运会中国队金牌榜(15 枚)

顺序	时间	姓名	项目
第 01 枚	1984 年 07 月 29 日	许海峰	射击/男子自选手枪慢射
第 02 枚	1984 年 07 月 29 日	曾国强	举重/男子 52 公斤级
第 03 枚	1984 年 07 月 30 日	吴数德	举重/男子 56 公斤级
第 04 枚	1984 年 07 月 31 日	李玉伟	射击/男子 50 米移动靶标准速
第 05 枚	1984 年 07 月 31 日	陈伟强	举重/男子 60 公斤级
第 06 枚	1984 年 08 月 01 日	姚景远	举重/男子 67.5 公斤级
第 07 枚	1984 年 08 月 02 日	吴小旋	射击/女子小口径标准步枪
第 08 枚	1984 年 08 月 03 日	栾菊杰	击剑/女子花剑个人
第 09 枚	1984 年 08 月 04 日	李 宁	体操/男子自由体操
第 10 枚	1984 年 08 月 04 日	李 宁	体操/男子鞍马
第 11 枚	1984 年 08 月 04 日	李 宁	体操/男子吊环
第 12 枚	1984 年 08 月 04 日	楼 云	体操/男子跳马
第 13 枚	1984 年 08 月 05 日	马燕红	体操/女子高低杠
第 14 枚	1984 年 08 月 07 日	中国队:张蓉芳、郎 平、朱玲、杨锡兰、周晓兰、梁 艳、姜 英、侯玉珠、苏惠娟、李延军、杨晓君、郑美珠	排球/女子排球
第 15 枚	1984 年 08 月 10 日	周继红	跳水/女子跳台

1988 年韩国汉城奥运会中国队金牌榜(5 枚)

顺序	时间	姓名	项目
第 16 枚	1988 年 09 月 18 日	许艳梅	跳水/女子跳台
第 17 枚	1988 年 09 月 24 日	楼 云	体操/男子跳马
第 18 枚	1988 年 09 月 25 日	高 敏	跳水/女子跳板
第 19 枚	1988 年 09 月 30 日	陈龙灿/韦晴光	乒乓球/男子双打
第 20 枚	1988 年 10 月 01 日	陈 静	乒乓球/女子单打

1992 年西班牙巴塞罗那奥运会中国队金牌榜(16 枚)

顺序	时间	姓名	项目
第 21 枚	1992 年 07 月 26 日	庄　泳	游泳/女子 100 米自由泳
第 22 枚	1992 年 07 月 27 日	伏明霞	跳水/女子 10 米跳台
第 23 枚	1992 年 07 月 28 日	王义夫	射击/男子气手枪
第 24 枚	1992 年 07 月 28 日	张　山	射击/双向飞碟
第 25 枚	1992 年 07 月 29 日	钱　红	游泳/女子 100 米蝶泳
第 26 枚	1992 年 07 月 30 日	林　莉	游泳/女子 200 米个人混合泳
第 27 枚	1992 年 07 月 31 日	杨文意	游泳/女子 50 米自由泳
第 28 枚	1992 年 08 月 01 日	陆　莉	体操/女子高低杠
第 29 枚	1992 年 08 月 02 日	李小双	体操/男子自由体操
第 30 枚	1992 年 08 月 02 日	庄晓岩	柔道/女子 72 公斤以上级
第 31 枚	1992 年 08 月 03 日	邓亚萍/乔　红	乒乓球/女子双打
第 32 枚	1992 年 08 月 03 日	高　敏	跳水/女子跳板
第 33 枚	1992 年 08 月 03 日	陈跃玲	田径/女子 10 公里竞走
第 34 枚	1992 年 08 月 04 日	吕　林/王　涛	乒乓球/男子双打
第 35 枚	1992 年 08 月 04 日	孙淑伟	跳水/男子跳台
第 36 枚	1992 年 08 月 06 日	邓亚萍	乒乓球/女子单打

1996 年美国亚特兰大奥运会中国队金牌榜(16 枚)

顺序	时间	姓名	项目
第 37 枚	1996 年 07 月 20 日	孙福明	柔道/女子 72 公斤以上级
第 38 枚	1996 年 07 月 20 日	乐靖宜	游泳/女子 100 米自由泳
第 39 枚	1996 年 07 月 21 日	唐灵生	举重/男子 59 公斤级总成绩
第 40 枚	1996 年 07 月 23 日	占旭刚	举重/男子 70 公斤级总成绩
第 41 枚	1996 年 07 月 24 日	李小双	体操/男子个人全能
第 42 枚	1996 年 07 月 26 日	李对红	射击/女子 25 米运动手枪
第 43 枚	1996 年 07 月 26 日	杨　凌	射击/男子 10 米移动靶
第 44 枚	1996 年 07 月 27 日	伏明霞	跳水/女子 10 米跳台
第 45 枚	1996 年 07 月 28 日	王军霞	田径/女子 5000 米
第 46 枚	1996 年 07 月 29 日	熊　倪	跳水/男子跳板

第47枚	1996年07月29日	邓亚萍/乔 红	乒乓球/女子双打
第48枚	1996年07月30日	孔令辉/刘国梁	乒乓球/男子双打
第49枚	1996年07月31日	葛 菲/顾 俊	羽毛球/女子双打
第50枚	1996年07月31日	邓亚萍	乒乓球/女子单打
第51枚	1996年07月31日	伏明霞	跳水/女子跳板
第52枚	1996年08月01日	刘国梁	乒乓球/男子单打

2000年澳大利亚悉尼奥运会中国队金牌榜(28枚)

顺序	时间	姓名	项目
第53枚	2000年09月17日	陶璐娜	射击/女子10米气手枪
第54枚	2000年09月18日	蔡亚林	射击/男子10米气步枪
第55枚	2000年09月18日	杨 霞	举重/女子53公斤级
第56枚	2000年09月18日	李小鹏、郑李辉、黄 旭、杨 威、邢傲伟、肖俊峰	体操/男子团体
第57枚	2000年09月19日	陈晓敏	举重/女子63公斤级
第58枚	2000年09月19日	林伟宁	举重/女子69公斤级
第59枚	2000年09月21日	张 军/高 凌	羽毛球/混合双打
第60枚	2000年09月21日	唐 琳	柔道/女子78公斤级
第61枚	2000年09月22日	杨 凌	射击/男子10米移动靶
第62枚	2000年09月22日	丁美媛	举重/女子75公斤以上级
第63枚	2000年09月22日	占旭刚	举重/男子77公斤级
第64枚	2000年09月22日	袁 华	柔道/女子78公斤以上级
第65枚	2000年09月22日	王 楠/李 菊	乒乓球/女子双打
第66枚	2000年09月22日	龚智超	羽毛球/女子单打
第67枚	2000年09月23日	葛 菲/顾 俊	羽毛球/女子双打
第68枚	2000年09月23日	吉新鹏	羽毛球/男子单打
第69枚	2000年09月23日	王励勤/阎 森	乒乓球/男子双打
第70枚	2000年09月24日	王 楠	乒乓球/女子单打
第71枚	2000年09月25日	刘 璇	体操/女子平衡木
第72枚	2000年09月25日	李小鹏	体操/男子双杠
第73枚	2000年09月25日	孔令辉	乒乓球/男子单打

第74枚	2000年09月26日	熊　倪	跳水/男子跳板
第75枚	2000年09月28日	李　娜/桑　雪	跳水/女子跳台双人
第76枚	2000年09月28日	王丽萍	田径/女子20公里竞走
第77枚	2000年09月28日	熊　倪/肖海亮	跳水/男子跳板双人
第78枚	2000年09月28日	伏明霞	跳水/女子跳板
第79枚	2000年09月30日	陈　中	跆拳道/女子67公斤以上级
第80枚	2000年09月30日	田　亮	跳水/男子跳台

2004年希腊雅典奥运会中国队金牌榜(32枚)

顺序	时间	姓名	项目
第81枚	2004年08月14日	杜　丽	射击/女子10米气步枪
第82枚	2004年08月14日	王义夫	射击/男子10米气手枪
第83枚	2004年08月14日	郭晶晶/吴敏霞	跳水/女子跳板双人
第84枚	2004年08月14日	田　亮/杨景辉	跳水/男子跳台双人
第85枚	2004年08月15日	冼东妹	柔道/女子52公斤级
第86枚	2004年08月16日	朱启南	射击/男子10米气步枪
第87枚	2004年08月16日	陈艳青	举重/女子58公斤级
第88枚	2004年08月16日	罗雪娟	游泳/女子100米蛙泳
第89枚	2004年08月16日	石智勇	举重/男子62公斤级
第90枚	2004年08月16日	劳丽诗/李　婷	跳水/女子跳台双人
第91枚	2004年08月18日	张国政	举重/男子69公斤级
第92枚	2004年08月19日	张　宁	羽毛球/女子单打
第93枚	2004年08月19日	刘春红	举重/女子69公斤级
第94枚	2004年08月19日	张　军/高　崚	羽毛球/混合双打
第95枚	2004年08月20日	张怡宁/王　楠	乒乓球/女子双打
第96枚	2004年08月21日	马　琳/陈　杞	乒乓球/男子双打
第97枚	2004年08月21日	杨　维/张洁雯	羽毛球/女子双打
第98枚	2004年08月21日	唐功红	举重/女子75公斤以上级
第99枚	2004年08月22日	贾占波	射击/男子50米步枪3×40
第100枚	2004年08月22日	张怡宁	乒乓球/女子单打
第101枚	2004年08月22日	李　婷/孙甜甜	网球/女子双打

第 102 枚	2004 年 08 月 23 日	滕海滨	体操/男子鞍马
第 103 枚	2004 年 08 月 24 日	王　旭	摔跤/女子 72 公斤级
第 104 枚	2004 年 08 月 25 日	彭　勃	跳水/男子三米跳板
第 105 枚	2004 年 08 月 27 日	郭晶晶	跳水/女子三米跳板
第 106 枚	2004 年 08 月 28 日	刘　翔	田径/男子 110 米栏
第 107 枚	2004 年 08 月 28 日	邢慧娜	田径/女子万米
第 108 枚	2004 年 08 月 28 日	孟关良/杨文军	皮划艇/男子双人划艇 500 米
第 109 枚	2004 年 08 月 29 日	罗　微	跆拳道/女子 67 公斤级
第 110 枚	2004 年 08 月 29 日	胡　佳	跳水/男子 10 米跳台
第 111 枚	2004 年 08 月 29 日	中国队:冯　坤、杨　昊、刘亚男 李　珊、周苏红、赵蕊蕊 张越红、陈　静、宋妮娜 王丽娜、张　娜、张　萍	排球/女子排球
第 112 枚	2004 年 08 月 29 日	陈中	跆拳道/女子 67 公斤以上级

2008 年中国北京奥运会中国队金牌榜(51 枚)

顺序	时间	姓名	项目
第 113 枚	2008 年 8 月 09 日	陈燮霞	举重/女子 48 公斤级
第 114 枚	2008 年 8 月 09 日	庞　伟	射击/男子 10 米气手枪
第 115 枚	2008 年 8 月 10 日	郭文珺	射击/女子 10 米气手枪
第 116 枚	2008 年 8 月 10 日	郭晶晶/吴敏霞	跳水/女子双人 3 米跳板
第 117 枚	2008 年 8 月 10 日	冼东妹	柔道/女子 52 公斤级
第 118 枚	2008 年 8 月 10 日	龙清泉	举重/男子 56 公斤级
第 119 枚	2008 年 8 月 11 日	林　跃/火　亮	跳水/男子 10 米双人跳台
第 120 枚	2008 年 8 月 11 日	陈艳青	举重/女子 58 公斤级
第 121 枚	2008 年 8 月 11 日	张湘祥	举重/男子 62 公斤级
第 122 枚	2008 年 8 月 12 日	陈一冰、杨　威、李小鹏、 黄　旭、肖　钦、邹　凯	体操/男子团体
第 123 枚	2008 年 8 月 12 日	王　鑫/陈若琳	跳水/女子双人 10 米跳台
第 124 枚	2008 年 8 月 12 日	仲　满	击剑/男子个人佩剑
第 125 枚	2008 年 8 月 12 日	廖　辉	举重/男子 69 公斤级

第126枚	2008年8月13日	杨伊琳、程　菲、邓琳琳、江钰源、何可欣、李珊珊	体操女子团体
第127枚	2008年8月13日	陈　颖	射击/女子25米手枪
第128枚	2008年8月13日	王　峰/秦　凯	跳水/男子双人3米板
第129枚	2008年8月13日	刘春红	举重/女子69公斤级
第130枚	2008年8月14日	刘子歌	游泳/女子200米蝶泳
第131枚	2008年8月14日	杜　丽	射击/女子50米步枪三种姿势
第132枚	2008年8月14日	杨　威	体操/男子全能
第133枚	2008年8月14日	张娟娟	射箭/女子个人
第134枚	2008年8月14日	杨秀丽	柔道/女子78公斤级
第135枚	2008年8月15日	曹　磊	举重/女子75公斤级
第136枚	2008年8月15日	佟　文	柔道/女子78公斤级
第137枚	2008年8月15日	陆　永	举重/男子85公斤级
第138枚	2008年8月15日	杜　婧/于　洋	羽毛球/女子双打
第139枚	2008年8月16日	张　宁	羽毛球/女子单打
第140枚	2008年8月17日	邱　健	射击/男子50米步枪三种姿势
第141枚	2008年8月17日	唐　宾、金紫薇、奚爱华、张杨杨	赛艇/女子四人双桨
第142枚	2008年8月17日	王　娇	摔跤/女子自由式72公斤级
第143枚	2008年8月17日	邹　凯	体操/男子自由体操
第144枚	2008年8月17日	肖　钦	体操/男子鞍马
第145枚	2008年8月17日	王　楠、张怡宁、郭　跃	乒乓球/女子团体
第146枚	2008年8月17日	林　丹	羽毛球/男子单打
第147枚	2008年8月17日	郭晶晶	跳水/女子3米跳板
第148枚	2008年8月18日	陈一冰	体操/男子吊环
第149枚	2008年8月18日	何可欣	体操/女子高低杠
第150枚	2008年8月18日	何雯娜	女子蹦床
第151枚	2008年8月18日	王　皓、马　林、王励勤	乒乓球/男子团体
第152枚	2008年8月19日	李小鹏	体操/男子双杠
第153枚	2008年8月19日	邹　凯	体操/男子单杠
第154枚	2008年8月19日	陆春龙	男子蹦床

第155枚	2008年8月19日	何 冲	跳水/男子三米板
第156枚	2008年8月20日	殷 剑	帆船/女子帆板-RS:X级
第157枚	2008年8月20日	吴静钰	跆拳道/女子49公斤级
第158枚	2008年8月21日	陈若琳	跳水/女子10米跳台
第159枚	2008年8月22日	张怡宁	乒乓球/女子单打
第160枚	2008年8月23日	孟关良/杨文军	皮划艇/男子双人500米
第161枚	2008年8月23日	马 琳	乒乓球/男子单打
第162枚	2008年8月24日	邹市明	拳击/男子48公斤级
第163枚	2008年8月24日	张小平	拳击/男子81公斤级

2012年英国伦敦奥运会中国队金牌榜(38枚)

顺序	时间	姓名	项目
第164枚	2012年7月28日	易思玲	射击/女子10米气步枪
第165枚	2012年7月28日	王明娟	举重/女子48公斤级
第166枚	2012年7月29日	孙 杨	游泳/男子400米自由泳
第167枚	2012年7月29日	叶诗文	游泳/女子400米个人混合泳
第168枚	2012年7月29日	郭文珺	射击/女子10米气手枪
第169枚	2012年7月29日	吴敏霞、何 姿	跳水/女子双人3米板
第170枚	2012年7月30日	曹 缘、张雁全	跳水/男子双人10米台
第171枚	2012年7月30日	李雪英	举重/女子58公斤级
第172枚	2012年7月30日	中国男子体操队	体操/男子团体
第173枚	2012年7月31日	陈若琳、汪 皓	跳水/女子双人10米台
第174枚	2012年8月1日	林清峰	举重/男子69公斤级
第175枚	2012年8月1日	雷 声	击剑/男子个人花剑
第176枚	2012年8月1日	叶诗文	游泳/女子200米个人混合泳
第177枚	2012年8月1日	秦 凯、罗玉通	跳水/男子双人3米板
第178枚	2012年8月1日	李晓霞	乒乓球/女子单打
第179枚	2012年8月2日	吕小军	举重/男子77公斤级
第180枚	2012年8月2日	焦刘洋	游泳/女子200米蝶泳
第181枚	2012年8月2日	张继科	乒乓球/男子单打
第182枚	2012年8月3日	张 楠、赵芸蕾	羽毛球/混合双打

第183枚	2012年8月3日	董　栋	蹦床/男子
第184枚	2012年8月4日	赵芸蕾、田　卿	羽毛球/女子双打
第185枚	2012年8月4日	李雪芮	羽毛球/女子单打
第186枚	2012年8月5日	陈　定	竞走/男子20公里
第187枚	2012年8月5日	中国队	击剑/女子团体重剑
第188枚	2012年8月5日	孙　杨	游泳/男子1500米自由泳
第189枚	2012年8月5日	蔡　赟、傅海峰	羽毛球/男子双打
第190枚	2012年8月5日	林　丹	羽毛球/男子单打
第191枚	2012年8月5日	邹　凯	体操/男子自由体操
第192枚	2012年8月5日	周璐璐	举重/女子75公斤以上级
第193枚	2012年8月6日	吴敏霞	跳水/女子3米跳板
第194枚	2012年8月6日	徐莉佳	赛艇/女子单人艇激光雷迪尔级
第195枚	2012年8月7日	冯　喆	体操/男子双杠
第196枚	2012年8月7日	邓琳琳	体操/女子平衡木
第197枚	2012年8月7日	中国乒乓球队	乒乓球/女子团体
第198枚	2012年8月8日	中国乒乓球队	乒乓球/男子团体
第199枚	2012年8月9日	吴静钰	跆拳道/女子49公斤以下级
第200枚	2012年8月10日	陈若琳	跳水/女子10米跳台
第201枚	2012年8月12日	邹市明	拳击/男子49公斤级

后 记

本书是在导师董新光先生悉心指导下,由本人独立完成的。从本研究的选题、定题、设计和研究无不浸透着导师的心血。导师在循循善诱中激励我养成正确的人生价值观:做人:严于律己、谨言慎行;做事:认真负责、忠于职守;做学问:实事求是、精益求精。导师严谨的治学态度,真诚磊落的人格魅力和高度的敬业精神一直影响着我,让我受益终生。在此,对导师表示衷心的感谢。

感谢王家宏院长、孙民治教授,两位先生教给我许多知识,教给我很多做人做事的道理,对本书的完成更给予了莫大的鼓励与帮助。感谢北京体育大学田麦久教授,苏州大学体育学院罗时铭教授、张林教授、王岗教授、陶玉流老师、曲永芳老师、张鑫华老师、张秀如老师、李翔博士、刘涛博士、张大志博士,淮阴工学院刘远伟教授、王正中教授。衷心感谢先生们用心良苦、不遗余力的指导和培养。感谢淮阴工学院的领导和同事在我求学期间给予我一贯的支持和帮助。

感谢我所有的同学、同事、挚友,并对本书引用的中外文献的作者以及由于疏忽未列出文献的作者致以真诚的谢意!再次感谢一切帮助过我的朋友们!

最后,我要感谢我的父母,他们赋予我生命;感谢我贤惠的妻子,我要用一生的相濡以沫来回报她为家庭的付出。